Rafael de Nogales Méndez

El saqueo de Nicaragua

Barcelona 2024
Linkgua-ediciones.com

Créditos

Título original: El saqueo de Nicaragua

© 2024, Red ediciones S. L.
Traducción: Ana Mercedes Pérez.

e-mail: info@linkgua.com

Diseño de cubierta: Michel Mallard.

ISBN rústica ilustrada: 978-84-9816-385-8.
ISBN tapa dura: 978-84-1126-481-5.
ISBN ebook: 978-84-9007-505-0.

Sumario

Brevísima presentación

La vida

Rafael de Nogales Méndez nació en San Cristóbal, Estado Táchira, el 14 de octubre de 1879 y murió en Ciudad de Panamá, 10 de julio de 1936.

Se llamaba Rafael Ramón Intxauspe Méndez, pero se le conoce como Rafael de Nogales porque prefirió la traducción al español del apellido vasco Inchauspe. Fue militar profesional y guerrillero, conspirador político y espía, cazador y viajero, escritor y conferencista. Hablaba seis idiomas y frecuentó a la nobleza de Bélgica, Alemania y España.

Rafael Nogales Méndez combatió al lado de Zapata y luego de Pancho Villa. Participó en la defensa de Nicaragua bajo las órdenes de Sandino. Combatió a los estadounidenses en Cuba, derrotó a los ingleses en Arabia y alcanzó el grado de general del ejército de Turquía. Ha sido excluido de la historia por considerarse enemigo de Estados Unidos.

Recorrió cuatro continentes y su divisa era: «Cuando veas una guerra buena, alístate para combatir en ella».

Sus libros son un ejemplo de la literatura biográfica venezolana, y también el testimonio histórico de un gran hombre que vivió mil batallas.

«El general de Nogales era el hombre-noticia. Daba la impresión de una mente en permanente vigilia, con los ojos brillándole en la penumbra como dos brasas y una cierta actitud nerviosa sobresaltada de soldado en la estrategia.»

La obra

La primera publicación de *El saqueo de Nicaragua* fue vetada en Nueva York en el año 1931. En ese entonces el gobierno de los Estados Unidos incautó todos los ejemplares de la tirada, cerró la Editorial Robert McBride&Co y a los editores los sancionó con una multa de 250.000 dólares.

El saqueo de Nicaragua es un libro que nos cuenta un pasado y un contexto trágico: el nicaraguense, y la situación que vivían países centroamericanos como República Dominicana y Haití en aquellos tiempos a causa de la violenta intromisión de la política estadounidense.

«Dignos caballeros en solemne cónclave no hace mucho concedieron el premio Nobel de la Paz al ex-secretario de Estado americano, señor Frank B. Kellog. El secretario lo aceptó, en medio de aplausos encendidos de lágrimas tanto de la prensa como del público de toda América y los Estados Unidos. ¡Cuán fina, emocionante y plausible parecía esta ceremonia!: Me pregunto si los caballeros que estaban otorgando el premio habían dirigido antes sus miradas hacia el sur y el oeste.»

El saqueo de Nicaragua

Nota de la edición británica

Esta historia de la explotación de Nicaragua, intentada y realizada por capitalistas norteamericanos, sostenidos y apoyados por la Armada de los Estados Unidos, se publica en razón de justicia y humanidad. Los países de Latinoamérica han vivido bajo la bota del opresor en el curso de su desarrollo. Algunos han logrado independencia y prosperidad, en este caso la historia de esta dominación extranjera parece casi inverosímil y ha provocado el desastre.

Se puntualiza que los basamentos expuestos en este libro se afianzan en hechos rigurosamente investigados, lamentables e incontrovertibles. La amplia distribución de este trabajo es lograr primeramente el conocimiento del pueblo estadounidense, porque la dramática situación en Nicaragua y sus potenciales efectos sobre América Latina no pueden ser menospreciados desde el punto de vista mundial. Las grandes potencias se están moviendo a fin de lograr la paz. Mientras los estadistas discuten actualmente en Ginebra tal asunto, una gran nación distorsiona dichos esfuerzos con su problemática intervención en los asuntos de Nicaragua.

El general de Nogales, distinguido ciudadano de la hermana República de Venezuela, tal vez escriba con fiero celo o ponga de manifiesto ciertos prejuicios comunes a su raza y temperamento, lo que es ciertamente comprensible. Pero lo más importante es que discurre como un penetrante crítico sobre la política latinoamericana y como un experimentado observador militar. El general venezolano fue a Nicaragua a observar las cosas con sus propios ojos, es justamente lo que allí vio y previó para el futuro lo que ofrece hoy al lector.

Desde luego que es una valiente acusación contra la política del gobierno americano y la despiadada maquinación de la diplomacia del dólar este *saqueo de Nicaragua*, que hoy clama a la publicidad bajo el amplio panorama de cada difícil situación.

Londres, 1932

Presentación

La primera vez que vi al general de Nogales fue en mi despacho. Yo estaba sin sombrero. De otra manera me hubiese descubierto para saludar al caballero más valiente que haya conocido. No me refiero a su valor militar. Me impresiona ante todo su valor moral, su vitalidad y total despreocupación hacia las consecuencias que pudieran acarrearle decir la verdad.

No existen dudas sobre la veracidad de los hechos expuestos en *El saqueo de Nicaragua*, pero se necesita cierta considerable dosis de coraje para publicar este libro en los Estados Unidos e informar al gobierno en Washington, a la prensa, a los magnates de Wall Street y al orbe entero, los terribles abusos y desafueros que los Estados Unidos han cometido en Latinoamérica y luego decir lo que Nogales piensa de ello.

Todos sabemos la verdad sobre la intervención de los Estados Unidos en Nicaragua. No estamos narcotizados bajo «la droga diplomática» de míster Stimson. También lo saben los Estados Unidos y los editores norteamericanos. Pero el pueblo americano lo ignoraba hasta que Nogales lo escribió. Este es justamente el valor de este general venezolano. Ir a Nicaragua, esclarecer los hechos, luego regresar a Nueva York para enrostrarle la verdad a todos.

Y para ser justos con los norteamericanos, debe ser puntualizado que muy pocos pueblos en el mundo le otorgarían ese derecho a cualquier escritor —ciertamente nunca a un extranjero— para que divulgue semejante condenatoria acusación en su propio país y la publique en su propio medio.

Si una editorial responsable y de gran reputación en Nueva York patrocina un libro como *El saqueo de Nicaragua*, si los grandes rotativos se hacen eco y no vacilan en aceptarlo como una contribución importante para conocimiento del

público, podemos afirmar que subsiste aún una gran esperanza para Nicaragua y, lo que es más, una mayor dignifica-
ción para el espíritu y el honor de los Estados Unidos.

Leonard Warburton Matters

Capítulo I

Dignos caballeros en solemne cónclave no hace mucho concedieron el Premio Nobel de la Paz al ex secretario de Estado americano, señor Frank B. Kellogg. El secretario lo aceptó, en medio de aplausos encendidos de lágrimas tanto de la prensa como del público de toda Europa y los Estados Unidos. ¡Cuán fina, emocionante y plausible parecía esta ceremonia!

Me pregunto si los caballeros que estaban otorgando el premio habían dirigido antes sus miradas hacia el Sur y el Oeste. Me pregunto si lo hacían a sabiendas de lo que estaba ocurriendo en Nicaragua, mientras enaltecían al secretario Kellogg. Me pregunto si los entusiastas de ojos humedecidos, que aplaudieron frenéticos el honor conferido al secretario de Estado americano, conocían lo que estaba sucediendo no lejos al Sur de la frontera meridional de los Estados Unidos. Me temo que no. Si lo hubieran sabido, quizás hubieran meditado un minuto. Porque la rapiña aniquilaba a Nicaragua. Una guerra sangrienta estaba allí desencadenándose. Reinaba en Nicaragua la opresión. El privilegio estaba sofocando los derechos humanos de aquel país.

Mientras el secretario Kellogg recibía, aparentemente humilde, el más alto premio por la paz, secretamente estaba impulsando la guerra. Sus marines, sus ametralladoras, destructores y cañoneras estaban protegiendo al Trust Bananero americano y otros intereses creados en la tierra extranjera de Nicaragua. Y los acorazados de míster Kellogg, los diplomáticos de revólver al cinto y blindados en hierro, estaban asegurando una elección justa para un puñado de traidores sicofantes nicaragüenses que, una vez subidos al poder, hubieran seguido a ciegas la voluntad de Wall Street y del Departamento de Estado en Washington.

Pero basta por ahora de Kellogg. Personalmente aparenta un caballero otoñal, amable, gentil, honorable. La única consideración que puede hacerse es su modo de practicar la diplomacia del dólar no solo en Nicaragua sino en todo el litoral del Caribe y en las Antillas. Un hecho brutal, injusto, mafioso y al margen de la ley de las naciones. Estoy seguro que de haberlo sabido habría sido para él doloroso, pero sus asesores se lo ocultaron. Sin duda le dijeron que estaban trabajando para los mejores fines. La civilización, según la entiende el político norteamericano corriente, es ser bien servido aun a costa de los hechos desagradables que por entonces acontecían en aquel pequeño y rebelde país del Sur. Y la prosperidad, la famosa prosperidad infinita de Coolidge que todos conocen, también sería servida. Tal vez no se le expuso suficientemente al secretario Kellogg que esa maravillosa prosperidad estaría centralizada en Wall Street y no propiamente en Nicaragua. Sin discusiones, no lo hizo con mala intención. Si Kellogg actuó como agente de la diplomacia del dólar, con todo lo que esto significa, solo fue porque formaba parte del sistema.

Ahora, míster Coolidge y su prosperidad, el señor secretario Kellogg y su Premio de la Paz son cosas olvidadas. Hablemos mejor de míster Hoover y su catástrofe. Míster Hoover dio el pasado invierno una desconcertante alerta a los intereses de los Estados Unidos en Nicaragua. Manifestó que dichos intereses no podían contar más con la protección de los marines. Debían correr el albur en un país extranjero. Hay todavía indicios de que Hoover quería ir más lejos. Pudo comprobar por sí mismo que las Islas Vírgenes están convertidas en un Asilo de Mendigos, a causa de la diplomacia de los Estados Unidos. Observó personalmente la pobreza abyecta y desesperada en que se ha hundido el floreciente Puerto Rico por la diplomacia de los Estados Unidos. Ha visto por doquiera sus desatinos en las repúblicas centroamericanas, rumorándose que se proyecta una mejor cooperación financiera con esos países.

Todo esto es muy halagador. Pero el optimista míster Hoover no debe ser demasiado crédulo. Hay otro factor que no debe ignorar, que le puede echar abajo sus malas intenciones. Ese factor es el viejo sistema incrustado, vetusto, antiguo, cruel, despiadado, ciego, brutal, insolente, ilegal factor de la diplomacia del dólar que, después de esclavizar financieramente a Europa, trata ahora de sojuzgar a la América Latina.

Wall Street puede dejar a míster Hoover caminar tranquilamente por un rato. Y luego, mediante una violenta vuelta de dogal, atarlo de nuevo firmemente a la antigua máquina. Este es el peligro de míster Hoover. Puede que él lo ignore. Pero Nicaragua y los demás países del Sur de la frontera lo conocen por vieja y amarga experiencia y están tomando medidas para protegerse.

Todo el mundo sabe que si no fuera por el increíble egoísmo de la diplomacia del dólar, Rusia no sería la amenaza que es hoy para los sistemas democráticos de la civilización occidental. El Asia que despierta no hubiera iniciado su gran marcha hacia el dominio industrial, basado en la mano de obra barata —un salto que puede superar hoy tanto Europa como los Estados Unidos— de no haber sido por la maldita diplomacia del dólar.

¿Cuáles son pues los medios por los cuales Nicaragua y sus infelices hermanas repúblicas de Centroamérica esperan conjurar sus crisis? Son medios de antiimperialismo de la riqueza norteña. Están dirigiendo sus miradas hacia la Rusia Soviética y el Asia que despierta, que podrían devorarlas, pero que eventualmente las liberarían de los zarpazos de la diplomacia del dólar. La hegemonía comercial de los Estados Unidos en la región del Caribe quizás todavía pueda ser eliminada, porque América Latina prefiere la cooperación contra esta tiranía, sin consideraciones de orígenes raciales ni credos religiosos.

¿Qué significa esta tiranía y por qué se la detesta?

La diplomacia del dólar, con implacabilidad increíble, ha hundido a México, a Nicaragua, en realidad a toda América Central y las Antillas mayores —Cuba, Santo Domingo, Haití, Puerto Rico— en un estado de miseria y desesperación que clama al cielo. En Puerto Rico, la mayoría de su población, en un tiempo próspera, literalmente muere de hambre, mientras el Trust Americano del Azúcar, que ha obtenido más del 65 % de las tierras más ricas de la isla, paga a sus accionistas dividendos anuales de proporciones envidiables. Prácticamente lo mismo ocurre en Cuba, Santo Domingo y Haití. México se ha convertido en un esqueleto financiero picoteado por Wall Street. De Guatemala al Sur, hasta Panamá, la diplomacia del dólar trabaja a sobretiempo para chupar la sangre vital de esas desdichadas repúblicas.

Confío en que, después de leer la edición británica de *El saqueo de Nicaragua*, algunos de los austeros caballeros que coronaron al benignamente seráfico míster Kellogg, con la guirnalda que simboliza paz, comprendan que su visión no alcanzó la ruina de Nicaragua. Estoy seguro de que la próxima concesión de esa ambicionada y costosa corona será otorgada en aras del amor fraternal entre las naciones y pueblos de este mundo perverso, en algún lugar más allá del eco de fuego de las ametralladoras en Matagalpa, Jinotega y Ocotal.

Estas palabras e ideas no son meros impulsos de violencia. La aparición de la edición norteamericana de *El saqueo de Nicaragua* lo demostró. Prácticamente todos los diarios serios de los Estados Unidos le dieron la bienvenida como una valiosa contribución a la historia mundial contemporánea.

Desgloso al azar unos cuantos párrafos de varios comentarios sobre *El saqueo de Nicaragua*, según aparecieron en la
prensa americana, para respaldar mi declaración:

The New York Times: Dos puntos de vista en contraste sobre
nuestra política nicaragüense.
Política americana en Nicaragua, por Henry L. Stimson.
El saqueo de Nicaragua, por Rafael de Nogales.

El propósito principal del libro del señor Stimson es naturalmente justificar ante el público americano el acuerdo que Stimson, como Comisionado Especial del presidente Coolidge, logró
alcanzar en Nicaragua la primavera pasada. Stimson reconoce
francamente que «hasta donde la ignorancia pudiera librarlo
de prejuicios o compromisos», su mente era un «pizarrón en
blanco» cuando aceptó su nombramiento. Insiste en que el Departamento de Estado no solo no le impuso ninguna restricción
en cuanto a comentarios o críticas, sino que por el contrario lo
invitó a hacerlas. Las únicas instrucciones del presidente, aparte
de las de investigar e informar, fueron las de que «si hallaba
una oportunidad de arreglar el problema, le agradecería que
tratara de hacerlo». Con este bagaje de mentalidad abierta y
mano libre, hay que lamentar mucho que el señor Stimson, cuya
acogida en Nicaragua parece haber sido razonablemente amis-
tosa, no profundizará más en las causas de las complicaciones
políticas y personales que se le envió a investigar. Por supuesto,
no tuvo la oportunidad de leer el libro del general de Nogales.
El general de Nogales nos recuerda que, entre 1909 y 1912,
«los Estados Unidos tuvieron participación activa en el derrocamiento de cuatro presidentes de Nicaragua, antes de lograr
encontrar uno que llenara sus requisitos», recayendo finalmente
su selección en el mismo Adolfo Díaz cuyo gobierno mantiene
ahora a los marines. Afirma que uno de los principales moti-

vos de oposición contra Zelaya fue su tentativa de cancelar la concesión a una compañía minera en la cual Philander Knox, anteriormente secretario de Estado americano, era el accionista principal. El general de Nogales, quien resume la biografía de Moncada, demuestra que este Jefe liberal fue un periodista y funcionario conservador hasta 1920, actuando parte del tiempo como representante a sueldo de Adolfo Díaz en Nueva York, que se convirtió en liberal solo en 1920 y que su aceptación de la proposición de desarme del señor Stimson fue considerada por sus seguidores como una traición que muchos de ellos se negaron a aceptar. El general de Nogales subraya que el crucero británico Colombo, que fue despachado en marzo, «partió de nuevo casi de inmediato, sin que nadie hubiese buscado refugio en él», y caracteriza la muy cacareada «persecución de súbditos británicos» como «solo una farsa» y probablemente apenas otra actividad de la diplomacia del dólar que su libro denuncia acaloradamente. El general de Nogales es agrio, repleto hasta la coronilla de datos explosivos y un opositor intransigente a la intervención americana en Nicaragua y en América Central en general.

(Firmado) William MacDonald

The Nation, de Nueva York:

Uno no tiene que pasar siete semanas en la selva infestada de jaguares de Nicaragua a fin de contestar a la pregunta de Will Rogers: ¿Por qué estamos en Nicaragua y qué diablos hacemos allí? La respuesta está en los documentos del Senado y en los registros oficiales de diecisiete años de política de préstamo exterior americano a ese país.

Los Estados Unidos crearon la anarquía que ahora tratan de suprimir. Cuando las fuerzas constitucionalistas hubieron conquistado en parte apreciable el país, los marines norteamericanos la retomaron para los conservadores. Hoy realizan labor de policía para un gobierno que se desplomaría en sesenta segundos si se retiraran las fuerzas americanas. Cuando el emisario personal del presidente Coolidge, Henry L. Stimson (ahora secretario de Estado), amenazó en mayo con desarmar al Ejército Constitucionalista, un general nicaragüense, Augusto César Sandino, se retiró a los montes y sostuvo la lucha. Indudablemente, él tiene la simpatía de la mayoría de sus compatriotas. Un general que, a la cabeza de cinco mil nicaragüenses, desafía a los Estados Unidos, merece nuestro respeto. Cuando William Green, presidente de la Federación Americana del Trabajo, protestó ante el secretario Kellogg, ese funcionario respondió que los hombres de Sandino eran forajidos. ¿Qué ley excusa el empleo de los marines americanos en los campos de batalla nicaragüenses, o de aviones americanos de bombardeo para el asesinato en masa?

The Baltimore Evening Sun:

... y en especial entierra una espina el general de Nogales en la virtud e idealismos sentidos por el pueblo americano en 1917, cuando nuestras tropas fueron al exterior a castigar a Alemania por las violaciones de la neutralidad de Bélgica y de la ley internacional. En este mismo período, dice, «otra parte del Ejército americano, estacionada en Haití, Santo Domingo, Nicaragua, etc., había estado dedicada a cometer abusos que no tienen parangón en la escala del honor y la humanidad. En dos platos, la situación le parece así al general de Nogales: el gobierno y los intereses privados financieros y comerciales de los Estados Unidos han creado y fomentado los disturbios mismos que, de vez en cuando, las fuerzas de nuestro gobierno han proclamado dominar... siempre a solicitud de los funcionarios nicaragüen-

ses. ¡Y esta intervención, armada y financiada, solo ha llevado
a Nicaragua a la ruina, desolación y muerte, echándola hacia
atrás por lo menos cincuenta años!

The Portsmouth Daily Times:

Si quieren ustedes conocer algunas noticias frescas y al rojo vivo
sobre los asuntos en Nicaragua, permítannos que les recomen-
demos *The Looting of Nicaragua* (*El saqueo de Nicaragua*) por
Rafael de Nogales, publicado por Robert M. McBride & Co.,
de Nueva York. En este caso, el nombre del editor hizo mucho
por dar al libro autoridad y prestigio, aunque su contenido virtualmente se confirma por sí mismo. Ha pasado mucho tiempo
desde que haya aparecido un libro más importante, más oportuno y más convincente. Si *The Looting of Nicaragua* no traza
un cuadro verídico de la actuación de los Estados Unidos en ese
país, entonces es una de las calumnias más tremendas que jamás
se hayan hecho a un Gobierno Nacional. Acaba de publicarse,
cierto es, pero lleva ya suficientemente tiempo en circulación
como para haber sido comentado en la mayoría de los periódicos más importantes de los Estados Unidos, incluyendo los de
Washington D. C., y si no ha sido elevado a la atención del gobierno es porque los verdaderos amigos de éste tienen miedo de
mencionarlo. Hasta ahora, el gobierno no ha hecho comentario
alguno. El libro responde a la pregunta de Will Rogers. «¿Por
qué estamos en Nicaragua y qué demonios hacemos allí?» In-
quiere a esta pregunta ampliamente y en detalle, y la respuesta
no hace que el corazón americano salte de alegría, ni que su
pecho se hinche de orgullo. Nogales es venezolano. Comienza
señalando, como lo ha hecho hasta ahora en esas columnas, que
los Estados Unidos y los países latinoamericanos son esencialmente diferentes en temperamento y tradiciones. Esto es algo
que nuestros diplomáticos y nuestro gobierno parecen no haber
sido capaces de comprender. Pero, dice Nogales, siendo diferen-

tes América del Norte y América Latina, no debieran, por razón de ese hecho, «vivir como perros y gatos por culpa de unos cuantos financieros que, manteniendo al público americano en la ignorancia de lo que allí ocurre realmente, están llevando las cosas a un extremo», etc.

Los anteriores párrafos debieran bastar para explicar por qué la diplomacia del dólar tuvo que recurrir finalmente a una demanda por difamación de doscientos cincuenta mil dólares contra los editores en Nueva York del *Saqueo de Nicaragua* a fin de intimidarlos para que detuvieran la venta de ese libro en los Estados Unidos. En un memorándum que entregué al secretario de la Marina y al juez supremo de los Estados Unidos, el 25 de octubre de 1930, explico la naturaleza de esta demanda de difamación, que es «notable», por decir lo menos.

Puedo añadir también, como punto de curiosidad, que desde la aparición de *The Looting of Nicaragua* en Nueva York, hace unos tres años, se ha hecho realidad prácticamente todo lo que predije en mi libro. Adolfo Díaz, el antiguo presidente maniquí de Nicaragua, ha sido reemplazado por uno nuevo, todavía menos recomendable: José María Moncada. Los banqueros americanos continúan saqueando a Nicaragua. Los marines americanos están todavía allí, tan ocupados como siempre, en tanto que el general Augusto César Sandino ha tomado una vez más el sendero de la guerra, combatiendo desesperadamente contra los esbirros pagados por la Diplomacia del Dólar... y las relaciones comerciales con el Asia que despierta comienzan ya a causar una mella considerable en la balanza comercial de 2.000 millones de dólares de América Latina con los Estados Unidos.

Capítulo II

En este capítulo trataré de trazar un esbozo del general Augusto César Sandino, el «nicaragüense indómito», y los principios por los cuales combate. Estimo que todavía queda alguien en Gran Bretaña que esté interesado en nuestras repúblicas latinoamericanas por razones no solo económicas, sino también internacionales y humanitarias. No debe olvidarse que la diplomacia del dólar representa una amenaza para las posesiones británicas en torno al mar Caribe —Guayana Británica, Honduras Británicas, Indias Occidentales Británicas— con cuya posesión la diplomacia del dólar estaría en capacidad de convertir el Caribe en esfera de influencia exclusivamente yanqui.

El propósito del siguiente compendio no es sin embargo pintar al general Sandino como patriota o héroe (no soy agente de prensa sino historiador). Quiero simplemente hacer un bosquejo del hombre que conocí. Contar, como él me lo contó, algún relato de sus campañas en Nicaragua, decir sus puntos de vista personales sobre los asuntos centroamericanos. Los datos que cito me fueron dados en Ciudad de México hace un año por el propio Sandino y por su ayudante, capitán De Paredes, graduado de la Escuela Politécnica de San Francisco. Desde entonces, Sandino ha regresado a su país nativo y está luchando una vez más contra los marines americanos y contra los esbirros pagados por el presidente Moncada, aparentemente con éxito considerable.

El retiro temporal de Sandino a Mérida, Yucatán, después de su salida de Nicaragua, ha sido presentado por unos como reconocimiento de derrota, por otros como resultado de un soborno de sesenta mil dólares. Pero el propio Sandino me dijo —y tengo todas las razones para creerle— que, en realidad, él estaba provocando lo que considera una jugarreta de

Moncada, el nuevo presidente maniquí de la diplomacia del dólar en Nicaragua. Moncada había anunciado oficialmente que si Sandino cesaba la lucha, los marines americanos serían retirados de inmediato de Nicaragua y el país gozaría de un verdadero gobierno democrático. Sandino simplemente ocultó sus parques y fusiles, dispersó a sus hombres y se marchó temporalmente. Los marines están allí todavía. Es por ello que Sandino ha regresado para comenzar la lucha de nuevo.

Sandino no es un Napoleón ni tampoco un hotentote. Para mí, es un líder de masas, un estratega astuto de la escuela de Abd-el-Krim, de fama en Marruecos. Como Abd-el-Krim, Sandino consiguió adaptar las tácticas militares modernas a las condiciones topográficas y climáticas de la región en la cual realiza sus operaciones. Sandino no pretende ser un Napoleón. Es un hombre sencillo, hecho a propio esfuerzo, de lo que está orgulloso. Salió de su país nativo, Nicaragua, a la edad de dieciséis años, a fin de ganarse la vida en el exterior como mecánico, primero en Costa Rica y, más tarde, en Honduras, Guatemala, México y los Estados Unidos. En los Estados Unidos aprendió a hablar inglés bastante bien, en tanto que en México se familiarizó con las doctrinas del antiimperialismo.

¿Qué aspira Sandino?

En definitiva, por supuesto, todo el asunto nicaragüense gira en torno a la cuestión de un nuevo canal que sea paralelo al que cruza Panamá, para atender al tránsito excedente y para satisfacer sus propias necesidades militares. Sandino, contra lo que cree la opinión general, no está en absoluto opuesto a la construcción del canal. Siendo notablemente bien versado en asuntos tales como la presión económica y urgencias militares, sabe por lo menos que es inevitable. A lo que se opone es a la forma en la cual el asunto ha sido hasta ahora planificado y ejecutado. Los Estados Unidos han adquirido, por medio del Tratado Bryan-Chamorro, el derecho de construir y explotar el canal, sin gravámenes, por tres millones de dólares. Según Sandino, solo la mitad de esa suma fue cancelada realmente al gobierno de Adolfo Díaz en Nicaragua. De esa mitad, pagada a políticos que están ahora desacreditados, una pequeña parte, si es que la hubo, parece haber ingresado al tesoro del país. Sandino, que hizo lo que pudo para derrocar a Adolfo Díaz, asegura que este último fue sobornado para que traicionara al pueblo de Nicaragua, y que el actual presidente de Nicaragua, José María Moncada, está siendo sobornado con idéntico éxito para que se acoja a un mal convenio.

Sandino me ha dicho varias veces que lo que él quiere para el canal es una compañía por acciones conjuntas. La mitad de ellas a ser compradas por las naciones latinoamericanas y por Nicaragua en especial. La otra mitad como propiedad de los Estados Unidos y otras naciones. Los tres millones de dólares ya pagados por los Estados Unidos se aplicarían por completo a la compra de la cuota americana de esas acciones. Esto daría a Nicaragua ingresos firmes con los cuales construir ferrocarriles, carreteras, alcantarillado, plantas de energía, etc., sin tener que recurrir al capital extranjero y sin ser sometida a la humillación constante de oír que los marines americanos solo van a las repúblicas centroamericanas y a las Antillas para «saquearlas».

Mucho se ha dicho del atraso de las repúblicas centroamericanas y de los resultados beneficiosos de las ocupaciones yanquis. Sandino tiene sus propias conclusiones. Afirma que este atraso ha sido fomentado por intereses americanos, y que las revoluciones y disturbios han sido deliberadamente incitados a fin de obtener concesiones ilegales de gobiernos títeres transitorios. El fomento de la revolución panameña por Roosevelt, a fin de conseguir los derechos sobre el canal, se presenta como ejemplo. Sandino asegura que si las naciones desdichadas de Cuba, Haití, Santo Domingo, así como las repúblicas centroamericanas, hubieran sido dejadas de su cuenta, en vez de ser sepultadas en un estado de anarquía artificialmente fomentada, hubieran podido labrar su propia salvación y seguir las huellas de Chile, Argentina y Brasil. No puede negarse la justicia de las afirmaciones de Sandino. He visto más revoluciones centroamericanas que la mayoría de la gente, y sé que las historias íntimas de la mayor parte de esos levantamientos, generalmente señalan a Wall Street como culpable.

Sandino habla con nítida franqueza. Sus argumentos, respaldados por su acción, vienen de un hombre con rumbo fijo, le han ganado muchos adeptos fanáticos y constituyen hoy la mayor amenaza para la supremacía americana en el istmo. Conociendo a Sandino como lo conozco, estoy convencido de que continuará combatiendo por sus ideales hasta que lo maten. Y después de eso, tomando en cuenta su popularidad tremenda y la marca indeleble que su personalidad deja donde quiera que va, estoy seguro de que algún otro reanudará la lucha. No solamente para la guerra ha entrenado a sus tenientes.

La popularidad de Sandino no se limita a Nicaragua. Se ha propagado prácticamente a toda la América Central y México. Se oyen relatos en toda esa zona de cómo Sandino y sus hombres pasan hambre una y otra vez para dar alimentos a la gente pobre que los necesita más que ellos. Quizás algunas de esas leyendas no correspondan a los hechos, pero son veraces en cuanto al carácter del hombre que es Sandino. Sus soldados, muchos de ellos simples muchachos, le adoran con celo fanático, cabalmente convencidos de que siempre es justo, aunque terriblemente severo si necesita serlo. En ocasiones, hace uno de esos gestos espectaculares que lo caracterizan como un conductor de hombres. Se le ha imputado una teatralidad astuta y sutil. Personalmente, estoy convencido de que sus actos provienen de una sinceridad absoluta. Pero, cualquiera sea el motivo, el efecto es el mismo. El efecto es lo único que cuenta para los marines americanos y el canal de Nicaragua.

Mientras Sandino actuaba cerca de El Chipote, por ejemplo, tomó posesión de la mina de oro americana de San Albino, donde él había trabajado una vez como peón corriente y donde había comenzado a plantar las semillas de la revuelta entre sus compatriotas. Recordó que en sus tiempos también le habían pagado solo con «fichas», vales que eran canjeables en la comisaría de la compañía. Lo primero que hizo allí fue llamar a reunión a los veintisiete peones y preguntarles cuánto les debía la mina en jornales atrasados. Cada centavo de la cantidad reclamada fue pagada con el oro en mano. Cada uno de esos hombres fue de allí en adelante, un leal combatiente en potencia por Sandino. Pero los trabajadores de las minas eran más valiosos donde se encontraban. Durante meses, Sandino explotó la mina en beneficio de su causa. George Williams, ingeniero inglés, acuñó el metal en monedas de oro de diez dólares, llamadas «indios», que se utilizaban en el pago de salarios y de alimentos comprados a los granjeros vecinos. En Honduras, los «indios» se vendían a veinte dólares cada uno, porque estaban hechos de oro puro, sin aleación. Cuando Sandino evacuó la mina se negó a destruir su maquinaria, en parte porque él y su ejército podrían necesitarla de nuevo y porque su país también podría necesitarla algún día. Con esos métodos, Sandino paga su lucha y gana voluntarios donde quiera que va. No permite vandalaje ni saqueo desbordado. Sin embargo, algunos de sus alimentos son cultivados para él por sus propios hombres. Los heridos que todavía están en capacidad de trabajar son mandados a retaguardia y convertidos en agricultores.

La mina de oro de San Albino estaba equipada con la mejor maquinaria de su especie que se consigue en Nicaragua. Que la respetara, a pesar del hecho de ser propiedad americana, fue comprendido y aplaudido por sus seguidores. Para ellos, sus razones eran evidentes. Cuando tomó posesión de la rica mina de oro de La Luz y Los Ángeles, en el distrito minero de Pis-Pis, más adelante, encontró allí unas cuatro toneladas de dinamita. Tomando en cuenta que la posesión ilegal de esa mina por intereses americanos había producido la intervención financiera y armada americana en Nicaragua en 1909, empleó aquellas cuatro toneladas de dinamita en volar las instalaciones completas, maquinaria, galerías, todo... como recuerdo de la diplomacia del dólar. La explosión fue tan tremenda que en Honduras la gente creyó que había un terremoto. Sin embargo, George B. Marshall, el superintendente de la mina, fue tratado con la mayor consideración. Acompañó a Sandino como prisionero suyo durante varios meses, hasta que murió de fiebre el 27 de junio de 1928.

Es todavía un secreto dónde obtiene sus armas Sandino. Una vez utilizó viejos rifles que habían estado en servicio en México, pero cuando se le terminaron las municiones encontró nuevas fuentes de suministros. Una de ellas consistía en ametralladoras, fusiles, municiones y otros pertrechos capturados al Cuerpo de Infantería de Marina de los Estados Unidos.

Sandino es popular por su justicia y por ahorrar a las poblaciones civiles cualesquiera cargas indebidas. Es igualmente famoso por su gran severidad. Entre sus propios hombres tiene que ser mantenida la disciplina, y el castigo por infracciones es tan duro como rápido. El castigo, como regla, significa la muerte ante el pelotón de fusilamiento. No puede haber prisioneros, porque difícilmente puede llevar él consigo un calabozo a través de la selva. El caso de uno de sus oficiales de confianza, leal y cumplidor, es famoso en toda la América Central. Fue sometido a corte marcial y fusilado por violar a una muchacha en una población recién ocupada.

Los métodos de Sandino, de «guerra de guerrillas en gran escala», están admirablemente adaptados al país donde él actúa. Para aquellos acostumbrados a la técnica europea, lo que implica enormes realizaciones en forma de grandes campamentos, depósitos de suministros, etc., les parecen esos métodos de alguien que anda a salto de mata. De allí el término de «bandidos» que los americanos se empeñan en aplicar a Sandino y a sus hombres. Pero en ellos nada hay de improvisado. Sandino es demasiado concienzudo para eso. Cada maniobra es cuidadosamente planificada y dirigida. Cada orden se obedece sin titubeos, debido a una disciplina rígida e infatigable.

Al comenzar la primera campaña de Sandino yo pasé algún tiempo en Nicaragua como observador independiente. Más tarde conversé con él una y otra vez y comparé sus declaraciones con las de su ayudante, el capitán De Paredes. Para un observador militar avezado, resulta evidente que los métodos de Sandino son los de un jefe militar que, como Abd-el-Krim en los desiertos de Marruecos, sabe cómo adaptar los métodos europeos a las condiciones locales. Durante su primer encuentro con los marines en Ocotal, el 16 de mayo de 1927, Sandino solo llevó sesenta hombres. Posteriormente aumentó su fuerza hasta un máximo probable de mil quinientos. Pudiera haber tenido ese número multiplicado muchas veces, pero a propósito mantuvo reducidas sus fuerzas a fin de asegurarse mayor movilidad, facilidad de abastecimientos y para mantener al mínimo el drenaje de la población civil.

A comienzos de 1927, dos fuerzas ampliamente diferentes se oponían entre sí. Los marines americanos nada sabían de los métodos de guerra de guerrillas de Sandino y Sandino solo conocía poco de las de ellos. Los esfuerzos de ambos bandos por adoptar la táctica del contrincante resultaron fatales. En Las Flores, los nicaragüenses cometieron el error de atrincherarse y esperar a que el enemigo atacara, error que empeoró por el hecho de que descuidaron proteger sus flancos. El encuentro terminó con la pérdida de sesenta hombres para Sandino.

El de Las Flores fue uno de los varios encuentros sangrientos en torno a El Chipote que se verificaron entre noviembre y mediados de diciembre de 1927. Cuando Sandino notó que sus municiones se estaban agotando y que los americanos lo cercaban, hizo confeccionar varios centenares de monigotes de paja y los colocó en la línea de fuego para engañar al enemigo, mientras él se retiraba tranquilamente con todos sus hombres a San Rafael del Norte, por caminos selváticos que habían trazado previamente en preparación para la maniobra. Es allí donde se encontró con el periodista americano Carleton Beals, cuyos artículos crearon tal conmoción en los Estados Unidos. Después de esa retirada, se mantuvo en sus senderos de la selva, tendió trampas a los americanos y tomó la ofensiva siempre que le fue posible.

Contra este tipo de guerra, efectuado en terreno selvático por hombres que conocen sus peligros y que viajan livianos y con rapidez, las tácticas europeas son prácticamente inútiles. Los americanos comprendieron perfectamente las fallas de sus métodos, pero era imposible para ellos utilizar otras. Napoleón descubrió en España que la guerra de guerrillas solo es posible en un país donde la población es amiga. Ni los Boers en África del Sur, ni Abd-el-Krim en Marruecos, hubieran tenido una mínima medida de éxito si no hubieran estado en sus propias tierras nativas. Es posible viajar sin mucho equipaje y moverse rápidamente en pequeños grupos cuando cada granja, cada hacienda, es fuente en potencia de refugio y ayuda militar, como lo fueron para Sandino. Cuando ocurre lo contrario, como sucedió con los marines, hay que transportar grandes intendencias y grandes campamentos. Hay que mantener sistemas independientes y embarazosos de enlace y hospitales. Los marines, con razón desconfiados de la población civil, tornaron peores las cosas por sus métodos despiadados y sanguinarios: una y otra vez ametrallaron casas y hasta aldeas enteras, con la esperanza de atrapar a uno o dos «bandidos».

En momentos en que esto se escribe, cuando la guerra crepita una vez más en Nicaragua, se publican noticias de que el presidente Moncada ha ordenado a los habitantes de los distritos afectados concentrarse en ciertos puntos, con la advertencia de que todo el que sea encontrado fuera de esas zonas será sancionado sumariamente. Esa orden demuestra, para mí, la inseguridad que Moncada siente en su posición. Ese método atrabiliario ha sido utilizado también frecuentemente por los marines, quienes no parecen comprender el defecto indeseable que el establecimiento de «campos de concentración» suele tener, no solo desde un punto de vista moral sino también militar, especialmente cuando esa medida cruel e inhumana está acompañada de ofertas de recompensa por la captura de «muertos o vivos», hasta de desertores de la Guardia Nacional, una fuerza civil nativa auxiliar, mandada por oficiales americanos, que Moncada organizó para ayudar a los marines a liquidar a Sandino y a sus compañeros de armas. Tal es el caso de la guarnición de Telpaneca, por ejemplo de la cual un sargento y treinta y cuatro hombres de tropa de la Guardia Nacional desataron no hace mucho tiempo porque atribuían la muerte de un aldeano indefenso a uno de sus dos oficiales americanos. De inmediato el Comandante en Jefe de los marines americanos en Nicaragua puso un aviso en los periódicos de Managua de que estaban dispuestos a pagar mil dólares por la captura, «vivo o muerto», del sargento; y cien dólares por la captura, «también vivos o muertos», de cada uno de los treinta y cuatro guardias que habían desertado en forma similar. ¡No es extraño que Sandino y sus hombres no acostumbrasen perder tiempo con los marines americanos que tienen la mala suerte de caer en sus manos!

Cuando llegué a Matagalpa, en 1927, después de mi accidentado viaje de tres meses a través de la deshabitada selva de la Costa Mosquito y Nicaragua Central, advertí a los marines que trataran de llegar a un acuerdo con Sandino en lugar de embarcarse en una guerra que haría a los Estados Unidos más odiados que nunca en América Latina. Me trataron con la mayor cortesía y afabilidad pero, aunque hubieran querido atender a mi consejo, tenían ya órdenes expresas y no era cuestión de opción en el asunto. Sandino no está sediento de sangre. Pero no puede poner en peligro su prestigio ante las masas de cuya ayuda depende, especialmente cuando ciudadanos indefensos continuamente son molestados por la sola razón de que se dice que hay que mantener la ley y el orden.

Debido a su posición comprometida y a las dificultades para obtener municiones, Sandino se vio obligado finalmente a adoptar esa terrible pelea mano a mano con machetes por la cual es famosa América Latina. Sin duda, con frecuencia los marines han hallado inútiles sus fusiles y ametralladoras en las escaramuzas en la selva. Una y otra vez los machetes realizaron su faena mortífera, con relámpagos carmesí en la semioscuridad de la espesura tropical. El capitán De Paredes me ha hablado del grito de agonía de los heridos: «¡Péguenme un tiro... un tiro! Pero machete... no, por Dios!». Si esos pobres moribundos, muchos de ellos bastante jóvenes, que habían sido convencidos de que se unieran a los marines para pasar un buen rato y ver el mundo a expensas del Tío Sam, hubieran conocido lo que realmente significaban esas promesas —morir desperanzados en la selva de Nicaragua, para que los magnates de Wall Street pudieran recoger una rica cosecha de dinero mal habido— probablemente hubieran renunciado al honor de vestir el uniforme del Tío Sam y se hubiesen buscado otro cargo.

Frecuentemente, después de un asalto con éxito, cuando hay dinamita disponible, se utilizan granadas de mano de fabricación doméstica: sacos de cuero llenos de explosivos, clavos, tuercas, tornillos, cápsulas vacías, cualquier cosa que pueda causar daños y hacer huir a la desbandada a las mulas de carga de los convoyes del enemigo.

La primera victoria de Sandino sobre los marines se registró en Ocotal. Me la describió de la siguiente manera: atacó Ocotal a la cabeza de solo sesenta hombres el 16 de mayo de 1927. Varios centenares de campesinos de las inmediaciones saquearon los almacenes de los partidarios de Díaz-Moncada, mientras él y sus hombres se mantenían disparando con sus ocho ametralladoras contra la guarnición del pueblo, compuesta por unos doscientos o trescientos marines y un puñado de guardias nacionales nicaragüenses, a quienes se había empujado al servicio. Sandino dijo: «El enemigo finalmente se atrincheró en un sector de la ciudad, mientras lo teníamos rodeado y lo acosábamos a discreción con nuestras ametralladoras desde las alturas vecinas. Podríamos haber dinamitado los cuarteles provisionales de los marines y la población entera, si hubiéramos querido hacerlo. Pero desistimos porque no queríamos herir a la gente de la población que no era responsable. Durante las quince horas que duró la lucha, los marines no intentaron un solo ataque. Continuaron disparando hasta el amanecer, desperdiciando pólvora y plomo. Después de salir el Sol, su fuego se atenuó considerablemente porque escaseaban las municiones. Esa debe haber sido la razón para que no intentaran ninguna escaramuza esa mañana. A las diez a. m. llegaron dos aeroplanos americanos. Bombardearon y ametrallaron despiadadamente las casas adyacentes y las manzanas urbanas, causando muchas bajas entre la población civil inerme». Según el capitán De Paredes, las bajas de Sandino ascendieron a siete hombres: tres muertos (entre ellos el coronel Rufo Marín) y cuatro heridos. Dos de los hombres de Sandino, que se emborracharon y cayeron en manos del enemigo, fueron canjeados después por dos marines a quienes los sandinistas habían capturado cerca de Achoapa.

Otro de los encuentros victoriosos de Sandino con los marines tuvo lugar cerca de El Chipote. De acuerdo con la versión del capitán De Paredes, una columna americana, procedente de Telpaneca, llegó a las afueras de Quilali. Sandino ordenó entonces a su lugarteniente, Francisco Estrada, emboscar a sus fuerzas en Las Trincheras. El 26 de diciembre, los gringos cayeron en la trampa. Fueron barridos por fuego de fusiles y ametralladoras a distancia de quince metros. De los trescientos marines, sesenta perecieron. Diez mulas cargadas, tres de ellas conduciendo municiones, fueron capturadas por los nicaragüenses. La columna americana se retiró en confusión, llevándose dieciocho de sus heridos. A unos ochocientos metros de distancia, los marines se atrincheraron esperando refuerzos. Entre los muertos se encontró el oficial al mando de la columna americana.

Terminaré este capítulo con otro encuentro típico de la selva, conocido como la lucha en el río Coco, que fue ganado también por Sandino. He aquí su versión. Una columna de quinientos infantes de marina estaba remontando el río en cinco grandes barcazas. Después de que varios aeroplanos hubieron pasado por sobre las fuerzas de Sandino sin advertirlas, las cinco barcazas cayeron en una emboscada. Esto sucedió el 7 de agosto de 1928. De la segunda barcaza, que fue dejada a cargo del capitán De Paredes, solo cinco o seis marines escaparon con vida aferrándose del lado opuesto de la nave. El resto de los marines y remeros indígenas fue barrido de la embarcación por las ametralladoras de De Paredes. Algunos habían saltado por la borda y tratado de arrastrar la barcaza a la ribera, disparando al mismo tiempo contra De Paredes y sus hombres. Paredes vio a la primera barcaza irse a la deriva, sin timón. También había sido barrida de alrededor de cien marines. La tercera barcaza había sufrido suerte similar. La cuarta y quinta tuvieron pocas pérdidas, porque habían podido desembarcar la mayoría de sus hombres antes de ser sometidas adecuadamente al fuego de ametralladoras de los sandinistas.

La razón por la cual he mencionado los detalles anteriores sobre la campaña de Sandino es la de demostrar que América Central y México representan un nido de avispas, que la diplomacia del dólar debiera abandonar. Porque si alguna vez esas siete repúblicas, con sus selvas deshabitadas interminables y centenares de miles de guerrilleros experimentados, resolvieran montar un frente sólido y seguir el ejemplo de Sandino, los Estados Unidos, a pesar de su riqueza y material humano ilimitado, serían impotentes para afrontar la situación. Cada centavo del capital americano invertido en esos países estaría irremediablemente perdido, especialmente si el Asia que despierta decidiera intervenir en el juego, ya que un conflicto de esa naturaleza ofrecería a los asiáticos la oportunidad de derrumbar las barreras de los prejuicios raciales que les impiden entrar a los Estados Unidos.

Esperemos que la diplomacia del dólar vea el anuncio en el muro antes de que sea demasiado tarde, y que a nuestro continente americano se le ahorren los estragos que inevitablemente han de seguir a una nueva Coalición Mundial contra los Estados Unidos, si se precipitara tal crisis. Es un secreto a voces en todas partes, excepto quizás en los Estados Unidos, que los esfuerzos del gobierno americano, por poner fuera de la ley la guerra en todo el mundo, pueden tener algo que ver con la posibilidad de la tal Coalición Mundial; porque Washington D. C. parece haber comprendido por fin que, por su codicia y total falta de piedad, la diplomacia del dólar ha logrado finalmente convertir al incauto pueblo americano en el blanco del odio y desconfianza universales.

Capítulo III

Similares entre sí, como nuevas naciones forjadas por las condiciones imperantes en el hemisferio occidental, esencialmente semejantes en su pasión por la libertad y el valor, los pueblos de América Latina y los de Estados Unidos son no obstante esencialmente diferentes, tanto en temperamento como en tradiciones. Las causas de estas desemejanzas tienen que tomarse en consideración al buscar una sólida base para el entendimiento.

Los Estados Unidos fueron en su tiempo una posesión colonial británica. Aquí los mejores hombres de Inglaterra, los inteligentes, amantes de la libertad, llenos de recursos, vigorosos de mente y cuerpo, audaces, instalaron colonias y establecieron la ley y la sociedad en conformidad con los principios de la civilización inglesa y del temperamento anglosajón. A su debido tiempo, debido a las influencias del medio ambiente, y en razón de ser americanos, se separaron de la Gran Bretaña estableciéndose como nación nueva e individual.

Al Sur de ellos se extendía una vasta extensión que comprendía México y América Central. Más al Sur todavía un gran continente. Este conjunto territorial había sido colonizado por otra raza, los españoles y, con excepción del Brasil, por un pueblo latino, el portugués. En este enorme imperio, o sea unas tres cuartas partes del *Nuevo Mundo*, la cultura, la lengua, la ley, sociedad e ideales eran españoles. Habían sido sembrados allí por hombres fuertes, arrojados y de poderosa imaginación. La mejor sangre de España corría por las venas de los conquistadores. Muchos de ellos no buscaban solo oro en las colonias, sino liberarse de las restricciones que limitaban la vida en su tierra. A su debido tiempo, también ellos se liberaron del yugo de la madre patria, igual que lo habían hecho los colonos británicos del Norte. Fue una tarea más ardua, ya que el sistema español, a diferencia del inglés, no había educado a las colonias en la autonomía y la cooperación, porque ninguna potencia europea les prestó ayuda como Francia y España ayudaron a los americanos y porque tuvieron también que enfrentarse a la oposición de su Iglesia que estaba más firmemente enraizada en la tierra, en la profunda fe del pueblo, como fue el poderío imperial de España. Alcanzaron lo aparentemente imposible. Con el tiempo, lo que había sido una vasta posesión colonial se convirtió en varias repúblicas, cada una independiente y gobernándose a sí misma, liberal en objetivos y propósitos, esperanzados en el progreso de todos sus ciudadanos y trabajando para ello. Latinas en su lengua, tradiciones e ideales culturales.

Nosotros los latinoamericanos somos una nación individual y nueva, configurada por la herencia y el medio. Poseemos nuestra personalidad, lo que nos satisface, sin complejos de inferioridad ni exigencias intolerantes, sin semejanza alguna con nuestros vecinos más cercanos al Norte. Reconocemos que, al igual que nosotros, el pueblo de los Estados Unidos es producto de la herencia, es una estirpe formada por ambientes, condiciones y clima diferentes.

Como paso hacia la comprensión mutua, debiera tenerse en cuenta que nuestras veinte repúblicas, con la posible excepción de Panamá, no deben su independencia a los Estados Unidos sino a su propio esfuerzo. Si solo unas cuantas de esas repúblicas se han mantenido al ritmo de los Estados Unidos en el desarrollo industrial, el atraso se debe en parte a la larga lucha contra un clericalismo retrógrado y por otra a las condiciones climáticas.

El clima tropical no permite que un hombre de las clases elevadas realice labor manual en una fábrica o en el campo, como a menudo puede hacerlo en los Estados Unidos y Europa uno de esos señores. Los mismos americanos y otros extranjeros no tratan de intentarlo en los trópicos. En las tierras bajas, o zona tórrida de nuestras repúblicas, que comprenden del 50 al 70 % de su territorio, solo los peones pueden trabajar y vivir diez horas diarias bajo el Sol hirviente. Ninguna otra exigencia se hace en energías, en tanto que mucho más se reclama como contribución nacional del hombre de inteligencia y cultura superiores. Estudiando someramente este hecho esencial de la vida en los trópicos, los conquistadores se instalaron en las altas mesetas y en las regiones montañosas, donde el clima templado les permitía hacer sus propios cultivos. Esta es también la razón por la cual la mayoría de nuestras ciudades y pueblos principales están situados de tres a diez mil pies sobre el nivel del mar. No es el hombre sino el Sol lo que diferencia a las razas que pueblan nuestro globo. Si los españoles hubieran colonizado los Estados Unidos y los ingleses hubieran colonizado a la América Latina, las condiciones hubiesen sido muy similares. Un ejemplo: Argentina.

El Sol crea y fortalece el carácter de lo que crea, aunque los vínculos políticos se pierdan o cambien. Puerto Rico es tan Latina como lo era hace treinta años cuando los Estados Unidos lo tomaron. Cuba es tan cubana hoy como siempre lo fue, a pesar de la Enmienda Platt. ¿Por qué, pues, debe nadie extrañarse de que la pequeña Nicaragua se aferre a su civilización española, deteste a los marines americanos y luche por sostener su independencia, que en absoluto debe a los Estados Unidos?

Aparentemente, el americano corriente no piensa ni se preocupa en meditar los asuntos que se refieren a la América Latina. ¿Por qué habría de molestarse en inquirir acerca de lo que su gobierno y ciertos financieros americanos hacen en Nicaragua; de si sus acciones están a la altura, moralmente, de las elevadas pretensiones de América a la dirección espiritual del mundo? Nicaragua es simplemente un pigmeo en comparación con los Estados Unidos.

Aun así, hasta la picada de una pulga en la oreja del elefante es proclive a crear infección si no es adecuadamente tratada. La infección es ya evidente en este caso en particular. Se propaga rápidamente, no solo por la América Central, sino también por todos los países latinos. El ciudadano americano término medio puede no saberlo, pero es un hecho que la pequeña Nicaragua ha despertado una ola de simpatía y admiración en todo el mundo. Es aclamada en la prensa de varios países como la «pequeña Bélgica», de nuestro hemisferio.

Para la mayoría de los americanos, un campeonato de boxeo parece más importante que las noticias acerca de Sandino y su puñado de soldados descalzos, que combaten por la existencia misma de su denodado y caballeroso pequeño país. ¿Y por qué habrían de preocuparse después de todo? ¿No es acaso el administrador el Departamento de Estado? ¿No han sido informados repetidas veces, a través de los más reputados periódicos del país, que Nicaragua es una República que no merece ser libre porque no puede cuidarse a sí misma? ¿No han peleado los nicaragüenses entre sí durante los últimos veinte años, solo por el afán de combate y porque su pueblo disfruta más con una pelea que con una comida? ¿No las pasaron negras los consejeros americanos arreglando sus finanzas? ¿No han tratado los marines de apaciguar los ánimos «a su manera»? ¿No pidió Adolfo Díaz la protección americana? ¿Acaso no la logró? ¿Qué más puede pedirse?

Estas y otras preguntas son las que me propongo responder en este libro, de acuerdo a mis conocimientos. Creo que ha llegado el momento de hacerlo. No considero justo ni necesario que los norte y latinoamericanos continúen viviendo como perros y gatos para beneficio de unos cuantos financistas que mantienen al público americano en la ignorancia de lo que allí realmente ocurre, llevando las cosas al extremo. El final será un odio incurable, tal vez la ruina del Comercio por 2.000 millones de dólares entre los Estados Unidos y nuestras veinte repúblicas latinoamericanas.

América del Norte y América Latina no pueden permitirse el lujo de ser enemigas. Se necesitan mutuamente. No puede andar cada una por su lado, aunque traten de hacerlo. Somos como hermanas, con nuestras pequeñas disputas de vez en cuando pero nuestro común esfuerzo permanente. Tenemos que entendernos. Tenemos que conocernos los unos a los otros. La auténtica amistad y camaradería entre la América del Norte y la América Latina no puede acrecentarse si ciertos intereses financieros logran mantener al pueblo norteamericano en la ignorancia de lo que sucede al Sur de Río Grande y especialmente en Nicaragua.

No hay ninguna duda de que la intervención americana en Nicaragua no es, como se cree, solo un asunto local. Afecta el futuro de ochenta millones de latinoamericanos, con las fuerzas del imperialismo, listas en formación para arremeter contra el bienestar de nuestras veinte repúblicas. Afianzando su punto de vista en las administraciones de los gobiernos americanos desde los días del escándalo de Panamá, América Latina ha llegado a la conclusión de que es difícil encontrar en la mayoría de los gobiernos de los Estados Unidos otra cosa que egoísmo, pretensiones políticas imperialistas y locas ambiciones unidas a una posible y voluntaria ignorancia de los hechos. México, que abolió la esclavitud cincuenta años antes de la Guerra de Secesión, cuya legislación religiosa de 1859 fue copiada por Francia en 1905 y cuya emancipación económica estaba contenida en su Constitución redactada en 1917, ha ganado, a un mismo tiempo, la lealtad ardiente de América Latina y el odio de los imperialistas financieros. La tragedia que puede resultar de la intromisión financiera y política en los derechos de un pueblo orgulloso y sin miedo se puede observar fácilmente en el Sur. Una República hermana, insignificante en tamaño, debilitada por cuatrocientos años de fanatismo y por explotaciones y revoluciones, está hoy en un cerco dando el frente a la potencia más formidable del mundo.

Míster Albert H. Putney, durante un discurso que pronunció ante la Liga de Reconstrucción del Pueblo el 11 de diciembre de 1926, dijo que la actitud tomada por los Estados Unidos hacia los gobiernos rivales de Nicaragua es de tal importancia que difícilmente puede ser sobresumada. Señaló otros asuntos de interés excepcional como la importancia que el Departamento de Estado ha atribuido en el pasado a las inversiones americanas en Nicaragua, lo cual se demuestra por el hecho de que, entre los años 1909 y 1912, los Estados Unidos tomaron participación activa en la deposición de cuatro presidentes de Nicaragua, antes de lograr encontrar uno que llenara sus requisitos.

Es interesante destacar que este presidente, que resultó totalmente adecuado tanto para del Departamento de Estado como para los financistas de Nueva York, era nada menos que el mismo Díaz, a quien el Departamento reconoció de nuevo como presidente de Nicaragua después de su sorprendente elección por un Congreso espúreo para llenar una vacante que en realidad no existía. El actual proceso de las desastrosas relaciones de los Estados Unidos con Nicaragua comenzó en 1909 con la caída del presidente José Santos Zelaya.

Santos Zelaya había cometido la indiscreción de tratar de cancelar la concesión de la Compañía Minera de La Luz y

Los Ángeles, de la cual, según el notable escritor venezolano Horacio Blanco Fombona, se suponía que el principal accionista era el ex secretario de Estado Philander Knox, en tanto que un sobrino suyo era el gerente de la Compañía en Bluefields; por lo tanto y como consecuencia, el «patrón» de Adolfo Díaz. Para entonces, Díaz actuaba en esa firma como oficinista de menor cuantía con un salario de veinte a veinticinco dólares semanales. La revolución del general Estrada, con Emiliano Chamorro como Comandante en Jefe, estalló contra Zelaya. Adolfo Díaz la financió inmediatamente con seiscientos mil dólares en efectivo, que incomprensiblemente había ahorrado de su salario de veinticinco dólares semanales.

Poco después de estallar esta revolución, los Estados Unidos rompieron relaciones con Zelaya, el 1.º de diciembre de 1909. Este hecho de parte de los Estados Unidos, causó la renuncia de Zelaya quien entregó la presidencia al doctor José Madriz. Pero el secretario Knox parecía no estar satisfecho todavía. Zelaya fue acosado, aparentemente por instigación suya. Porfirio Díaz, entonces presidente de México, dio asilo al presidente Zelaya, en gesto que mucho le honra, en el crucero mexicano Zaragoza, el cual le condujo a México.

El vicepresidente doctor Madriz, quien era uno de los hombres más populares y respetados del país, se convirtió en presidente. Había sido miembro de la Conferencia Centroamericana de Washington en 1907 y había actuado como uno de los jueces de la Corte de Justicia de América Central. Cuando asumió la presidencia, la revolución estaba a punto de desplomarse. Las fuerzas de Estrada fueron rápidamente rechazadas a Bluefields, donde estuvieron al borde de la captura cuando el gobierno de los Estados Unidos declaró la neutralidad de Bluefields, denunciando ilegal el bloqueo nicaragüense de ese puerto y ordenando a los barcos de guerra americanos escoltar los buques mercantes a través del bloqueo. Ayudadas de esta manera por los Estados Unidos, las fuerzas revolucionarias de Estrada pudieron retirar su ejército de Bluefields. Con las incorporaciones a sus tropas, que se derivaron del prestigio del apoyo americano, Emiliano Chamorro logró el 19 de agosto de 1910 derrocar al presidente Madriz, quien renunció al día siguiente. Luego, el gobierno de los Estados Unidos ordenó a su Ministro en Panamá que siguiera a Nicaragua. El 27 de octubre, a bordo de un buque de guerra americano, se llegó a un acuerdo entre el ministro americano y los cinco jefes conservadores: Estrada, Díaz, Mena y los dos Chamorro. En este acuerdo figuraba la cláusula de reconocimiento, por los Estados Unidos, del nuevo gobierno, y la aceptación de Nicaragua de un empréstito americano en condiciones muy ventajosas para los prestamistas. ¡Ah, y también una cláusula por medio de la cual en las próximas elecciones el presidente y vicepresidente debían ser escogidos entre los cinco jefes conservadores! ¡Cuánto cinismo!

En enero, Estrada fue reconocido por los Estados Unidos. De inmediato comenzaron las negociaciones para el empréstito. Sin embargo, tan pronto como se conocieron las condiciones propuestas para el empréstito estalló en Nicaragua una indignación general, aun entre varios jefes conservadores, que puso en peligro la continuación de la existencia del gobierno de Estrada. El 9 de marzo, el recientemente nombrado ministro americano en Managua, Northcott, cablegrafió al secretario de Estado, Knox, que parecía imposible asegurar la ratificación del propuesto empréstito por la Asamblea. El señor Northcott informó también a Knox: «El sentimiento natural de una mayoría abrumadora de Nicaragua resulta antagónico a los Estados Unidos, e incluso en algunos miembros del gabinete de Estrada encuentro un recelo decidido, cuando no desconfianza, de nuestras intenciones». El 27 de marzo le añadía que «el presidente Estrada se mantiene solamente por el efecto moral de nuestro apoyo y la creencia es que incuestionablemente mantendría tal apoyo en caso de revuelta».

Estos informes del entonces ministro americano —un hombre que por supuesto simpatizaba íntegramente con el gobierno de los Estados Unidos— parecen demostrar claramente que los liberales estaban en mayoría abrumadora en Nicaragua. Pruebas adicionales pueden encontrarse en declaración de una carta escrita por el honorable Elihu Root, entonces miembro del Senado de los Estados Unidos, en el sentido de que tres cuartas partes de los habitantes de Nicaragua pertenecían al Partido Liberal. La carta, dirigida por el senador Root al senador Fuller, el 5 de enero de 1915, dice como sigue: «Al revisar el informe del comandante de nuestras fuerzas en Nicaragua, observo lo siguiente: el actual gobierno de Nicaragua no está en el poder por la voluntad del pueblo, las elecciones fueron en su mayor parte fraudulentas». En anterior informe anota que el Partido Liberal, o sea el partido de oposición, constituye las tres cuartas partes de los habitantes del país. Mediante este informe y otros que accidentalmente han llegado a mis manos, he arribado a la conclusión de que el actual gobierno, con el cual estamos negociando este tratado, está en el poder debido a la presencia de las tropas de los Estados Unidos en Nicaragua.

Unos cuantos meses después de haber sido electo el presidente Estrada, destituyó a uno de los miembros de su gabinete, un hecho de acuerdo con las leyes de Nicaragua. El ministro americano en Managua lo objetó. Estrada protestó enérgicamente por la ingerencia del ministro de los Estados Unidos en asuntos que solo concernían al Ejecutivo, y el 5 de mayo entregó la presidencia a Adolfo Díaz.

Cuando el 9 de marzo el ministro Northcott cablegrafió al secretario Knox que parecía imposible obtener la ratificación por la Asamblea Nacional del empréstito propuesto, míster Knox no tomó en cuenta esta declaración y cablegrafió en respuesta que había que impulsar de inmediato la promulgación de un decreto que autorizara el empréstito y la creación de una Comisión de Reclamaciones que aprobara los abusos americanos contra Nicaragua. ¡Dos de los tres miembros de esa Comisión eran ciudadanos de los Estados Unidos! Tal procedimiento casi no tiene precedentes. En el caso de una Comisión para dictaminar sobre las reclamaciones de un país contra otro, es costumbre establecida que un comisionado sea nombrado de entre los ciudadanos de cada país y que el tercer comisionado sea ciudadano de un país neutral. La Comisión Mixta de Reclamaciones fue propuesta por el presidente el 27 de febrero y ratificada por parte de la Asamblea el 17 de mayo. Para entonces, la oposición al programa americano en Nicaragua se había hecho casi universal.

Tan pronto como Adolfo Díaz se hizo presidente negoció la venta de la Zona del Canal de Nicaragua al gobierno de los Estados Unidos por tres millones de dólares. A pesar de ello, solo recibió parte de este dinero. No podía retirar el resto sin consentimiento especial del gobierno de los Estados Unidos. El tratado referente al canal lleva el nombre de Tratado Bryan-Chamorro, porque Emiliano Chamorro era entonces ministro nicaragüense en los Estados Unidos. Horacio Blanco Fombona, quien dicho sea de paso es un escritor político sagaz, afirma que el Tratado no solo puso en jaque la independencia de Nicaragua sino que también privó a Costa Rica, El Salvador y Honduras de ciertos derechos de aguas que dichas tres repúblicas poseían en el río San Juan y en la bahía Fonseca. También expuso la opinión de que los

Estados Unidos y Adolfo Díaz estaban tratando deliberada y cínicamente de engañar a esas tres repúblicas.

A fin de lograr que el Congreso nicaragüense aprobara el Tratado Bryan-Chamorro, Adolfo Díaz lo hizo leer en inglés a un grupo de senadores y diputados —a quienes había escogido ex profeso porque no comprendían una palabra de inglés— (era el tiempo en que nadie se preocupaba por aprenderlo). A despecho de esta indiferencia lingüística, los marines americanos permanecieron apostados en torno al edificio del Congreso a fin de impedir que ciertos intrusos (conocedores tal vez del idioma) penetraran antes de que el Tratado hubiera sido plenamente aceptado. Simultáneamente con el dichoso Tratado Bryan-Chamorro, la camarilla Díaz-Chamorro sometía al gobierno americano una enmienda similar a la Enmienda Platt en Cuba, que felizmente los Estados Unidos se negaron a considerar.

En conformidad con el Tratado Caña-Jerez entre las dos repúblicas, ni Costa Rica ni Nicaragua pueden disponer de sus derechos en las aguas navegables del río San Juan sin «mutuo acuerdo». ¡Es el colmo! Díaz no consultó a Costa Rica antes de vender a los Estados Unidos los derechos de Nicaragua sobre esta vía acuática. Al hacerlo entregaba al gobierno americano un lingote de oro. Y otra fortuna cuando le vendió el derecho para establecer una base naval en la Bahía de Fonseca, sin previamente consultar a Honduras y El Salvador, como estaba honorablemente obligado a hacerlo por el Tratado. Díaz engañó también al gobierno americano cuando le cedió los derechos por noventa y nueve años sobre las islas Maíz (grande y pequeña) con propósitos de estación carbonera, ya que la propiedad de esas dos islas está en disputa pues Colombia las reclama. Estos hechos contribuyen a demostrar que el Tratado Bryan-Chamorro no vale nada en absoluto, no podía enfrentar la prueba de ningún tribunal de arbitraje honorable. Si los Estados Unidos no fueron engañados, entonces su Departamento de Estado tramó defraudar los derechos, no solo de Nicaragua, sino de toda Centroamérica.

Entretanto, pesadas nubes se acumulaban en el cielo político de Nicaragua. La situación no parecía mejorar desde el punto de vista del gobierno americano bajo la administración de Díaz. El 25 de mayo de 1911, el ministro americano notificó a Washington.

> Hay rumores de que los liberales organizan un levantamiento concertado en todo el país con el objeto declarado de derrotar el empréstito. Es difícil calcular cuán seria pudiera ser esta medida si estuviese bien organizada y dirigida, ya que los liberales están en mayoría sobre los conservadores. En consecuencia, me apresuro a repetir mi sugerencia en cuanto a la conveniencia de estacionar permanentemente un barco de guerra en Corinto, hasta que haya sido sacado adelante el empréstito.

El señor Knox contestó a esta información del ministro americano instruyéndole que no se debía permitir a Díaz que renunciara, que éste recibiría renovadas seguridades de apoyo de los Estados Unidos y que como prueba ya se había despachado un buque de guerra norteamericano a Nicaragua. El 5 de junio, el ministro envió otro informe en el sentido de que el presidente Díaz no tenía ningún arrastre personal y que su único apoyo se derivaba de la amistad del general Mena. El 6 de junio, míster Knox firmó el Tratado Knox-Castrillo, que para honra perdurable del Senado de los Estados Unidos, hay que decirlo, ese cuerpo se negó aprobar.

El principal objetivo del Tratado Knox-Castrillo había sido echar las bases de un empréstito a Nicaragua por financistas americanos. La negativa del Senado sobre el Tratado no les impidió hacer el empréstito.

El 1.º de septiembre de 1911 se firmó un contrato entre el gobierno de Nicaragua, la United States Mortgage and Trust Company, como apoderados, y Brown Bros. Company y J. W. Seligman & Co., como agentes fiscales. Debiera mencionarse, a este respecto, que durante todo el período de intervención financiera americana en Nicaragua se ha hecho siempre un esfuerzo para tener actuando una empresa americana como intermediaria entre Nicaragua y la compañía americana que hace el contrato, con el propósito, sin duda, de crear una excusa para pagar una comisión extra. Aquí la principal tarea de los apoderados era la oportunidad así proporcionada de pagarles una comisión sobre los bonos que el gobierno de Nicaragua vendería a los agentes fiscales.

Para la fecha de este contrato (1.º de septiembre de 1911), la deuda total de Nicaragua, tanto nacional como extranjera era solamente de unos siete millones y cuarto de dólares oro. De esa suma, realmente deben deducirse casi dos millones de dólares oro que representaban la parte de un empréstito a Nicaragua por banqueros ingleses, que todavía mantenían en su poder esos banqueros. Para reembolsar esta deuda y pagar las reclamaciones contra el gobierno nicaragüense que serían fijadas por la Comisión de Reclamaciones —en la cual los Estados Unidos tendrían dos de los tres miembros—, calculando esas reclamaciones por anticipado en un monto probable de entre tres y tres millones y medio de dólares, se propuso emitir bonos hasta por la cantidad de quince millones de dólares que se garantizarían con las aduanas de Nicaragua. Los agentes fiscales tendrían el derecho de presentar al gobierno nicaragüense una lista de nombres, de la cual se elegiría al Recaudador General de Aduanas.

Con esta garantía, los bonos debían ser de alta procedencia, pero a los agentes fiscales se les dio la opción (por su parte nada prometían) de tomar bonos por valor de doce millones de dólares al 90 y medio %. Además, los bonos serían redimidos a una prima del 2 y medio %. A los apoderados se les pagaría una comisión del 3 % sobre todos los bonos vendidos, incluyendo aquellos que los agentes fiscales quisieran tomar bajo su opción. Los apoderados recibirían todo el producto de los bonos, así como ciertos fondos existentes del gobierno nicaragüense, cancelando las deudas del gobierno y las sumas fijadas por la Comisión de Reclamaciones.

El acuerdo del 1.° de septiembre de 1911 contenía una cláusula que involucraba un método bastante sorprendente para determinar los créditos y obligaciones de los apoderados. La mayor reclamación contra el gobierno nicaragüense se basaba en los bonos del Empréstito Ethelburga. El monto total de esos bonos era de un millón doscientas cincuenta mil libras esterlinas, pero los banqueros ingleses, que habían hecho el empréstito, habían retenido en su poder trescientas ochenta y nueve mil trescientas setenta y cinco libras. Se convino entonces que esta suma fuera entregada a los apoderados. Al precisar la cantidad de fondos que Nicaragua debía dar a los apoderados para permitirles pagar el empréstito, la libra esterlina inglesa se reconoció sobre la base de cuatro dólares y ochenta y ocho centavos. Pero al determinar el precio que debía imponerse contra los apoderados por las trescientas ochenta y nueve mil trescientas setenta y cinco libras que les fueron entregadas, la libra inglesa se reconoció en ¡tres dólares y ochenta y ocho centavos! Los apoderados hicieron así automáticamente una ganancia de un dólar por libra sobre esta suma de trescientas ochenta y nueve mil trescientas setenta y cinco libras. Sumados los diversos costos de los propuestos métodos de reembolso, ascenderían considerablemente a más del 40 % de la deuda exterior existente de Nicaragua.

Por algún motivo, sin embargo, los acreedores europeos de Nicaragua no tomaron tan amablemente, en esta ocasión, los esfuerzos hechos por los Estados Unidos, aparentemente en favor suyo. Los ministros en Nicaragua de Gran Bretaña, Francia y Alemania protestaron de que se sometieran las reclamaciones de los ciudadanos de esos países a una Comisión compuesta por dos ciudadanos de los Estados Unidos y un nicaragüense. El gobierno de Nicaragua acudió entonces a los Estados Unidos en demanda de ayuda y asesoramiento. El 19 de noviembre de 1911, míster Knox escribió al Encargado de Negocios americano en Managua: «El departamento no está dispuesto a aconsejar al gobierno nicaragüense a que se resista a las exigencias de países europeos por conductos diplomáticos para el ajuste directo de sus reclamaciones; pero si el gobierno nicaragüense se decidiera, por propia iniciativa, a que los reclamantes europeos traten de agotar primero los recursos permitidos por las Cortes nicaragüenses u otros tribunales locales, incluyendo la Comisión de Reclamaciones, el departamento cree que la ley y práctica internacionales proporcionan amplios precedentes al respecto».

Capítulo IV

Entretanto, la Asamblea Constituyente de Nicaragua estaba considerando la Constitución nicaragüense, que fue aprobada poco después. El Departamento de Estado americano se opuso de inmediato a los Artículos 2 y 55 de la Constitución, que decían lo siguiente:

Artículo 2. La soberanía es una, inalienable e imprescriptible, y reside esencialmente en el pueblo del cual derivan sus poderes los funcionarios establecidos por la Constitución y las leyes. En consecuencia, no se firmarán pactos ni tratados que sean contrarios a la independencia y la integridad de la nación, o que en cualquier forma afecten su soberanía, excepto los que puedan propender a la unión con una o más repúblicas de América Central.

Artículo 55. Solamente el Congreso puede autorizar empréstitos y dictar impuestos directos e indirectos. Se prohíbe a otra autoridad negociar los primeros o dictar los últimos sin su permiso, salvo en excepciones previstas en la Constitución.

Vigorosos y repetidos esfuerzos fueron hechos por el Departamento de Estado americano para impedir la promulgación de la Constitución sin los cambios exigidos en nombre de los inversionistas americanos. Sin embargo, la Asamblea promulgó (12 de enero de 1912) la Constitución y atacó la intromisión americana en el siguiente decreto:

La Asamblea Constituyente, considerando que el Encargado de Negocios de los Estados Unidos ha dado pruebas de excepcional interés, según lo ha manifestado al doctor Suárez, presidente de la Asamblea, al demorar la promulgación de la Constitución hasta la llegada del señor Weitzel, el nuevo Ministro, quien con toda probabilidad trae instrucciones de su gobierno para hacer enmiendas a ella:

Considerando que esta interposición del Encargado de Negocios de los Estados Unidos involucra en efecto un agravio a la autonomía nacional y al honor de la Asamblea: Considerando que, por sobre todo, es deber de la Asamblea conservar la dignidad y decoro de la nación y el buen nombre de este augusto cuerpo;

Decreta:

Artículo I. Que la Constitución elaborada por la presente Asamblea Nacional Constituyente sea publicada por proclama o en la Gaceta Oficial, o en cualquier periódico de la República.

Artículo II. Que la Junta Directiva de la Asamblea sea comisionada para tomar los pasos necesarios a fin de que este Decreto entre en vigor desde la fecha, publicando dicha Constitución en esta ciudad.

Dado, etc., etc.

Debido a esta medida, la Asamblea fue inmediatamente declarada disuelta por el presidente Díaz. Previamente, la Asamblea había electo al general Luis Mena para el cargo de presidente durante el período siguiente. Mena había sido uno de los primeros líderes de la revolución, pero cuando llevó a fondo el examen, se juzgó como un patriota demasiado humano, reacio a convertirse en partícipe de la explotación de Nicaragua. Díaz ordenó el arresto del general Mena quién escapó a Masaya, reunió la Asamblea y organizó un gobierno. La opinión pública de Nicaragua estaba tan abrumadoramente en favor de Mena y de la Asamblea que los conservadores pronto fueron rechazados a Managua. El dominio de Díaz hubiera sido rápido de no haber sido por la intromisión muy activa de los Estados Unidos.

En el informe del secretario de Marina de los Estados Unidos para 1913, se relata en gran detalle y con mucho orgullo la historia de la intervención americana: «Ocho barcos de guerra, ciento veinticinco oficiales y dos mil seiscientos elementos de tropa tomaron parte en la campaña y participaron en el bombardeo de Managua, una emboscada nocturna en Masaya, la rendición del general Mena y su ejército rebelde en Granada, la rendición de las cañoneras rebeldes Victoria y Noventa y Tres, el asalto y captura de Coyotepe, la defensa del puente de Paso Caballos, incluyendo la guarnición y otros servicios de Corinto, Chinandega y otros lugares».

Particular atención se dio al hecho de que «el acontecimiento más notable durante esta campaña fue el asalto y captura de Coyotepe, resultando en el aplastamiento completo de la revolución y el restablecimiento de la paz en Nicaragua. Este asalto duró cincuenta y siete minutos bajo nutrido fuego de las fuerzas rebeldes, antes de que pudiera ser tomada una posición considerada inexpugnable por las fuerzas federales».

La intervención militar de los Estados Unidos dio por resultado que se entregara completamente a los conservadores el control de Nicaragua. Díaz expidió una proclama privando de sus derechos a todos aquellos ciudadanos de Nicaragua que habían apoyado a la Asamblea y dejando solo un puñado comparativo de votantes en el país. En León, una de las dos mayores ciudades de Nicaragua, solo a ochenta de sus cincuenta mil habitantes se les permitió votar durante las elecciones de 1912. Se mantuvieron también a los marines americanos en el país y durante las tres elecciones presidenciales sucesivas ellos tomaron participación activa, no solo por permanecer estacionados en los locales de votación, sino también haciendo campaña a los candidatos favorecidos por los inversionistas de Nueva York. El resultado natural fue la fácil elección de los candidatos conservadores: Adolfo Díaz en 1912, Emiliano Chamorro en 1916 y Diego Chamorro en 1920.

El gobierno de Nicaragua se había convertido en un negocio de familia en 1921, según la lista siguiente de los funcionarios (preparada por la Federación Panamericana del Trabajo):

Presidente de Nicaragua, Diego Manuel Chamorro
Ministro del Interior, Rosendo Chamorro
Ministro en Washington, Emiliano Chamorro
Presidente del Congreso, Salvador Chamorro
Consejero del Departamento del Tesoro, Agustín Chamorro
Jefe de la Policía de Managua, Filadelfo Chamorro
Jefe de la Fortaleza Militar de Managua, F. Bolaños Chamorro
Director de la Renta Interna, Dionisio Chamorro
Jefe de la Policía en Corinto, Leandro Chamorro
Jefe del Ejército en la Zona Norte, Carlos Chamorro
Cónsul en San Francisco de California, Fernando Chamorro
Cónsul en Nueva Orleans, Luisiana, Agustín Bolaños Chamorro
Cónsul en Londres, Pedro C. Chamorro

Observará el lector que hay exactamente trece en la lista. El trece parece haber sido el número de suerte de la familia Chamorro, pero fue un número muy desdichado para Nicaragua.

Durante todo este período, el control financiero de Nicaragua permanecía en manos de un pequeño grupo de capitalistas de Nueva York. Aunque las firmas americanas mencionadas en el contrato del 1.º de septiembre de 1911 solo prestaron seis millones de dólares al gobierno nicaragüense, en lugar de los doce millones contemplados en el contrato —y a pesar de que el Tratado Knox-Castrillo nunca fue ratificado—, a los inversionistas americanos se les dieron todas las ventajas y concesiones propuestas por el Tratado y contrato. En particular se les dio el 51 % de las acciones del Banco Nacional de Nicaragua y el 51 % de las acciones del Ferrocarril. Además, el control completo de la Junta Directiva y el derecho a nombrar todos los funcionarios importantes. Se aumentaron ampliamente el número y salarios de dichos funcionarios. Todos los fondos del gobierno fueron depositados en el Banco de Nicaragua. El Banco, en vez de pagar interés al gobierno sobre tales depósitos, en realidad recibía el 1 % de los depósitos por encargarse de ellos, más de un medio por ciento adicional por todo el dinero pagado por el Banco a nombre del gobierno.

Los salarios de los funcionarios del gobierno eran pagados por el Banco. Esto equivalía a que el Banco, que estaba completamente controlado por los americanos y quienes en su mayor parte eran propietarios, recibía el 1 y medio % sobre prácticamente todos los ingresos de Nicaragua, además de todas las utilidades del dinero del gobierno depositado en este.

Las firmas bancarias de Nueva York, que controlaban totalmente el Banco de Nicaragua, controlaban también el mercado del café mediante una institución que era de su propiedad y que se llamaba la Compañía Mercantil de Ultramar. Su sistema era muy sencillo. El Banco adelantaba dinero a los cultivadores de café al interés del 10 al 18 % anual, entendiéndose que sus cosechas tendrían que ser vendidas a la Compañía Mercantil de Ultramar a un precio inferior a las cotizaciones del mercado.

Durante el período en que esos mismos intereses controlaban el Ferrocarril no se construyó ni un kilómetro de líneas nuevas, aunque la extensión de la vía férrea había sido una de las principales razones esgrimidas para la creación de la agencia central. No se adquirió ni una sola locomotora nueva y pocos vagones nuevos, si es que los hubo. Por el contrario, cuando el ferrocarril fue devuelto al gobierno nicaragüense bajo la administración del presidente Martínez, el ramal Chinandega-El Viejo —que había sido entregado en buen estado a la Management Corporation de Baltimore— estaba absolutamente inútil, inservible. Igual ocurría con el ramal de Punta de Mono sobre la costa atlántica. De varios vapores pertenecientes a la Compañía del Ferrocarril solo quedaba uno.

No debiera olvidarse que la Management Corporation estaba recibiendo quince mil dólares al año por manejar el mencionado ferrocarril. Tenía también el derecho, según se informa, de comprar y vender para la compañía ferrocarrilera el material rodante y demás equipos a un precio que ella misma estipulaba. Como la mitad de los ingresos brutos del ferrocarril se pagaba en dividendos, los gastos de operación de la vía se aumentaron a unos trescientos cincuenta mil dólares oro. ¡No es extraño que los banqueros estuvieran tan ansiosos por retener el control del ferrocarril!

Se efectuó un cambio en el sistema monetario de tal manera que permitiera grandes comisiones y otras ganancias para los inversionistas americanos y de ello se derivó la ruina casi completa de los negocios del país. En 1912, el circulante en Nicaragua se había elevado a sesenta y siete millones de pesos en papel moneda. Esto fue corregido por una emisión de alrededor de tres millones y medio de córdobas oro (siendo el córdoba el equivalente a un dólar americano), fijándose la relación entre córdoba y el dólar en doce y medio a uno. Esto surtió el efecto de reducir el circulante total en una tercera parte. El resultado normal de la reducción de la cantidad de circulante en un país es reducir los precios, pero la disminución de los precios fue en este caso mucho menor que el valor aumentado del dinero. Es también digno de anotar que esto redujo el circulante a alrededor de tres o cuatro córdobas per cápita, condición económica excesivamente restrictiva.

Después del cambio en la moneda, la pieza más baja en existencia valía doce centavos y medio de la anterior moneda. Como muchísimos artículos consumidos por la gente más pobre se habían vendido anteriormente por menos de doce centavos y medio, hubo de inmediato un aumento muy serio en el costo de la vida para las clases más menesterosas.

Además, antes del cambio en la moneda los derechos aduaneros se habían fijado sobre una base oro, y la ley estipulaba que el papel moneda podía recibirse en pago a razón de cinco por uno. El establecimiento del standard oro a razón de doce a uno tuvo, en consecuencia, el efecto manifiesto o de aumentar inmediatamente todos los derechos de aduana el 150 %, con la consecuente alza en el costo de todos los artículos importados.

El efecto general del cambio en la moneda fue provocar un aumento muy grande, no solo en el costo de la vida, sino en los tipos de interés (24 % y hasta 30 %), y un gran alza en los salarios altos, especialmente los recibidos por americanos, además de un pequeño aumento de los jornales. Fue tan mala la situación económica del pueblo que, tal vez por primera vez en la historia de América Central, se inició la gran emigración de Nicaragua.

Cuando en 1923 el nuevo presidente Martínez pidió a los ciudadanos destacados de Nicaragua su opinión en cuanto a los resultados del régimen financiero americano en Nicaragua, el señor José Castellón, experto financiero y economista de Nicaragua, envió en respuesta la siguiente exposición detallada respecto a las pérdidas ocasionadas por tal régimen:

Pérdidas en la venta y la recompra del ferrocarril (el 51 % de interés en el ferrocarril fue vendido a los banqueros en 1912 y readquirido después de diez años por el doble del precio original. Durante este tiempo no se habían hecho mejoras ni extensiones).	$2.485.182,16
Por aumento en las tarifas para pasajeros y carga del ferrocarril sobre las antiguas.	$3.286.419,75
Por aumento en los gastos fijados por el gobierno.	$11.156.016,23
Guerras civiles y exacciones (la mayoría de ellas debiera apropiadamente clasificarse como pago de supuestas pérdidas a partidarios favorecidos).	$8.836.723,31
Padecimientos morales (supuestas pérdidas de partidarios favorecidos).	$5.000.000,00
Gastos en el cobro de aduanas sobre la tarifa anterior.	$596.502,77
Salarios, comisiones mixtas, altas comisiones y comisiones de crédito.	$206.237,06
Comisiones a banqueros.	$52.262,22
Interés indebido a los banqueros	$437.039,39
Ganancia para los banqueros por la Reclamación Emery.	$443.461,85
Total	$33.309.842,72

El mismo funcionario preparó también el siguiente cuadro que muestra una parte de las ganancias americanas de tal control:

Ganancias netas sobre la compra y venta de acciones ferrocarrileras	$2.485.182,16
Por comisiones del gobierno	$852.262,22
Interés indebido	$437.039,39

De la Reclamación Emery, ganancias netas	$443.461,85
Total	$4.217.945,62

Además:

Tarifas ferroviarias aumentadas	$3.286.419,75
Mayor costo del cobro en aduanas	$596.502,77
Salarios, comisiones mixta y alta	$206.237,06
Total	$8.307.105,18

La marea de la fortuna al fin se había vuelto en favor de Nicaragua, con la elevación del vicepresidente Bartolomé Martínez a la presidencia en 1923, al morir el presidente Diego Chamorro.

Aunque Martínez había sido electo como conservador, pertenecía a lo que pudiera llamarse el ala izquierda de ese partido. Era un eminente patriota como para sentirse alarmado e indignado por las condiciones en que había caído Nicaragua. Sabiamente dedujo que la principal causa de la miseria en Nicaragua era el control del ferrocarril y del banco por financieros de Nueva York. Logró negociar y consumar la readquisición de esas propiedades.

Las elecciones presidenciales de 1924, las más justas que se hubieran verificado en Nicaragua durante una generación, fueron ganadas por una combinación de liberales y conservadores antichamorristas: Carlos Solórzano fue electo presidente y Juan Bautista Sacasa, vicepresidente.

Aunque los inversionistas americanos habían vendido completamente sus intereses en el banco y el ferrocarril, con pago en efectivo, obteniendo una gran ganancia sobre sus inversiones, estaban muy reacios a abandonar el control de esas propiedades, con los salarios y comisiones que las acompañaban.

Los funcionarios americanos de las Compañías trataron de persuadir al público de que éstas se derrumbarían sin la supervisión americana. Se asegura que el presidente americano del Banco de Nicaragua hizo la declaración, en la reunión anual de la Corporación, de que el presidente Martínez de Nicaragua le había pedido, por conducto del Cónsul nicaragüense en Nueva York, que permaneciera en el cargo por un salario de quinientos dólares mensuales. El Cónsul negó haber hecho cualquier petición de tal especie.

Durante el control del Banco por los intereses de Nueva York, el Banco Nacional de Nicaragua había mantenido en el Banco de América Central y del Sur en Nueva York, un fondo permanente de dos millones de dólares y, además, un balance fluctuante. El Banco de América Central y del Sur estaba en gran parte bajo la posesión y control de los mismos intereses de Nueva York que poseían las acciones en las compañías nicaragüenses. Ningún interés se pagó por dichas cuentas.

En 1925, el Banco de América Central y del Sur fue vendido al Royal Bank del Canadá. Después de la readquisición de las acciones dominantes del banco y el ferrocarril por el gobierno de Nicaragua, el presidente Martínez hizo que sus juntas de directores fueran cambiadas, siguiendo ambas, sin embargo, como compañías americanas. Entre los nicaragüenses que habían sido agregados a las nuevas juntas de Directores estaban el doctor Timoteo Seydel Vaca y el señor Toribio Tijerino, quienes exigieron que se pagaran intereses sobre los balances en Nueva York. Después de una cuidadosa investigación, se determinó que el Royal Bank del Canadá ofrecía un tipo de interés superior al de cualquier otro banco en Nueva York. En consecuencia, los fondos del Banco Nacional de Nicaragua se dejaron allí y comenzaron a ganar intereses. De inmediato, los opuestos al control por

Nicaragua de sus propias pertenencias formularon e hicieron circular la acusación de que dejar este balance en un banco británico era una señal de hostilidad hacia los Estados Unidos.

En septiembre, la junta directiva del ferrocarril nicaragüense votó por cancelar el contrato con la Management Corporation, mediante el cual la mencionada firma actuaba como agente del ferrocarril por un salario, como antes dije, de quince mil dólares al año y comisiones del 2 % sobre todas las compras. Esta cancelación debía entrar en vigor en octubre. Por lo tanto, según se afirma, un agente de esta compañía fue al Departamento de Estado y recibió permiso para enviar un cablegrama al ministro de los Estados Unidos en Nicaragua en la clave privada oficial (esta declaración ha sido corroborada por funcionarios del Departamento de Estado al ser interrogados por el ministro nicaragüense). Se asegura además que este mensaje fue transmitido por el ministro de los Estados Unidos al presidente de Nicaragua con la declaración de que venía en la clave secreta del Departamento de Estado, de donde se deduce naturalmente que el Departamento de Estado tenía un interés especial. Por lo tanto, el presidente de Nicaragua, Carlos Solórzano, cablegrafió a los directores en Nueva York para prorrogar el contrato por un mes. Al recibir este telegrama, uno de los directivos nicaragüenses preguntó a uno de los directores americanos por qué era tan importante una prórroga por un mes. La respuesta fue que en un mes podían ocurrir muchas cosas.

¡En una semana se produjo la rebelión de Chamorro!

Bajo estas circunstancias, los liberales nicaragüenses afirman que esta rebelión fue instigada desde Nueva York con el propósito de retener el control del banco y del ferrocarril (aunque todas las acciones de esas Compañías habían sido ya compradas y pagadas por Nicaragua) en manos americanas y para impedir una auditoría de la cuenta entre el banco y el gobierno de Nicaragua.

Ninguna persona en su sano juicio, que conozca los hechos del caso, pondría en duda que Chamorro y Díaz son los verdaderos insurgentes en Nicaragua. *La Nación* de Nueva York no anduvo nada equivocada cuando, en su editorial del 27 de julio de 1927, dijo entre otras cosas lo siguiente:

> Asesinato, es la palabra adecuada para describir la acción de los Estados Unidos en Nicaragua. Los Estados unidos crearon la anarquía que ahora tratan de suprimir. Cuando las fuerzas constitucionalistas habían reconquistado en buena parte el país, los marines lo retomaron para los conservadores. Hoy hacen papel de policías para un gobierno que se derrumbaría en sesenta segundos si se retiraran las fuerzas americanas...

Capítulo V

La ignorancia que prevalece en los Estados Unidos y Gran Bretaña respecto a Nicaragua es sorprendente cuando consideramos que Nicaragua ha estado tan prominente en la atención pública del mundo durante los últimos dos años y que por fuerza debe obtener mayor importancia internacional ya que posee los derechos de agua del futuro canal. Este será de gran beneficio no solo para este país sino para toda América Latina y los Estados Unidos, sin contar el resto del mundo comercial.

¿Dónde se encuentra Nicaragua? ¿Cuál es su situación geográfica? ¿Cuál su historia política? ¿Qué produce? ¿Cuáles son las potencialidades comerciales de este pequeño país que ha sido bien llamado el cofre de tesoros de América Central? ¿Cómo es su pueblo?

Nicaragua linda por el Este y el Oeste entre el Mar Caribe y el Océano Pacífico. Por el Norte, Honduras. Por el Sur, Costa Rica. Su territorio comprende alrededor de cincuenta mil millas cuadradas. Su clima es tropical, agradable y saludable en las tierras altas. Cálido en las bajas. De los siete u ochocientos mil habitantes la mayoría son criollos. Sangre española e india. Entre las clases aristocráticas y cultivadas, la sangre azul de los primeros conquistadores castellanos y gallegos está a veces mezclada con la de las orgullosas razas indígenas del pasado, el altivo pueblo azteca y maya cuyas antiguas inscripciones y grabados, tallados en enormes bloques de basalto, a lo largo de las riberas del río superior y de sus afluentes, todavía dan testimonio de antiguas religiones y glorias. La población extranjera, principalmente de las clases comerciales, es en gran parte alemana, inglesa, americana. Los únicos indios restantes, cuyos orígenes se remontan a la conquista, son los Sumas o Caribes, los

Mosquitos nativos de la Costa de Mosquitos. Los últimos tienen marcados rasgos negroides, debido al cruce con esclavos prófugos de Jamaica y otros lugares que encontraron en Nicaragua un refugio seguro. Con excepción de estas últimas tribus, que han sido en parte cristianizadas por los moravos de Bluefields y los extranjeros de fe protestante, los nicaragüenses profesan la religión católica romana. La influencia de la fe católica, combinada con el hecho económico de que las zonas agrícolas están muy equitativamente distribuidas entre la población, es un argumento poderoso contra las descabelladas afirmaciones de la prensa amarilla americana en el sentido de que Nicaragua lleva el rastro rojo del bolchevismo. Los Mosquitos y Sumas todavía merodean por las selvas, como lo hicieron sus antepasados, viviendo del abundante suministro natural de pesca y caza.

Nicaragua forma un triángulo equilátero irregular. Su base, en la costa atlántica, se extiende a unas trescientas millas desde el cabo Gracias a Dios hasta Grey Town, o San Juan del Norte, como ahora se le llama. El vértice del triángulo es el volcán Coseguina, que domina la Bahía de Fonseca, del lado del Pacífico. La Costa de Mosquitos —esto es, los sectores norte y central del litoral atlántico— es una costa baja, pantanosa, monótona, con lagunas, estuarios y sartas de peñones e islotes, cortada por los ríos Segovia, Grande o Atlamara y Escondido. Las principales poblaciones y puertos sobre el Atlántico son Bluefields, en la boca del Escondido; La Barra, en la boca del Grande; Gracias a Dios, Puerto Cabezas y Prinzapolca. Sobre esta costa y más al interior, enviando sus exportaciones por vía de esas poblaciones portuarias al mundo exterior, están las plantaciones de la Coyumel Banana Company, las explotaciones madereras de pino, caoba y cedro pertenecientes a la Bragman's Bluff Lumber Company y otras compañías madereras, y el famoso distrito minero de Pis-Pis, en el cual están las minas de La Luz y Los Ángeles.

Grey Town; en la boca del San Juan, al sur de la Costa de Mosquitos, era un centro floreciente en los días del presidente Zelaya. Hoy está en ruinas. Su condición no es sino la evidencia del desastre llevado a Nicaragua por los sórdidos regímenes políticos de los seudo presidentes que han sido encaramados en el poder por los inescrupulosos agentes de la diplomacia del dólar, respaldado por los marines de los Estados Unidos. ¡Obsérvese a Grey Town y se verá allí a Nicaragua en miniatura! La ruina es simbólica en todo el país. Un país en un tiempo próspero y progresista, e independiente de todo control externo, ahora retrógrado y miserable, como resultado de diecisiete años de intervención y de las maquinaciones políticas y saqueo en masa bajo los títeres de la diplomacia del dólar.

A lo largo de la faja de doscientas millas de brava y rocosa costa del Pacífico, Nicaragua tiene solo tres puertos verdaderos: Corinto, Brito y San Juan del Sur. El país es aquí una serie de picos ígneos aislados, vinculados por las bajas serranías. Desde el Coseguina, de dos mil ochocientos treinta y un pies de altura, en el extremo Nordeste, la cadena corre hasta las laderas en torno a las cabeceras del río San Juan en el Sudeste, arrojando hacia el cielo, aquí y allí, los conos de El Viejo (cinco mil ochocientos cuarenta pies), el Momotombo (cuatro mil ciento veintisiete pies), el Masaya, que ha tenido frecuentes erupciones y las dos islas montañosas de Omotepe y Madera, en el lago de Nicaragua. En 1835, el Coseguina flameó con furia tan tremenda durante cuatro días con sus noches que el polvo y cenizas volcánicas cayeron en un vasto círculo, tan lejos al Norte como México meridional, tan lejos al Este como Jamaica, tan lejos al Sur como Bogotá. El Omotepe vomitó lava fundida durante una semana en 1883. Hay en esta cordillera picos bajos que todavía emiten humo y vapores sulfurosos, y que de noche queman como una lámpara de llama azulada para iluminar a los fieros errantes cuadrúpedos de los alrededores.

El caudal acumulado de esta gran cuenca acuática desagua en el lago Managua y el lago Nicaragua, que están vinculados por el canal de Penaloya. El lago Managua tiene treinta millas de longitud y de ocho a dieciséis de anchura. El lago Nicaragua, de cien millas de longitud por cuarenta y cinco de anchura en su parte más amplia, es el mayor cuerpo de agua fresca entre el lago Michigan y el lago Titicaca, sobre la frontera peruana. Los vapores surcan ambos lagos, pero el canal no es navegable porque el Tipitapa cae de unos quince pies de altura. Debido a esas cataratas, el canal futuro no pasará por Managua, sino que se vaciará en el Pacífico en Brito, a veinte millas al oeste de la vieja ciudad de Granada. El río San Juan, que desagua en el lago Nicaragua, solo tiene noventa y seis millas de longitud; la boca principal de su amplio delta se llama Entrada Colorado. En antiguas crónicas leemos que varias embarcaciones de alta navegación, procedentes de España, en la época de la conquista, surcaron el río San Juan y el lago Nicaragua hasta Granada. Temo que esas viejas crónicas deben estar mal informadas. No mencionan los cinco afluentes del río San Juan, irremontables a no ser por embarcaciones fluviales de poco calado, y que parecen representar los últimos restos de la sierra o risco de conexión que hace millones de años, quedó allanado por la acción erosiva de las aguas del San Juan, ocasionando así la ruptura de la Cordillera principal y de la Cordillera de los Andes en Panamá. La llanura uniforme que desciende por grados desde la Cordillera principal hacia la Costa de Mosquitos ha sido transformada por la acción fluvial en muchas mesetas, riscos y montes aislados que caracterizan al sector selvático de la Nicaragua central. El extremo oriental de esos riscos dispersos, o volcanes extinguidos, es el Monte Musún, que se alza solitario en las cabeceras del río Williki, rodeado por un océano de bosques vírgenes de verde profundo e idealmente embellecido por leyendas de civilizaciones pasadas.

El café, plátanos, caucho, caoba, cedro, pino y muchos otros productos de sus bosques aparentemente inagotables, así como el ganado, el oro y otros metales originarios de sus yacimientos minerales, han ganado para Nicaragua su reputación deslumbrante de ser el cofre de tesoros de América Central. Forma parte del cinturón dorado reluciente entre las dos Américas.

Nicaragua fue descubierta y plenamente explorada entre los años de 1502 y 1522 por los conquistadores, quienes fueron especialmente atraídos por sus enormes riquezas minerales. No satisfechos con la rica cosecha de polvo y pepitas de oro que sus ríos acostumbraban arrastrar por aquellos días, perforaron túneles y trazaron galerías en los yacimientos más rendidores de Segovia y Pis-Pis, abriendo así minas por docenas, mediante el sistema de trabajo forzado que habían impuesto a los indios. Llegaron hasta a buscar metales preciosos en las profundidades del cráter del Masaya, cuya lava fundida habían confundido con oro.

Atraídos por su riqueza, bucaneros y piratas de todas las nacionalidades pronto comenzaron a hostilizar a los colonos españoles a lo largo de la costa atlántica de Nicaragua. Se supone que Drake remontó a golpe de remo parte del río Segovia, saqueando e incendiando los numerosos campamentos mineros en las márgenes de su curso inferior, en tanto que otros alcanzaron abrirse paso hasta la costa del Pacífico, en sus expediciones de rapiña.

Los indios a lo largo del litoral atlántico, que vanamente habían estado tratando de zafarse del yugo español, se aliaron a los bucaneros ingleses. Estos les proporcionaron armas y municiones a fin de mantenerlos en rebelión. Tomando en cuenta que vivían una era menos sofisticada, sus métodos no se diferenciaron mucho de los métodos de la diplomacia del dólar de nuestros días en América Central, y especialmente en Nicaragua.

Con la ayuda de centenares de esclavos cimarrones, procedentes de las Antillas, y la protección de los bucaneros ingleses, que los utilizaban con miras a introducir una cuña en el Caribe y a separar la América Central de la del Sur, los indios mantuvieron una lucha de guerrillas durante muchos años en las densas selvas de las tierras bajas pantanosas. Los españoles, al fin cansados de tratar de extinguirlos en aquellas espesuras inaccesibles, abandonaron la costa atlántica a su suerte y concentraron sus energías en el desarrollo de los establecimientos occidentales, situados en torno a los lagos y a lo largo de la costa del Pacífico, desde Corinto hasta San Juan del Sur.

Así comenzó el protectorado británico de «Mosquitia» o Costa de Mosquitos, que duró alrededor de doscientos años (1655-1850).

El primer paso dado por el gobierno inglés, a fin de ejercer control sobre la Mosquitia, fue la fundación de una Compañía autorizada (1630) cuya misión era colonizar aquella estrecha faja de territorio frente al Mar Caribe, que penetra al interior por unos sesenta kilómetros.

La captura de Grey Town por los indios y Mosquitos (con apoyo inglés) en 1848, estuvo a punto de causar una guerra entre Inglaterra y los Estados Unidos, puesto que la posesión de Grey Town y la boca del río San Juan habría puesto al gobierno inglés prácticamente en control de los derechos de agua sobre el futuro canal interoceánico.

El resultado de esta astuta maniobra de parte de Inglaterra fue el Tratado Clayton-Bulwer, por medio del cual tanto Gran Bretaña como los Estados Unidos se comprometían a no colonizar, fortificar ni ejercer dominio sobre ninguna parte de América Central. Este acuerdo fue más tarde reemplazado por el Tratado Hay-Pauncefote. En 1859, Gran Bretaña delegó el protectorado sobre la Costa de Mosquitos en la República de Honduras. Este paso causó gran descontento entre los indios, quienes se sublevaron con el resultado de que el 28 de enero de 1860 la soberanía sobre toda la costa del Caribe fue transferida, por el Tratado de Managua, a Nicaragua, en el entendimiento de que a los indios se les concedería autonomía en la reserva de los Mosquitos y que estarían gobernados por un jefe aborigen. Cuando el primer cacique indio murió en 1864, el gobierno nicaragüense se negó a reconocer a su sucesor. Después de muchas discusiones, se convino finalmente en que la reserva estaría gobernada por un jefe electo, ayudado por un consejo administrativo con sede en Bluefields. Pero después de catorce años de autonomía casi completa, los indios renunciaron voluntariamente a su posición privilegiada. El 20 de noviembre de 1849, la Costa de Mosquitos fue formalmente incorporada a Nicaragua.

Durante los trescientos años de dominio colonial español en Nicaragua, la paz difícilmente fue perturbada, excepto por los estragos de las merodeadoras bandas de bucaneros. En 1821 obtuvo su independencia. En 1823 ingresó a la Unión de Estados Centroamericanos y permaneció como parte de ella hasta 1839, cuando la Unión fue disuelta.

Durante los primeros dieciocho años de su vida independiente hubo conflictos armados entre los liberales, que tenían su cuartel general en León y se pronunciaban por la libertad religiosa y los derechos del hombre, y los conservadores, con sede central en Granada, insistiendo en mantener el antiguo sistema colonial español, con su secuela de intolerancia religiosa y nepotismo plutocrático. El antagonismo entre esos dos principios es la razón principal de las muchas revoluciones que se han registrado durante el último siglo, no solamente en Nicaragua, sino prácticamente en toda la América Latina. La mayoría de nuestras repúblicas han conseguido finalmente librarse de las rémoras del fanatismo y gradualmente se han puesto al ritmo del resto de las comunidades constitucionalmente organizadas de la civilización occidental. Si la diplomacia del dólar hubiera tratado de imponerse sobre esas repúblicas, con la ayuda de intervenciones armadas del gobierno de los Estados Unidos, como en Nicaragua, las repúblicas nunca hubieran podido conseguir su objetivo, sino que por el contrario seguramente habrían perecido en la ciénaga del peculado y la corrupción política a la cual están condenadas tarde o temprano todas aquellas naciones que siguen los sistemas de la diplomacia del dólar.

Solo tres años después de la separación de la Unión de Estados Centroamericanos, Nicaragua fue una vez más arrojada a la guerra fratricida por la presencia de un ambicioso improvisado, un aventurero extranjero de baja estofa llamado William Walker. Después de probar suerte sin éxito como picapleitos, curandero y periodista en California, Walker finalmente resolvió ganar algún dinero rápido en América Latina, aun a expensas de su religión y nacionalidad. En su loca empresa de adueñarse del poder político en Nicaragua, no vaciló por un momento en despojarse, como si fuera una camisa sucia de su ciudadanía norteamericana, ni en convertirse en católico romano. Comprendió que en América Central daba más resultado ser católico que presbiteriano.

No es extraño que terminara siendo conocido en todo lo que va de México a Panamá como el rey de los vagabundos tropicales, frase que en nuestros labios no es romántica sino de anatema y desprecio.

Habiendo fracasado en su triple profesión de abogado, médico y periodista, se sumó a una expedición filibustera a Sonora, México, en 1855, la cual sin embargo no culminó en éxito. El hecho de que su objetivo era el de convertir por la fuerza el Estado mexicano de Sonora en «estado esclavista» contribuye a probar que ha debido estar respaldado por los intereses del «marfil negro» en los Estados Unidos. Al año siguiente, esto es en 1856, se embarcó con un contingente hacia Nicaragua con la intención premeditada de despojar a la Compañía de Tránsito Accesorio, una firma norteamericana en la cual el Comodoro Cornelius Vanderbilt poseía el control de los intereses. Como comandante en jefe del ejército de Patricio Rivas, quien prácticamente se había instalado como presidente, no parece que tuvo muchas dificultades para consumar sus intenciones, especialmente porque había sido ampliamente abastecido de fondos, armas y municiones por dos de los accionistas de la compañía, quienes estaban ansiosos por arrebatar a Vanderbilt el control. Violando la ley internacional y usando una autoridad que había usurpado, confiscó en nombre del gobierno de Nicaragua, los atracaderos, depósitos y vapores fluviales de la Compañía de Tránsito Accesorio. Así, Walker es visto en perspectiva histórica como el primer instrumento alquilado de la diplomacia del dólar y también como el primer agente provocador de la intervención armada americana en Nicaragua. El 22 de septiembre de 1856, llegó al extremo de revocar la ley que prohibía la esclavitud en Nicaragua y que llevaba largo tiempo en vigor en ese país. Y aquel mismo año, la Convención Nacional Demócrata en los Estados Unidos aprobó una resolución expresando sus simpatías hacia Walker ¡Por sus esfuerzos para regenerar a Nicaragua! Aunque el cinismo de esta patraña parezca demasiado burda como para emitir una sonrisa, no nos sorprendamos tampoco si uno de estos días alguna otra Convención Nacional aprueba una resolución expresando regocijo y admiración por la diplomacia del dólar, en virtud de sus desprendidos esfuerzos por volver a regenerar a Nicaragua.

Por su indignante conducta, Walker fue expulsado del país. Después de tres años de infructuosos esfuerzos por regresar a Nicaragua, fue finalmente hecho prisionero por el gobierno hondureño y ejecutado en Trujillo el 12 de septiembre de 1860. Así llegó a un justo final semejante pillo.

Después de veinte años de disputas armadas, como resultado de la semilla de corrupción que la diplomacia del dólar había depositado en Nicaragua por medio de su instrumento de alquiler, el bucanero William Walker, la muy disputada silla presidencial fue ocupada por el general Zavala, quien llevó a Nicaragua a un alto grado de prosperidad. Durante la administración del doctor Cárdenas, quien fue electo en 1883, el presidente Barrios, de Guatemala, trató de unir a los Estados centroamericanos bajo una bandera, lo que trajo como consecuencia copioso derramamiento de sangre. Poco después de la elección del presidente Roberto Sacasa, en 1889, Guatemala, Honduras y San Salvador buscaron de nuevo la unión. Como consecuencia inmediata de su fracaso para conseguirla, Sacasa fue derrotado. En 1894, el presidente José Santos Zelaya, el Porfirio Díaz de Nicaragua, subió al poder. Gobernó a Nicaragua (como dictador, es cierto, pero aún así benévolo y progresista) hasta 1909, cuando fue prácticamente obligado a renunciar por presión americana, por haber ordenado la revisión de los títulos de la Compañía Minera de La Luz y Los Ángeles, de la cual se sabía —como se informó en el capítulo anterior— que uno de los principales accionistas era el ex-secretario de Estado, Philander Knox.

El Cónsul americano en Bluefields tuvo conocimiento de la revolución y en su notificación al Departamento de Estado se equivocó por diferencia de dos días al profetizar exactamente su estallido. Esto unido al hecho de que los Estados Unidos rompieron relaciones con el gobierno de Zelaya casi inmediatamente después de explotar la mencionada revolución, cuando menos sugiere que la renuncia del presidente Zelaya, le fue forzosamente impuesta bajo presión de los intereses americanos, a fin de impedir a todo trance —aun con la intervención armada si fuere necesaria— la revisión de los títulos posiblemente ilegales de las minas de La Luz y Los Ángeles.

El capítulo de turbias relaciones entre los Estados Unidos y Nicaragua comenzó pues en el año de 1909, año final del largo dominio del presidente Zelaya.

Durante la administración de Zelaya, Nicaragua había sido un país próspero y sumamente progresista. Su ferrocarril fue construido. Sus vapores surcaban las aguas de los lagos Managua y Nicaragua. La reserva de los Mosquitos fue incorporada a la República. Caoba, cedro y otras maderas, así como el caucho y demás concesiones de gran valor, se estaban explotando conforme a la ley. Las minas de oro florecían como nunca, incluyendo los viejos días coloniales. El ganado, café y bananas se exportaban en grandes cantidades. Hasta en las más pequeñas aldeas relegadas en las espesuras selváticas se establecieron escuelas públicas y los misioneros laboraban civilizando a las salvajes tribus de los indios Sumas. Se aplicaba un estricto código moral. El presupuesto público, que según miembros del personal del vicepresidente Sacasa se invirtió durante los últimos dieciséis años en construir establecimientos para jesuitas y otros simplemente clericales, fue destinado a mantener escuelas públicas y parroquiales en todo el país. Los gastos anuales en la administración de Zelaya ascendieron a cerca de tres cuartos de millón de dólares oro, mientras que la deuda total, tanto doméstica como exterior, apenas superaba los siete millones de dólares oro.

Tales eran las condiciones en Nicaragua en aquellos días prósperos, cuando los nicaragüenses manejaban su propio país, antes de que el buitre enterrara su pico en su garganta, para extraerle la sangre que le daba vida.

Es un hecho incontestable que la intervención americana en Nicaragua, desde 1909, ha echado atrás al país, moral y materialmente. Durante ese período, como en los días del bucanero William Walker, la diplomacia del dólar ha recurrido a sus expedientes favoritos de soborno, amenaza y engaño, a fin de impedir que los ciudadanos americanos honrados conozcan la verdad acerca de lo que realmente sucede en Nicaragua. En ese país, en resumen, los siniestros grandes negocios hechos por maquiavélicos políticos están alcanzando los fines que fracasaron durante largo tiempo en México.

Sin embargo, mientras hay vida hay esperanza. Nuestros ideales latinos de libertad y felicidad palpitan todavía en Nicaragua. El capítulo final de la diplomacia americana del Dólar en Nicaragua no se ha escrito aún, ¡y es mucho lo que se rebosa entre la copa y el labio! El hecho de que a través de la influencia americana un renegado conservador, en la esperanza de convertirse en presidente de Nicaragua al año siguiente, traicionó la causa del Liberalismo nicaragüense, engañando al 50 % de las fuerzas a él confiadas para que rindieran sus armas, no significa en absoluto que Nicaragua hubiese perdido su independencia. Entre otros factores hay dos que deben ser considerados seriamente en este asunto. En primer lugar el general Augusto César Sandino, respaldado por las simpatías del 90 % de los nicaragüenses, y los sindicatos obreros de Nicaragua, gente valiente y tenaz que no se rendirá nunca ni descansará hasta que la independencia de Nicaragua esté plenamente restablecida y los marines americanos se hayan retirado para siempre de esta tierra.

Capítulo VI

En mi permanencia en Nueva York, durante el invierno de 1926-27, leí una información periodística sobre la discusión de la situación nicaragüense, en el Congreso y en el Senado, que citaba así un representante: «Si el almirante Latimer, en vez de seguir órdenes, estuviera haciendo por su propia cuenta lo que allí hace merecería la corte marcial y ser fusilado en el acto». Pocos días después, conversaba sobre esta información con amigos en el Club de Periodistas. Alguien comentó:

> ¡Cobardes! ¡Esto es un arreglo de viejos tiempos! ¡Como las cosas se estaban poniendo demasiado difíciles en México, la diplomacia del dólar probablemente ha decidido dejarlo en paz por un tiempo y venirse a Nicaragua donde no hay trabas! ¡Eso es todo!

Esta observación me intrigó. Parecía arrojar una luz. Fortaleció mi profundo interés por la lucha nicaragüense. Me impulsó a ir a Nicaragua de inmediato a fin de hacer un examen de la situación, tan profundo como fuera posible. Digo, como fuera posible, porque para entonces míster Henry Stimson no había ejercitado sus tiernos oficios como Enviado muy Extraordinario de este gobierno, que dieron por resultado el desarme de las fuerzas constitucionalistas.

Las tropas de los constitucionalistas y las de los conservadores estaban combatiéndose entre sí, es decir, peleando doquiera que los marines no podían penetrar para declararla zona neutral y despojar así a los constitucionalistas de sus victorias. Las líneas son imprecisas en la lucha de guerrillas. Un observador consciente, como deseaba serlo, no tropezaría con zonas neutrales marcadas convenientemente para entrar a Nicaragua en busca de información. Surgirían dificultades frente a los hechos en plan de investigar. ¡Pero resolví probar suerte!

A la noche siguiente, el Club de Periodistas de Nueva York iba a celebrar su famosa Noche de los Veteranos, que yo esperaba anhelante. Sin pensarlo dos veces, en la mañana hice mis maletas, ávido de partir. Salí para Nicaragua vía México, Guatemala, Costa Rica y Panamá.

Me detuve un día en Washington, distrito de Columbia para conversar con el senador Borah; el embajador mexicano, señor Téliez; el presidente William Green, de la Federación Americana del Trabajo; míster Kalish, redactor del *Army and Navy Journal*; el doctor Gil Borges, secretario de la Unión Panamericana. Dos días más tarde, cruzaba Río Grande para luego llegar a Ciudad de México, donde tuve el placer de encontrar a mi viejo amigo y gallardo adversario, el teniente-coronel Edward Davis, D. S. M., D. S. O., quien antes fuera observador militar americano con las fuerzas de Lord Allenby y en momentos de mi visita, agregado militar americano en Washington. También tuve el honor de conocer al Embajador Sheffield y su señora, y ser huésped de ellos en la Embajada.

Durante mi estada en Ciudad de México, cúpome la satisfacción de conocer a Su Excelencia, la señora Alejandra Kolontay, ministra Soviética en México, quien expresó su gran aprecio por el pueblo americano y negó que su gobierno hubiera jamás tratado de incitar a la opinión pública mexicana contra los Estados Unidos, ni de influir en ninguna forma sobre la administración de Calles. Afirmó que tales tentativas hubiesen sido necesariamente inútiles, por la razón de que el gobierno mexicano se basaba en ideas socialistas, en tanto que el gobierno soviético se fundamentaba en principios sindicalistas. El señor León Haykis, secretario de la Legación soviética y viejo amigo personal mío, también se tomó el trabajo de explicarme muy minuciosamente este punto. Quedé convencido de que han cometido una gran injusticia contra México ciertos periódicos importantes de los Estados Unidos que han publicado desaprensivamente artículos para ayudar a la democracia del dólar en la presentación de un México, incubador de radicalismo. Sin duda alguna no solo en América Latina, sino en gran parte del mundo civilizado, se supone que la prensa americana está a sueldo de los grandes intereses.

Estoy firmemente convencido de que si la Associated Press y algunos de los principales periódicos americanos se tomaran el esfuerzo de examinar los antecedentes personales y vinculaciones de negocios de algunos de sus representantes en América Latina, particularmente en México y Nicaragua, despedirían a esos hombres al instante. Así podrían deshacer fácilmente muchos entuertos que ellos mismos han hecho a dichos países; y limpiando sus casas con la propia escoba, ayudarían de paso a los Estados Unidos a evitar futuras complicaciones internacionales que afecten directamente al comercio de 2.000 millones de dólares entre América del Norte y del Sur. Reza el proverbio que quien siembra vientos está condenado a cosechar tarde o temprano un huracán. Hay ciertas leyes de la naturaleza que ninguna nación, ni siquiera los Estados Unidos, puede transgredir sin sufrir las consecuencias. ¡No hay enemigo pequeño! Mientras menor es la serpiente, más fuerte es por regla el efecto de su veneno.

Por ejemplo, ese pequeño grupo de islas llamado Gran Bretaña, que ha logrado destruir uno tras otro los imperios napoleónico, alemán, austriaco, ruso, turco y chino, mediante coaliciones —porque se le atravesaban en el camino, porque amenazaban con privar a su población del pan diario—, podrían no tener mucha dificultad en realizar, algún día, una coalición contra los Estados Unidos, que se han convertido en una amenaza mucho mayor para los intereses británicos en el exterior que lo que nunca fue Alemania. En nuestros días ya los océanos no son obstáculos. De aquí a treinta o cincuenta años —a juzgar por la forma en que progresa la navegación aérea— las fuerzas aéreas combinadas de Europa y Asia podrían reunirse en pocas horas, hablando comparativamente, y reducir a cenizas las principales ciudades de los Estados Unidos. Podrían también condenar al hambre al pueblo americano por medio de bloqueos similares a los que diezmaron a los alemanes durante la Guerra Mundial.

¡Terminaron los días del glorioso aislamiento! En épocas antiguas, se necesitaban siglos para construir imperios y siglos para destruirlos. En tiempos modernos los imperios, y en particular los imperios industriales y comerciales, que solo precisan décadas para construirse, pueden ser derribados solo de la noche a la mañana. Debiera ser esto una advertencia especial para los Estados Unidos, cuya fuerza no se basa en la tradición, sino solamente en la riqueza. Este país aparentemente saludable lleva ya en su sistema los gérmenes mortíferos del radicalismo y el prejuicio racial que han sido en otras naciones, invariablemente, los heraldos del desastre. Pero no es solo la diplomacia del dólar la que conduce a los Estados Unidos, lento pero seguro, hacia la destrucción, por el odio universal que está provocando. No existe también el otro factor, el de los americanos 100 %, esos fanáticos del lema de hacer que el águila muestre las garras, quienes, por su ignorancia crasa, insisten en sostener la diplomacia del dólar en el exterior y el radicalismo en casa, para preparar el camino a una futura coalición contra su propio país entre aquellos pueblos y naciones que temen la competencia industrial y comercial americana. En esto se incluye a los millones de asiáticos que se resienten por la exclusión de sus súbditos de los Estados Unidos y nunca descansarán hasta que se haya eliminado la barrera del prejuicio racial. Esto significa que hay rompientes frente a los Estados Unidos que el pueblo americano solo podrá evitar utilizando sentido común en su política doméstica y manteniendo sus manos fuera de América Latina.

Muchas personas considerarán tal vez exageradas mis declaraciones. Sin embargo, tomemos como ejemplo a Alemania, que no obstante su tremendo poderío militar y sin tener que afrontar los serios problemas del radicalismo y el prejuicio racial que continúan confrontando los Estados Unidos, dobló finalmente la rodilla. Su actitud hacia Bélgica ha sido frecuentemente comparada por sus adversarios con la de los Estados Unidos en Nicaragua, donde el gobierno americano defraudó la fe al reconocer y apoyar materialmente al régimen de Adolfo Díaz, a pesar del tratado que había firmado con los países centroamericanos para no reconocer a un gobierno resultante de una revolución. Por este hecho, el gobierno americano no solo se ha envilecido, sino que también ha sentado las bases para futuras complicaciones internacionales, porque los tratados internacionales no pueden ser juzgados como papel de desecho.

¿Piensa el gobierno de los Estados Unidos que puede hacer de Nicaragua una excepción porque Nicaragua es pequeña? Nicaragua es miembro de la Liga de las Naciones, la cual está controlada por Inglaterra, Francia y Japón, los tres mayores rivales políticos y comerciales que hoy tiene América. ¡Y también está Rusia! Estas son cuestiones que se discuten libremente en todo el mundo... excepto en los Estados Unidos. Interesa a la diplomacia del dólar no permitir que el pueblo americano conozca la verdad de lo que realmente acontece al Sur del Río Grande.

Pero no es todavía demasiado tarde para que los americanos conozcan y actúen. Esta es la razón por la que escribo este libro. Para recordarle al ciudadano americano corriente y honrado el hecho de que nunca habrá verdadera amistad entre América del Norte y América Latina sino, por el contrario, el abismo se hará más profundo cada vez, mientras el pueblo americano permita que la diplomacia del dólar continúe en control del mecanismo político americano y del ejército y marina americanos al Sur del Río Grande. Se trata de un llamamiento particular al pueblo americano. Al mismo tiempo, tiene un aspecto igualmente importante. Atañe a los problemas internacionales. Escribo también para dar al gran público de la Gran Bretaña, así como de otros países, un conocimiento de los hechos verdaderos. La política del silencio comprado no puede seguir siendo tolerada; el mundo tiene que darse cuenta de la gravedad de la situación en la América Latina.

Uno de los problemas más serios de los Estados Unidos es el de sus relaciones con México. Muchos libros se han escrito en los Estados Unidos sobre la historia pasada y presente de México, pero pocos de los autores han dado una clara exposición de las causas de litigio entre esos dos países.

No debiera olvidarse que cuando el general Porfirio Díaz subió por primera vez al poder, hace unos cincuenta años, estaba respaldado solamente por los liberales, en tanto que los conservadores que los superaban en número de tres a uno, controlaban el 75 % de la tierra cultivable y en consecuencia los ingresos del país. Por aquellos días México carecía casi completamente de ferrocarriles, industrias modernas, etc.; por lo tanto, el régimen de Porfirio Díaz era solamente nominal. El primer movimiento revolucionario serio lo hubiese liquidado sin gran dificultad. Felizmente para él y sus partidarios, algunos financistas de Wall Street concibieron la idea de concertar una alianza entre Díaz, que controlaba el ejército y mantenía el poder, y el Partido Conservador (al cual pertenecía también el Clero) el cual poseía prácticamente el 75 % del país y controlaba además casi enteramente el mercado de trabajo por medio del sistema de peonaje de los viejos días coloniales. Esta coalición, respaldada por las grandes inversiones de Wall Street, debía producir grandes ganancias. Los especuladores americanos vieron que cosecharían, no solo las ganancias legítimas que tales inversiones producirían en un mercado rico y casi virgen como México, sino también los provechos adicionales que se derivarían de la mano de obra barata.

Es un hecho establecido que el peón mexicano que estaba recibiendo en aquellos días al otro lado de la línea, esto es del lado americano de la frontera mexicana, un dólar o dólar y medio al día por un trabajo de diez horas diarias, devengaba por la misma cantidad de horas de trabajo del lado mexicano solo veinticinco centavos oro al día. Invertir dinero en México entonces equivalía casi a matar dos pájaros de un tiro, porque mientras Porfirio Díaz permaneciera en el poder el sistema de peonaje forzado se mantendría religiosamente tanto por los capitalistas mexicanos como por los americanos en sus fábricas, plantaciones, minas, etc. ¿Y por qué no? ¿No era acaso Porfirio Díaz socio en los negocios? ¿No recibían él y sus confederados la mayor parte en las ganancias? ¿Por qué pues mantenía un gran ejército de rurales, sino con el propósito de ayudarles a amontonar sus millones a expensas de la sangre y lágrimas de centenares de miles de peones mexicanos con familia, mal alimentados y mal pagados? La misión de aquellos rurales no era en absoluto la de soldaditos de plomo, sino la de completos perros de presa. Cada vez que un peón escapaba de la fábrica, finca o mina, no importa que perteneciera a un capitalista mexicano o americano, los rurales eran rápidamente llamados y el peón fugitivo era devuelto con cadenas, o muerto a tiros como un perro rabioso si trataba de oponerse a la ley.

Los peones no eran considerados durante el régimen de Díaz como seres humanos, sino como bestias pertenecientes a las plantaciones, donde nacían o eran empleados. Estaban condenados a permanecer trabajando allí toda su vida, e igual ocurría a sus hijos y nietos, por un mísero salario de veinticinco centavos oro al día, que nunca se les pagaba en metálico sino en provisiones o mortífero licor. Tan pronto como un mexicano o un extranjero se atrevían a mencionar el sacrílego término de reforma obrera, prontamente se les secuestraba para no reaparecer jamás. Aquellos fueron ciertamente días felices; de hecho, la era dorada de la diplomacia del dólar... ¡Ahora ida para siempre!

En aquellos días gloriosos de la sociedad de negocios entre Wall Street, Porfirio Díaz y los poderosos de la tierra, habría equivalido casi a un insulto pedir al clero y a los propietarios de los bienes que registraran inventarios o pagaran otra cosa que no fueran impuestos nominales sobre sus propiedades industriales, rurales o urbanas. ¿No eran ellos socios del presidente? Si él no pagaba impuestos, ¿por qué debían hacerlo ellos?

Así, Porfirio Díaz y sus socios, los barones agrarios, el clero y la diplomacia del dólar, se hacían más ricos cada día y el país se desarrollaba rápidamente en el terreno material, mientras que el proletariado, comprendiendo más del 80 % de la población y compuesto principalmente por millones de peones indios y sus familias, era mantenido en la servidumbre, mal alimentado, sucio, ignorante. Vivían como esclavos y morían como agotadas bestias de carga. El Congreso era una farsa. Senadores y representantes eran escogidos por el presidente entre los simpatizantes políticos del sistema. Eran hombres adictos al SÍ profesional. Las leyes las hacía el propio Porfirio Díaz. No consultaba a ningún experto. ¡Él era la ley y la ley era él! Ni pensar que las leyes petrolera y agraria, que había decretado únicamente con el fin de proteger sus propios intereses y las inversiones de la diplomacia del dólar, tuvieran que ser revisadas por la administración actual, a fin de resguardar los intereses nacionales, como tiene derecho a hacerlo todo país independiente.

Cuando la diplomacia del dólar invirtió varios centenares de millones de dólares en México, durante el régimen de Díaz, sabía perfectamente bien que aquellas leyes, que habían sido promulgadas por Porfirio Díaz para proteger sus intereses conjuntos, se basaban en el famoso sistema de «dos pájaros con un tiro» y que por lo tanto tendrían que ser cambiadas, tarde o temprano. Esas leyes habían sido impuestas al país por el dictador y habían colocado en peligro la soberanía de la república mexicana. Cualquiera que tuviese siquiera un poco de sentido común en México, así como en el exterior, sabía que el sistema feudal de Porfirio Díaz, que tanto acomodaba a los fines de la diplomacia del dólar, estaba condenado a derrumbarse en virtud del creciente descontento de las clases laborantes, las cuales, a despecho de todos los esfuerzos de la administración de Díaz y de la diplomacia del dólar por mantenerlas en cadenas, estaban despertando gradualmente. Numerosos miembros de las clases superiores, incluso entre los propios partidarios de Díaz, comenzaron gradualmente a comprender también el peligro inminente de la intervención extranjera, como único medio por el cual podía mantenerse indefinidamente régimen tan monstruoso.

El fracasado alzamiento del general Ricardo Flores Magón en 1909, llamado también la revolución socialista, fue la primera centella que sacudió de un cielo azul al régimen de Díaz y su diplomacia del dólar, y echó el bólido a rodar. Y cuando el general Francisco Madero se alzó en armas un año después contra la administración de Díaz, el huracán social se desató con vehemencia tal que borró casi inmediatamente, no solo al régimen de Díaz, sino también al odioso «sistema» mediante el cual la diplomacia del dólar se había estado enriqueciendo durante casi treinta años. Si hay, en consecuencia, cualquier reclamación que hacer en el caso de México, no debiera ser presentada por la diplomacia del dólar al gobierno mexicano, sino por el pueblo mexicano contra la diplomacia del dólar y sus cómplices en las diferentes administraciones americanas, por las vidas de aquellos cientos de miles de peones mexicanos (antes de la revolución de Madero) y por las vidas de ciudadanos mexicanos libres, durante los diez o doce años de revoluciones después de la muerte de Madero. Porque aquellas revoluciones fueron lanzadas en muchos casos, y en todos materialmente apoyadas, por los agentes provocadores de la diplomacia del dólar, en la vana esperanza de restablecer el antiguo régimen de Porfirio Díaz.

Los esfuerzos de la diplomacia del dólar por provocar la restauración del viejo sistema, tuvieron sin embargo el efecto de un argumento contraproducente porque en lugar de conseguir esclavizar de nuevo al infeliz proletariado mexicano, como en los pasados días, obligó a la clase trabajadora a organizarse legalmente. En vez de recibir órdenes de la diplomacia del dólar, la clase laborante las dicta. La ruleta ha dado vuelta. Es el caso de los cazados transformados en cazadores y donde el derecho ha resultado ser más fuerte que el poderío mismo.

Aunque no es mi intención ofrecer ningún consejo para beneficio del gobierno americano, no puedo dejar de mencionar que el error voluntario o involuntario cometido por las diversas administraciones americanas, desde los días de

Roosevelt, al no examinar adecuadamente los antecedentes privados y vinculaciones de negocios de sus representantes diplomáticos en la América Latina, especialmente en México, América Central y las Antillas, ha sido no solo la causa de serias pérdidas morales y materiales para esos países, sino también de mucho derramamiento de sangre. No extraña que la opinión pública en toda la América Latina continúe acusando al gobierno americano de descuido criminal, para decir lo de menos, y hasta de haber respaldado la diplomacia del dólar en Haití, Santo Domingo, México y América Central, casi enteramente para sus propios propósitos domésticos.

A fin de demostrar qué tipos de hombres fueron algunos de aquellos políticos americanos a quienes se dieron posiciones gubernamentales en Santo Domingo, a expensas de los ingresos dominicanos, permítaseme relatar el siguiente incidente: «...Un médico distinguido, a cargo de un departamento, fue súbitamente despedido y sustituido por un americano. En los primeros días de agosto llegó su sustituto y fue llevado a tierra, ¡paralizado de borrachera...! Al siguiente mes fue llevado de nuevo a bordo de un barco y enviado a casa, todavía en las mismas condiciones en las que llegó a tierra. ¡No había estado sobrio durante aquellos treinta días ni siquiera durante una hora!».

Ahora, regresando a México —y para demostrar que mis puntos de vista no son meramente los de un extranjero prejuiciado— reproduciré unos cuantos párrafos tomados de un discurso que el Senador Burton K. Wheeler, de Montana, pronunció en Ford Hall, Boston, Massachussetts, el 6 de marzo de 1926. Dicen lo siguiente:

... En el caso de México, nuestro Departamento de Estado no se ha aventurado todavía a ningún extremo en el campo de acción como lo ha hecho en Nicaragua. Su actitud belicosa hacia nuestro más cercano vecino sureño se ha manifestado principalmente en un lenguaje desconocido, acusatorio y amenazador, lo que pudiera llamarse demostración militar en el lejano horizonte y la atmósfera superior.

¿Cuál es el principal inconveniente en México? En primer lugar la Iglesia.

Sé que la situación en México no es tan sencilla como parece ser la de Nicaragua para el observador americano corriente. En México hay una iglesia —un montón de iglesias— en el panorama. Y ese hecho ha complicado la cuestión mexicana en la mentalidad de muchos americanos. Se supone que las iglesias simplifican las cosas, que las hacen rodar suavemente. Pero a veces (así no los enseñan los hechos incontrovertibles de la historia) han complicado los asuntos. Esta ha sido la causa de las trifulcas políticas en muchos países.

Si se lee la historia de Inglaterra, Alemania, Italia, Francia, las Islas Filipinas, no puede dejarse de comprender que el choque entre el Estado y la Iglesia, que se realiza en México, se ha verificado en muchos otros países. No es hoy parte de mi ocupación ponerme a repasar los derechos y defectos de este problema religioso en México, o en ningún otro país donde ha surgido. La historia nos dice que cuando llega el choque, sea en Inglaterra, Italia, Alemania, Francia o México, se exacerban los sentimientos, los daños y golpes no tienen curación en muchas generaciones y tanto el Estado como la Iglesia se prestan para muchas marcadas críticas.

Al estudiar esta desconcertante fase de la cuestión mexicana, que simplemente menciono y no lleva ánimo de discutir, adelanto dos observaciones: 1) tarde o temprano, todo Estado político declarará la guerra contra cualquier grupo del Estado, sea eclesiástico o de otra índole, que se empeñe en modificar al Estado para sus propios fines. La separación completa del

Estado y la Iglesia está por venir. 2) Ningún Estado ha podido todavía llevar a cabo su total programa durante su lucha contra la Iglesia. A la postre, algún compromiso más o menos satisfactorio se efectúa. Por mucho que pueda considerar conveniente hacerlo por un tiempo, el Estado no puede eliminar a la Iglesia o sacarla de la circulación. Tarde o temprano, todo reformador secular que surja con esa idea aprenderá lo que Bismarck, el Canciller de Hierro de Alemania, aprendió. O sea que no puede hacerse, y que es rol de la sabiduría no llevar al experimento demasiado lejos. Deploro la impertinencia que procede así, a costa de la alta moral y la persecución integral o mezquina. Pero esta cuestión eclesiástica no es un *casus belli* en cuanto concierne a nuestro Departamento de Estado. Desde el punto de vista de míster Kellogg y míster Coolidge, el problema en México solo tiene que ver con el petróleo: ese aceite profano — no el santo óleo—. Si me preguntan: ¿El petróleo de quién?, la respuesta es. ¡El petróleo de Doheny, Sinclair y Mellon!

Aquí están las cifras: el número total de acres bajo explotación petrolera es de 28.493.914. El total de acres para los cuales se han pedido concesiones, en cumplimiento con la constitución y leyes agrarias mexicanas, es de 26.833.335. El total de acres que se niegan a solicitar permisos es de 1.660.579.

Permítaseme resumir lo que quiero decir.

Reducida a sus términos más simples, la política Kellogg-Coolidge ha conducido a la intervención armada en Nicaragua en favor de un presidente-títere, de factura americana, impuesto al pueblo contra la propia voluntad de este por la sencilla razón de que está listo —cueste lo que costare a Nicaragua—, para servir a los banqueros de Nueva York quienes, durante diecisiete años, han estado explotando inmisericordemente a Nicaragua bajo la égida del Departamento de Estado.

Y además, esta política, a menos que sea modificada o abandonada, conducirá a la intervención armada en México.

Míster Carleton Beals ha indicado la línea especial de acción que ciertos «patriotas» americanos han estado tomando secretamente alrededor de quince años. En un artículo titulado «¿Quién quiere guerra con México?», publicado en *The New Republic* el 27 de abril de 1927, míster Beals dijo: «Esta no es la primera vez que en los bochinches mexicanos han entrado documentos secretos perjudiciales, falsificados y auténticos. Durante los últimos quince años ha habido, como ahora elementos en los Estados Unidos que han tramado el desmembramiento de México. En archivos gubernamentales y otros sectores existe prueba documental de sus actividades... Tanto intereses privados como funcionarios públicos han conspirado, una y otra vez, para obtener franjas adicionales de territorio mexicano.

A grandes rasgos el primer plan es dividir el noreste de México, incluyendo toda la zona petrolera, bien sea anexándola a los Estados Unidos o creando un protectorado abierto. Segundo, precipitar la intervención en el mismo México a fin de imponer a un presidente títere, a lo Díaz en Nicaragua. Tercero, fomentar un Estado Maya independiente en el sureste de México, que en última instancia formaría parte de una unión centroamericana bajo nuestra hegemonía.

Creo que aquí puedo insertar, sin salirme del alcance de este tema, que hay evidencias de que ciertos intereses petroleros americanos en Venezuela están trazando planes similares (¡Aunque en vano!) para separar de la república a la principal región depositaria de petróleo. Todo el territorio de América Central, con el Estado Maya «independiente» al norte y la provincia petrolífera de Venezuela (¿Igualmente independiente?) al sur, darían a esta siniestra sociedad de los grandes negocios y la política del gran garrote una amplia esfera en la cual funcionar y saquear. Por cierto, está la Honduras Británica, que se encuentra situada como un pigmeo en medio de esa productiva línea de avance. Pero sin duda se podrá encontrar la manera de desembarazarse de él.

Quien se encuentre consciente de esos planes de «desmembramiento», y haya observado durante algunos años cómo se echan las bases, puede preguntar no absurdamente si las demandas hechas en Ginebra a Gran Bretaña, en la conferencia de reducción naval, no estuvieron en parte inspiradas por el deseo de salvaguardar a fondo la diplomacia del dólar en América Central, México y Venezuela. Pero míster Beals tiene algo más que decir:

> Durante el período Villa-Carranza, este plan (para México) fue adelantado activa aunque secretamente. Hace algunos años, examiné un paquete de cartas de los archivos de una de las compañías petroleras, escritas por un pariente del vicepresidente, documentos que declaró haber entregado luego al gobierno mexicano. Eran cartas de los jefes del Teapot-Dome, cartas desde América Central en papel consular, cartas en papel del Departamento de Estado, cartas de abogados americanos prominentes (uno de los cuales deseaba encargarse de la reconstrucción legal de México cuando el plan fuera un hecho cumplido).

El objetivo de míster Beals es el mismo mío: presentar los hechos al pueblo americano. Como americano, él tiene fe en el sentido común latente, en la honradez y el juego limpio de la mayoría de los hombres y mujeres de los Estados Unidos. Yo tengo la misma fe, como latinoamericano que ha conocido todas las diversas clases de americanos en las grandes ciudades, aldeas, haciendas, campamentos y chozas, desde

Nueva York hasta San Francisco, y desde Nueva Orleans hasta Nome. Escribo este libro porque tengo esa fe.

Capítulo VII

Después de pasar una semana en Ciudad de México, donde me encontré con el doctor Pedro Cepeda, agente confidencial del doctor Sacasa, continué mi viaje al sur por la vía de Veracruz, permaneciendo otra semana en compañía de mi viejo amigo, el Barón Von B. y su esposa, quienes estaban próximos a salir para Europa después de una visita a la América Central. Insistían en que fuera a visitarles a Alemania. La tentación era grande, a decir verdad. Yo bien sabía, por frecuentes experiencias, cuán agradablemente se pasan los días en su Castillo, tan cerca de Berlín. Por lo que rechazar su invitación constituía un sacrificio.

Pero comprendí que mi deber era ir a Nicaragua a fin de poder informar al público de las dos Américas y al mundo exterior el resultado de mi investigación. En vez de un libro tal vez esto no es más que un *potpourri*, ya que contiene, además de mis observaciones personales, una compilación de numeroso material escrito que conseguí reunir con el sudor de mi frente y con algunos peligros vividos en mis viajes por Nicaragua.

Sería tonto escribir de oídas sobre asunto tan tormentoso como la Nicaragua contemporánea, solo basándome en rumores. Quería encontrarme en capacidad de exhibir documentos.

Hay difícilmente un Estado en la Unión mexicana —exceptuando a Oaxaca— que haya sufrido más que el estado de Veracruz, como consecuencia de las guerras civiles, desde la caída de Porfirio Díaz. Todavía no parece haberse recuperado de los efectos de la dictadura rapaz que lo azotó hace cuatro o cinco años, no obstante los esfuerzos de su ex gobernador militar quien logró, cierto es, restablecer el orden de sus ciudades principales, tales como Jalapa, Córdoba y Veracruz, fracasando en los distritos rurales.

Como resultado del mal estado de estos asuntos surgió el bandolerismo, la miseria y descontento de los centros populosos, tales como Veracruz, por ejemplo, donde se dice que nadie paga alquileres y las monedas de oro de diez pesos se han tornado tan escasas como los osos grises en el estado de Ohio. Desde los días del antiguo régimen, cuando México comenzó a descuidar su agricultura y ganadería a fin de fomentar su industria petrolera, el país ha ido de mal en peor. Solo ha estado desempeñando el papel que la diplomacia del dólar quería que representara con el objeto de quebrarle su columna vertebral, la cual es por supuesto la agricultura, porque el petróleo no es una riqueza auténtica, sino solo provisional, en gran parte como «el marfil negro» lo era en los estados sureños durante la guerra de secesión.

La ciudad de Veracruz, que hace apenas unos cuantos años era lugar de gran actividad, a pesar de las muchas revoluciones que la flagelaron, por ser ella la única salida al mar para la mayor parte de México central, es hoy una población muerta, sumida en miseria. Su bahía yace prácticamente desolada —e igualmente lo está su riqueza— y los corazones de sus habitantes. Solo cuando se les menciona aquellos grandes días pasados, la Veracruz dirigida por hombres de envergadura, se iluminan momentáneamente sus pupilas taciturnas. Luego retornan al abismo de su impotencia. Y así marchan... cavilando todo el tiempo... pero ¿Acerca de qué? Esto es precisamente el dilema. ¿Acerca de qué?

Lo mismo ocurre en todo México.

Luego de sacar mis propias conclusiones, soy de la opinión de que cuando un país, rico en agricultura como México, se ve obligado a importar víveres, hasta huevos, tiene que ser un país enfermo. Lo que México necesita hoy es realmente menos pedagogía política hipotética, la que ha inspirado el esfuerzo de abarcar demasiados problemas de una vez sin una clara visión de sus ramificaciones. Se necesita otro hombre como Benito Juárez, suficientemente sabio como para posponer algunos de sus más caros intereses y para comprender que México va a la debacle, a menos que se tomen fuertes medidas para erradicar el favoritismo partidista, los atropellos y el pillaje, el analfabetismo y la demagogia.

Un viaje de dos días por tren a través del Istmo de Tehuantepec y costa abajo del Pacífico fue ligeramente amenizado por la presencia de la escolta militar que se hallaba constantemente siguiendo rastros de bandoleros. Después de una demora inesperada cerca de San Jerónimo. Alegándose el motivo de que una de las locomotoras se habían salido del riel —puro cuento y diversión—, finalmente llegué a eso de la medianoche, cubierto de carbón y polvo, a la frontera mexicana-guatemalteca.

La línea limítrofe es un río de aproximadamente cuatro cuadras de anchura que me vi obligado a cruzar aquella misma noche en una bamboleante canoa, a fin de alcanzar el tren a ciudad de Guatemala. No estuvo del todo mal el funcionamiento aduanero de México, donde hice visar mi pasaporte y equipaje por las autoridades de emigración y el vicecónsul guatemalteco. Aunque del lado de Guatemala, en una aldea llamada Ciudad de Ayutla, pasé por tal calvario de papeleo burocrático que espero sea el último de mi vida de aventuras.

El sistema de complicaciones post-revolucionarias de Berlín era un juego de niños comparado con esto. Soy un viejo andarín, pero puedo recordar perfectamente que alrededor de las tres de la madrugada saqué de sus lechos a numerosos funcionarios de aduana, incluyendo al comandante militar de la zona, para visar mi pasaporte. Finalmente llegué con mi equipaje en una carreta de bueyes al sitio donde mi compañero de viaje, el señor René Picado, de Costa Rica, me había precedido.

Tomé una apresurada taza de café, difícilmente obtenida de algunos indios abigarradamente vestidos que trotaban por el polvoriento camino hacia el mercado, llevando antorchas encendidas y enormes cargamentos de cacharrería atados a la espalda. A las cuatro de la mañana abordamos el expreso de ciudad de Guatemala y desaparecimos en la selva de la región costera.

A las seis a. m. el Sol comenzó a alzarse como un disco de oro tras la sombreada pirámide del volcán de Santa María. Una hora más tarde alcanzamos las famosas tierras altas de Guatemala central, salpicadas de haciendas cafeteras y ocasionales manchas verde esmeralda de caña de azúcar.

A mi lado se encontraba al parecer un cafetalero. Alto, delgado, de ojos azules, camisa arremangada y pantalones de montar. Sus alforjas parecían ser el único impedimento que llevaba consigo. Nos miramos el uno frente al otro con el rabillo del ojo, como preguntándonos: ¿Dónde he visto esta cara? Sobre mí sentía su mirada furtiva, a caza de mi rostro sin afeitar, de mi rara indumentaria deportiva cubierta de polvo y lodo. Incidentalmente René Picado me llamó por mi nombre. Al oírlo, los ojos azules del gigante rubio fulguraron por un momento y su delgada mano, que ostentaba el anillo distintivo de la familia de los Hohenzollers, sacudió nerviosamente las cenizas de su tabaco.

Aquel viajero anónimo era nada menos que el príncipe Segismundo de Prusia, el más sensato de la real familia que siempre se mantuvo a caballo sobre sus propias piernas sin necesidad de muleta. Porque, inmediatamente después de la gran guerra, quemó sus naves y marchó a América Latina para hacerse un hombre, como nos gusta decir en este hemisferio.

Avanzada la noche llegamos a Guatemala. Después de marchar alrededor de kilómetro y medio por la calle principal, la Sexta Avenida alegremente iluminada, detuvimos el vehículo y nos instalamos en el Hotel Central, que era también sede del Partido Nacionalista nicaragüense en Guatemala. Allí conocí, entre otros notables revolucionarios, al doctor Julián Irias, el jefe de la frustrada expedición a Coseguina en agosto de 1926, que fue la que realmente puso la bola a rodar.

El doctor Irias me impresionó favorablemente, pero en aquellos momentos estaban disponibles en Guatemala los generales Teófilo Jiménez y Horacio Portocarrero, ambos más jóvenes y en mi opinión soldados más capacitados de Julián Irias. Si no hubiera sido por la torpe selección que el doctor Sacasa hizo recaer en él como un comandante de la revolución constitucionalista, hubiese habido un triunfo completo desde el comienzo y muchas, quizás millares de vidas, se habrían salvado. La tropa ciertamente es la que paga cuando a sus oficiales superiores solo les mueve razones políticas, en lugar de ideales militares.

Encontré a Guatemala aparentemente un país feliz y floreciente, en comparación con la situación que tenía cuatro a cinco años atrás, cuando lo visité. El general Orellana, su último presidente, parecía andar bien después de todo, a pesar de las profecías en contra del hecho de que había subido al poder mediante una revolución. La diplomacia del dólar hizo cuanto estuvo a su alcance por cerrarle el camino, porque en una Guatemala progresista hay poca oportunidad para un negocio sombrío. Pero Orellana se mantuvo firme y superó en astucia, una y otra vez, al ministro americano quien, según la opinión pública, había tratado de controlarlo en la forma habitual de algunos de los representantes diplomáticos acreditados ante los gobiernos centroamericanos de Panamá y las Antillas.

He aquí por ejemplo el caso de uno de los últimos Encargados de Negocios americanos en Nicaragua quien, durante la Conferencia de Paz en Corinto, se empeñó en persuadir a los delegados constitucionalistas para que reconocieran al fraudulento régimen de Díaz, amenazando al Partido Liberal de que, a menos que no lo hiciera, no retornaría al poder en Nicaragua durante los siguientes noventa y nueve años. En otro caso similar, según informe publicado en un periódico americano bien conocido, un alto funcionario les dijo a los delegados de Panamá que si el nuevo tratado no era aceptado como estaba podrían encontrar de la noche a la mañana a los Estados Unidos ocupando la zona del canal.

Este parece ser el sistema corriente al elevar a un barman de Tegucigalpa a la dignidad de ministro americano en la misma localidad... considerando que un veterano en el negocio de mezclar cocteles era indudablemente capaz también de agitar algunos licores domésticos de cierta «marca», aunque no tan exactamente del gusto de aquellas gargantas que lo trasegarían a la fuerza.

Volviendo a Orellana, debo declarar que, de acuerdo con lo que he oído de diferentes fuentes, el ministro americano nunca lo perdió de vista, constituyéndose casi en su sombra —permanente intruso y huésped colado en toda oportunidad— hasta en las fiestas privadas de Orellana. Pero todo no valió de mucho porque Orellana era un hombre fuerte y capaz, y Guatemala progresó durante los cuatro o cinco años de su administración.

La segunda noche después de mi llegada fui con un amigo a un cine. En el programa había una película presentando al presidente Orellana o a su sucesor, el presidente Chacón (no recuerdo bien), junto al adhesivo ministro americano, de pie. Tan pronto el film fue proyectado, una lluvia de botellas vacías y otros proyectiles cayó sobre la pantalla, acompañada de aullidos ensordecedores de toda la audiencia. Saltaron sillas, mesas, piedras, en fin todo lo que encontraron a mano para quitárselo de la vista. El asustado operador, después de esconderse una docena de veces en resguardo de su vida, finalmente logró apagar la corriente y proyectar luego otra gráfica de Orellana, o de Chacón, sin el parche del ministro americano. Eso salvó el día. Pero los espectadores no estuvieron contentos hasta que se pasó una película patriótica. Tanto la aplaudieron y vitorearon que parecía que el cielo raso se iba a desprender.

Menciono este caso para demostrar el disgusto y odio que provoca la sola vista de algo mal vinculado entre el gobierno americano y América Latina, debido al carácter cínico de algunos de sus representantes diplomáticos y a la despiadada diplomacia del dólar. Los latinoamericanos suponen que esos males están patrocinados por el pueblo americano, evidentemente porque el público permanece indiferente, sin oponerse a ello ni ponerle fin a esas torpezas.

Por aquellos días investigué la auténtica razón de la caída del ex presidente Estrada Cabrera con uno de sus antiguos agentes confidenciales, diplomático guatemalteco. Parece ser que a causa de que los alemanes poseían (y todavía poseen) la mayoría de las grandes plantaciones de café en Guatemala, controlando además el mercado cafetalero en ese país, constituían la espina en el corazón de la diplomacia del dólar.

Durante la Guerra Mundial, a Guatemala se le pidió declarar la guerra a Alemania, lo que hizo por supuesto a fin de no perder sus mercados en los Estados Unidos. Como consecuencia, entre otras propiedades alemanas, todas las plantaciones cafetaleras germanas fueron confiscadas. Después del conflicto bélico, la diplomacia del dólar propuso al gobierno guatemalteco comprar esas plantaciones. Estrada Cabrera primero se opuso. Cuando al final asintió era demasiado tarde. Los alemanes habiéndose enterado del asunto emplearon cierta táctica que a la postre terminó causando la caída de Estrada Cabrera y condujo al nuevo gobierno a devolverles su propiedad confiscada —incluyendo grandes cafetales— a pesar de todos los esfuerzos de la diplomacia del dólar en sentido contrario.

El general Chacón, brazo derecho de Orellana, lo reemplazó en la presidencia después de su muerte. Tuvo una faena, porque él también era constantemente asediado por el mismo pegadizo ministro americano. Tanto así, que cuando en la primavera de 1927 los secretarios de Estado de Honduras, El Salvador y Guatemala se reunieron a fin de establecer relaciones más íntimas entre los tres países, el ministro americano (según la prensa de Managua) hizo que el secretario de Estado guatemalteco, señor Matos, fuera rápidamente eliminado de su cargo mediante presión sobre el presidente. Esto, sin embargo, fue un lance inútil porque poco después fue firmado un tratado por el cual Guatemala, El Salvador y Honduras convinieron en trabajar mancomunadamente en todos los asuntos concernientes a sus relaciones exteriores. Uno de los resultados del tratado fue que una amenaza de litigio entre Honduras y Guatemala, por motivo de cierto sector de territorio en su frontera, fue abortada.

A pesar de esta feliz circunstancia, el sentimiento continúa exaltado, en realidad muy exaltado, contra el gobierno americano entre la población de esos países, porque todo el mundo comprende que lo que el gobierno americano ha venido haciendo y continúa realizando en Nicaragua, probablemente tratará de repetirlo también en sus países. Y como ninguno de ellos desea convertirse en otra Nicaragua, no deja de ser natural que primero traten de coaligarse y luego busquen aliados en el exterior.

Cuando pasé por Guatemala hace unos años escuché el rumor de parte de varios dirigentes obreros que, debido a la miseria que entonces estaba campante en Nicaragua por dicha opresión insoportable, se habían dirigido por telégrafo o cablegrama tanto al secretario Hughes como a míster Gompers, entonces presidente de la Federación Americana del Trabajo, protestando contra el deplorable estado de cosas; pero ni el secretario Hughes ni el presidente Gompers se tomaron siquiera la molestia de avisar el recibo de su mensaje. No me sorprendió que el secretario Hugues rehusara contestar a una simple organización obrera ¡Guatemalteca además!, pero sí me alarmó que míster Gompers hubiera actuado de tal manera. Estoy seguro de que William Green, el actual jefe de la Federación, nunca hubiera cometido tal error. Es por ello que yo, inmediatamente después de mi llegada a Nueva York, publiqué en The *New York Herald Tribune* del 18 de abril de 1923, una carta en los siguientes términos:

La única manera por medio de la cual pueden impedirse inconvenientes en la América Central es que el congreso envíe una delegación obrera al escenario de las alteraciones inminentes, porque la mayoría de los latinoamericanos se niega ya a confiar en el político americano promedio. Tal delegación, examinando las condiciones auténticas existentes en América Central, quizás pueda evitar tales inconvenientes.

En referencia a la Conferencia Centroamericana, que fue llevada a término el 7 de febrero, me siento escéptico en cuanto a los beneficios que de ella derive este país. En la conferencia se firmaron quince documentos y, entre otras medidas, se llegó a un acuerdo autorizando a los Estados Unidos para delegar quince ciudadanos que actuarían en el Tribunal Centroamericano junto con treinta miembros que serían nombrados por las cinco Repúblicas centroamericanas. ¡Esto significa que los Estados Unidos mantienen más de un 30 % de los intereses en la dirección financiera y política de América Central! Mirando la situación desde otro punto de vista —vale decir, desde el punto de vista de ochenta millones de latinoamericanos— los resultados alcanzados por la conferencia son sencillamente una repetición del plan del Canal de Panamá, siendo la única diferencia de que, en vez de Colombia, esta vez Costa Rica, Honduras y El Salvador, así como Guatemala, se hallan afectadas. Reclaman su parte en la Bahía de Fonseca y los beneficios de las vías acuáticas transcontinentales de Nicaragua que España no legó a Nicaragua sola, sino a todas las cinco repúblicas.

Es una creencia popular en la América Latina que las condiciones en las cinco repúblicas son idénticas a las existentes en Colombia durante la administración de Roosevelt, y que el gobierno de Chamorro y compañía en Managua debe su mantenimiento solo a las bayonetas del Cuerpo de Marines acantonado en ese país. Si los marines fueran retirados, es casi seguro que el gobierno Chamorro sería derrocado en veinticuatro horas para ser reemplazado por un nuevo gobierno representativo del pueblo nicaragüense. ¡Si todo esto se consumara, el Tratado Bryan-Chamorro de 1914 sería abrogado y se promulgaría otro tratado con las justas reclamaciones de Costa Rica, Honduras, El Salvador y Guatemala, que el Tratado Chamorro ha ignorado total e injustamente.

A fin de hacer la situación más inteligible, considero mi deber mencionar que los miembros de cierto grupo financiero han creado cierto estado de alarma que linda con la anarquía en toda la América Central. Han adquirido control, entre otras cosas, de la producción de café en Nicaragua, obligando a los propietarios de las plantaciones mayores a venderles, mediante un ruinoso sistema monetario, la mayoría de sus valiosas fincas. Y mediante una concesión que les dio el gobierno de Chamorro también han adquirido el control del transporte y de las aduanas por un período indefinido de años.

Por lo tanto, soy de opinión de que un levantamiento en América Central, y especialmente en Nicaragua, puede conjurarse únicamente retirando a los marines americanos acantonados en Nicaragua. Solamente de esta manera podrán siempre gozar los centroamericanos del beneficio del gobierno propio, el cual es imposible bajo las condiciones existentes.

Rafael de Nogales
Ciudadano de Venezuela
Nueva York, abril 8 de 1923

Es imposible discutir acerca de Nicaragua de manera inteligente sin incluir a México y América Central como conjunto, porque su historia, tanto pasada como presente, y su desarrollo material y étnico, están relacionados de manera tan íntima que su solidaridad como un bloque latino, desde el Río Grande hasta Panamá, en vez de disminuir continuará aumentando con el tiempo, a pesar de los agotadores esfuerzos de la diplomacia del dólar por impedirlo. ¡Los estremecimientos financieros y las artimañas políticas no hacen sino robustecer su solidaridad racial!

Hubiera sido para mí cosa fácil ir a Nicaragua por la vía de El Salvador y Corinto. Pero en ese caso hubiera sido yo uno más en ese rebaño de estúpidos que acostumbraban pasarse los días sentados en sillas de extensión en el Club Internacional de Managua, sorbiendo cocteles, haciéndose manicurar las uñas, fumando cigarrillos, mientras los agentes de prensa de la diplomacia del dólar (algunos de ellos con vinculaciones mercantiles con Adolfo Díaz) les sacaban al aire la acostumbrada monserga de las noticias hechas, que inmediatamente cablegrafiaban a los periódicos de los Estados Unidos. En lugar de eso, decidí entrar en Nicaragua calladamente por trascorrales —con una linterna y una ganzúa, si de esta manera se quiere precisar— a fin de averiguar los hechos. Habiendo sido informado a última hora de que un vapor alemán, destinado a Puerto Limón en Costa Rica, debía partir al día siguiente (esto era alrededor de mediodía) desde Puerto Barrios, en la Costa Atlántica, y de que se habían agotado los pasajes de primera clase, hice que me visara inmediatamente mi pasaporte el ministro de Costa Rica. Con una carta de presentación de la legación alemana para el capitán del vapor salí ese mismo día en un tren especial, fletado por la sinfónica costarricense, que debía llegar esta tarde o noche a ciudad de Guatemala en su camino a Puerto Barrios. Los setenta u ochenta miembros de la sinfónica que se habían quedado sin un centavo en México, estaban yéndose a casa a toda prisa por temor a quedarse varados también en Guatemala. Su tren especial debía, por lo tanto, llegar a tiempo a Puerto Barrios. Y así lo hizo. ¡Pero cómo! ¡Nunca lo olvidaré!

De una manera u otra me las arreglé para adquirir un pasaje —porque siempre hay una manera de hacerlo— y tan pronto como el tren entró en la estación me deslicé hasta uno de los vagones con mis maletas, acurrucándome tras el gran tambor que estaba en el rincón. Apenas había en los vagones espacio para ir de pie. El tambor era suficientemente grande como para dar sensación de seguridad a un hombre pequeño. Me eché a dormir. No sé como el conductor me descubrió —probablemente porque yo estaba roncando— y me preguntó con bastante rudeza:

«¿Qué está haciendo en este vagón, si me hace el favor?»

«¿Cómo se atreve a hacerme tal pregunta?», contesté poniendo una cara como la de Mascagni o Richard Wagner.

«Entonces, ¿es usted miembro de la orquesta, me imagino?», insistió él. «Y usted me lo pregunta —repliqué la manera altisonante— ¿No ve aquí mi tamborón? —y le di un golpe que podía oírse a millares de kilómetros a la redonda!

«¡Oh! Entonces, ¿es usted el famoso tambor XX? —mencionando respetuosamente a no sé cuál celebridad—. Le ruego me perdone, señor.»

Haciendo una profunda reverencia, se marchó. Me di vuelta y no volví a despertar ni un momento hasta que llegamos a Puerto Barrios la mañana siguiente.

Mientras trataba de entrar en el vapor fui detenido al comienzo de la escalera por uno de los funcionarios. Mis zapatos blancos, mi sombrero y mi traje de palm beach deben haber sido un espectáculo deplorable después de dormir toda la noche sobre el sucio piso del vagón, el cual estaba lleno en su totalidad de una densa nube de humo y polvo.

«¿Dónde está su pasaje, señor?», me preguntó con energía.

«No tengo ticket, puesto que se habían agotado cuando traté de comprar ayer uno en la ciudad. ¿No pudiera conseguir uno a bordo?»

«No queda espacio en primera clase —rezongó—, ¡mejor váyase a la bodega...!» Pero, ¡oh, maravilla! Tan pronto echó un vistazo al encabezamiento de mi carta de presentación, se hizo todo sonrisas y reverencias... El capitán, probablemente para demostrarme una cortesía especial, hizo que uno de sus oficiales se mudara sobre la marcha para darme su camarote. Así es la vida. Siempre resulta mejor entrar por trascorrales y salir por la puerta grande que viceversa.

Ese día, después de la cena, cuando las estrellas comenzaron a resplandecer en el cielo y las sierras azules de la Cordillera de Honduras se tornaron púrpura bajo los fenecientes rayos del Sol, se me ocurrió mirar hacia el sur y noté allá lejos, bastante lejos, las luces tenuemente centelleantes de Puerto Cortés... ¡Aquellas mismas luces a cuya espera yo había estado ansiosamente muchos años atrás cuando, muchacho de veintidós años, cruzaba orgullosamente las aguas azules y tumultuosas del Mar Caribe al timón del pequeño navío La Rosa, en el cual llevaba una carga de fusiles y municiones para mis amigos en el distrito de Santa Rosa, cerca de la frontera guatemalteca! ¡No pude evitar el recuerdo, con cierta tristeza, cuando avanzábamos como un barco fantasma, pasando el alumbrado muelle de Puerto Cortés que estaba bastante resplandeciente de bayonetas, ni cómo finalmente desembarcamos sin novedad nuestra carga al oeste de Amoa...! ¡Ni cómo mi pequeño grupo de hombres siguió marchando silenciosamente, una noche tras otra, por aquellas sierras montañosas y purpúreas... ¡Hasta que un día, la fuerza del gobierno destruyó nuestro pequeño convoy después de una lucha feroz...! ¡Fui dado por muerto y regresé a la conciencia cuando sentí a los horripilantes zamuros picoteando mi cabello empapado en sangre...!

A la mañana siguiente, o un día después, mientras recorría la cubierta de arriba abajo con un científico alemán a quien había conocido abordo, noté a un tipo de aspecto divertido, sentado solo a una mesa. Media unos dos metros de altura y vestía de blanco. Sus piernas eran normales en cuanto se refería al grueso. Su corpulencia comenzaba realmente en las caderas y continuaba, aumentando en proporciones alarmantes hacia el torso. Su estómago era prominente como un balón de fútbol juvenil. Con el cabello blanco, de corte bajo, el bigote gris y recortado, y sus ojillos de cerdo, era el auténtico tipo del botiquinero o carnicero alemán. En realidad, cuando se ponía sus anteojos con montura de oro, se diría: ¡Ah, he aquí a un cervecero acomodado que ha salido de abajo! Sus brazos estaban extendidos en forma de media Luna, alrededor de una copa de cerveza. A través de la expresión estólida, cínica, hasta brutal de su rostro abotagado, de vez en cuando se deslizaba esa sonrisa satisfecha, tan característica del alemán de baja cuna, cuando se da cuenta de que su estómago está repleto. No pude evitar repugnancia a la vista de ese hombre. Sin embargo, me interesaba. Pregunté a mi compañero quién era. Inmediatamente me lo presentó.

Imaginen ustedes mi asco y sorpresa cuando me enteré de que era un hombre que, habiendo ascendido a una posición de responsabilidad en Alemania, había traicionado su juramento y su bandera en Kiel, alzándose y sacrificando a sus superiores, el gallardo Cuerpo de Oficiales Navales alemán, a la chusma enfurecida. Luego, durante la Revolución Espartaquista, ordenó eliminar a sus antiguos camaradas con ametralladoras, como si fueran una jauría. Todo esto, en su ávido afán por convertirse en *Herr Zutano*, equivalente a un caballero burgués, lo que parece ser el ideal de todo germano advenedizo. No es raro que yo sintiera repugnancia al ver tal ejemplar de la moderna oficialidad alemana que, después de la Guerra Mundial, sepultó la daga en la espalda de Alemania a fin de elevarse y esclavizar al país durante generaciones por venir. ¡Cómo compadecía yo a mis antiguos camaradas de la guerra alemana que durante la Revolución Espartaquista, a fin de salvar a su país de la ruina total, tuvieron que reconocer como superiores suyos a tales monstruos!

A nuestra llegada a Puerto Limón descubrí con pesar que no se esperaba que ninguna nave a vapor partiera durante bastante tiempo para Puerto Cabeza. Por ello, me dirigí a San José de Costa Rica, a fin de consultar con el doctor

Clodomiro Urcuyo, el agente confidencial del gobierno constitucional de Nicaragua.

En Costa Rica, como en Guatemala y prácticamente en toda América Central, como lo dije antes, los sentimientos se estaban exacerbando no solo contra la diplomacia del dólar, sino también contra el gobierno americano. Se realizaban manifestaciones públicas en todo el país. Hasta el cuerpo legislativo se dirigió al resto de las repúblicas latinoamericanas en favor de Nicaragua. Las compañías bananeras (a las cuales un notable viajero austriaco había comparado unos cuantos años antes con un pulpo gigantesco, que codiciosamente extendía sus tentáculos por las costas del Mar Caribe a fin de estrangular la vida de las repúblicas centroamericanas, Santo Domingo, Haití, etc., y que eran consideradas, por lo tanto, en aquellos países como avanzadas de la diplomacia del dólar) estaban aparentemente encaminadas cuando el señor Jiménez asumió la presidencia de Costa Rica. Sin embargo, los propios costarricenses pronto cambiaron de opinión en cuanto a su tino de haberlo electo. ¡Estuvieron a punto de apedrearlo cuando se atrevió a insinuar solamente que estaba meditando acerca de si sería conveniente o no reconocer al régimen espúreo de Díaz en Nicaragua! Pudiera agregarse aquí también que el pasado presidente de El Salvador (otro instrumento de la diplomacia del dólar), quien vendió al gobierno de Díaz una cantidad considerable de material de guerra para ser usado contra los constitucionalistas nicaragüenses, prácticamente fue echado del país.

En San José tuve el placer de ver, entre otros viejos amigos míos, al general Pinaud; al coronel Noriega, Encargado de Negocios de Colombia, y al padre Maehler, de la Orden de los Paulistas, quien sirvió con nosotros como capellán militar en Mesopotamia durante la Guerra Mundial.

He oído últimamente, con considerable preocupación, que la próxima víctima de la diplomacia del dólar probablemente va a ser Costa Rica, en razón de sus derechos de agua sobre el río San Juan, de los cuales no proyecta desprenderse, ¡excepto bajo condiciones que garanticen plenamente su independencia! Como tales condiciones no serían beneficiosas para la política centroamericana de la diplomacia del dólar, no me sorprendería que el ex presidente Tinoco, o algún otro aventurero de su calibre, respaldado por infantes de marina americanos, emprendiera «algo» y muy pronto en Costa Rica, aun a expensas de unos cuantos millares de vidas, si es necesario. ¡Las vidas latinoamericanas no cuentan!

Una noche, mientras yo estaba con el coronel Noriega en el Teatro Nacional, el doctor Urcuyo vino a toda prisa y me dijo que si me iba inmediatamente a Puerto Limón y me embarcaba para Panamá tenía probabilidad todavía de alcanzar la nave a vapor La Linda, debido a que se esperaba que saliera de Colón cualquier día para Puerto Cabezas. ¡Esa era mi oportunidad!

Tres días más tarde desembarqué en Colón pero La Linda, debido a contraórdenes, estuvo obligada a permanecer allí durante otra semana. Lo mismo me ocurrió a mí, por supuesto. Aproveché esta demora forzosa, naturalmente, a fin de estudiar la situación, conversar con viejos amigos y recoger información fidedigna.

Oí amargas quejas acerca de los medios utilizados para imponer el nuevo tratado al infeliz pueblo de Panamá. Coerción, es palabra demasiado suave, en realidad excesivamente decente como para emplearse en relación con este reciente ejemplo de abuso. Según lo que oí en Colón, la mayoría de todos los trabajadores panameños empleados en la zona del canal habían sido despedidos y reemplazados por obreros de color de las Indias Occidentales, como represión porque la Asamblea Nacional de Panamá se había negado a tragar aquel tratado monstruoso que según los delegados panameños, a cuya consideración se había sometido, es imperialista, abusivo y unilateral en todo respecto. Afirman que protestaron contra su imposición mientras pudieron, pero finalmente el tratado les fue virtualmente hecho tragar a la fuerza. ¡Qué crimen! ¡Privar a quizás millares de honrados trabajadores y a sus familiares de su pan cotidiano a fin de obligar a un pueblo amigo a que se ponga de rodillas porque se ha atrevido a ponerse de pie por sus derechos y por su libertad! ¡No recuerdo haber leído algo tan bajo y tan cobarde en la historia del mundo!

Descontentos con los artículos que convirtieron a Panamá virtualmente en Estado vasallo de la diplomacia del dólar, los delegados hicieron saber que rehusarían firmar el tratado que había sido elaborado casi íntegramente por el Departamento de Guerra. Cuando llegó el día para la reunión final con míster Francis White, ahora adjunto a la Secretaría de Estado, quien estaba entonces encargado de las Relaciones Latinoamericanas, White, según los delegados, les dijo que ¡Los Estados Unidos ocuparían la zona del canal y se adueñarían por la fuerza de lo que se pedía a los panameños que cedieran por tratado!

El Concejo Municipal de Colón condenó el tratado. La Cámara de Comercio de Panamá solicitó del senador Borah, presidente del Comité de Relaciones Exteriores del Senado, hacer de dicho tratado tema de una investigación senatorial.

De cualquier manera, el resultado final fue muy dudoso para que la Asamblea Nacional de Panamá lo ratificara. Es inútil que el Departamento de Estado trate de apaciguar a los panameños prometiendo restringir los comisariatos americanos, de los cuales han venido quejándose amargamente los comerciantes panameños, con el motivo de que esas agencias americanas venden de tal manera que se hace imposible la competencia en los panameños. Es también significativo que durante la última reunión de la Federación Panamericana del Trabajo se presentó y aprobó, si no estoy equivocado, una resolución en el sentido de que los trabajadores panameños que habían sido despedidos de la Zona del Canal debían ser reincorporados a sus antiguas posiciones.

Uno de los muchos factores que han contribuido poderosamente a hacer que los panameños pierdan la confianza en los Estados Unidos es cierto aventurero que se llama, según creo, míster March; quien arteramente instigó y fomentó la rebelión de los Tules o indios de San Blas, contra el gobierno de Panamá (19 al 22 de febrero, 1925), cuyo resultado fue la masacre de alrededor de una o dos docenas de gendarmes panameños, en su mayoría jóvenes de academia.

Es igualmente significativo que fue el crucero Cleveland, de los Estados Unidos, el que corrió al lugar de los acontecimientos adelantándose a la expedición punitiva panameña, y llevó a míster March a la Base Naval de Coco, protegiéndolo así de la acción drástica que de otra manera habrían tomado contra él los Tribunales de Justicia de Panamá. No recuerdo haber oído que March fuera castigado por el gobierno americano debido a aquella masacre en Panamá. En realidad, ¿No andaba él luego deslumbrando a la prensa y público americanos con algunos albinos enfermos a quienes presentó como los Indios Blancos (legendarios) de América del Sur?

Los panameños no han olvidado tampoco que, durante un concierto dado por una banda militar japonesa en la plaza de ciudad de Panamá, hace unos años, los americanos de los servicios civiles y militares hicieron el saludo de rigor cuando se tocaron los himnos nacionales japonés y americano, pero ninguno de ellos saludó, ni siquiera se puso de pie, cuando se ejecutó el himno de Panamá. Los japoneses recibieron la fuerte impresión de que los americanos deseaban que los panameños comprendieran que no tenía ningún derecho a poseer un himno nacional propio. Estuve presente en ese concierto, por lo que no estoy hablando de oídas.

Antes de cerrar este capítulo, deseo llamar la atención hacia el hecho de que la ciudad de Colón tiene una colonia de unos mil chinos, ciudad de Panamá alrededor de cuatro mil y toda la República de Panamá no menos de diez mil chinos, la mayoría de ellos nativos de Hong Kong o del Sur de China y miembros del Kuo-Ming-tang, que significa el Partido Nacionalista antiextranjero de China. Además de los diez mil chinos, se dice que hay alrededor de ocho mil indios orientales y seis mil japoneses en Panamá, o sea de veinte a veinticinco mil asiáticos, en comparación con la guarnición americana en la Zona del Canal que probablemente no pasa de los dieciocho mil hombres.

Con más de veinte mil asiáticos a las puertas mismas del Canal de Panamá,

¿Es prudente que el gobierno de los Estados Unidos mantenga oprimido al pueblo de Panamá? Una pequeña nación con posición tan estratégica, posiblemente se convierta de la noche a la mañana en un enemigo poderoso si se la empuja a la desesperación. Bélgica lo demostró.

Capítulo VIII

En los últimos días de marzo tomé pasaje para Puerto Cabezas en la goleta gasolinera La Linda con su capitán Surgeon. Al tercer día, a eso del mediodía, avistamos la Costa Mosquito como una sombra verde oscuro a lo largo del horizonte occidental. A los pocos momentos, las torres de una estación de telégrafo inalámbrico comenzaron a elevarse lentamente por encima de la umbría pantalla de verdor, anunciando que nos estábamos aproximando a nuestra meta: la pequeña ciudad encuadrada en el muelle de Puerto Cabezas, por entonces sede del gobierno del vicepresidente Sacasa.

El viaje no había sido del todo placentero, para mí por lo menos. Soportaba la maloliente compañía de mis compañeros de viaje, todos ellos trabajadores negros procedentes de las Indias Occidentales, contratados por la compañía maderera Bragman's Bluff, que no habían contribuido al bienestar de mis nervios olfativos ni agudizado mi apetito.

Una hora más tarde divisamos las tres chimeneas de la compañía maderera, que despedían negras nubes de humo. Siluetados contra el cielo nocturno vimos los tejados de los edificios de la compañía y, posteriormente, su muelle de kilómetro y medio de longitud. Allí, dos blancos vapores fruteros cargaban bananos de una trepidante locomotora, mientras a unos cuantos centenares de metros de distancia, rodeados por un enjambre de goletas y otras embarcaciones costeras, el cañonero Tulsa y un torpedero destructor de los Estados Unidos se mantenían tranquilamente anclados.

No se nos permitió desembarcar hasta la mañana siguiente, ignoro por cuales razones. Aproveché esta circunstancia para hacer que el capitán anunciara mi llegada al doctor Sacasa.

Al día siguiente, mientras charlaba con un centinela americano en el muelle, el coronel Zacarías, gobernador militar constitucionalista de Puerto Cabezas, vino a saludarme. Una hora después colgaba mi hamaca, ya instalado en la casa de un comerciante alemán de nombre Hans Wendt. El y míster Fuchs, gran comerciante de la ciudad, me atendieron de manera realmente espléndida. Sus neveras estaban constantemente provistas de cerveza Lager, importada. Toda la que yo quisiera a mi disposición. Wendt, Fuchs y el veterano míster Roosman, eran respectivamente presidente y primer y segundo vicepresidente de la Deutscher Verein, que no era muy Verein si se considera que consistía solo de seis miembros: cuatro alemanes y dos austriacos. Pero, aunque escasos en número, ciertamente se comportaban a la altura de sus viejas tradiciones alemanas en cuanto a asumir una hospitalidad amable y armoniosa.

Alrededor de las once a. m. fui a visitar al vicepresidente Sacasa. Me recibió cortésmente y me invitó a una copa de champaña, aquella misma tarde, con los miembros de su gabinete. Pude observar que Sacasa era un gentleman en lo que se refiere a las normas sociales, aunque no se puede en un día penetrar en la mentalidad de un político. Me impresionó su personalidad y buenos modales pero no me pareció un hombre de carácter. Ni tampoco sincero. Soy muy rápido para captar la insinceridad de las personas, pero sin dejar de anotar que lo peor en un político es su debilidad en los momentos decisivos. Bajo esa falla se comporta la escuela de los políticos bien intencionados en América Latina. Tuve la sensación de que Sacasa pertenecía a esa escuela.

Ese inquieto malestar que se apoderó de mí, al estrechar por primera vez la mano del vicepresidente Sacasa, resultó más tarde no del todo injustificado, por lo que supe en Managua y Guatemala. El doctor Sacasa no ha sido siempre el celoso defensor de la Constitución nicaragüense que entonces aparentaba ser. Los siguientes párrafos, tomados de un artículo publicado en el *Excelsior* de Guatemala, el 15 de julio de 1927, contribuyen a demostrar muy claramente que el doctor Sacasa se convirtió en vicepresidente solo porque se hizo amigo del presidente conservador, Bartolomé Martínez, en una hora crucial. Sin el apoyo oficial del presidente Martínez, Sacasa probablemente no hubiera sido elegido nunca vicepresidente, porque no era un hombre con la suficiente estatura para el cargo, según la opinión pública de Nicaragua.

He aquí los párrafos del *Excelsior* a los que me refiero:

En noviembre de 1923. Sacasa, junto con seis liberales y seis conservadores, propuso y trató de imponer la reelección del presidente Bartolomé Martínez, aunque sabía que tal acto era contrario a la Constitución nicaragüense. Hasta convino con sus doce compañeros someter el caso (o sea el flagrante caso de violación a la Constitución) ¡A la consideración del gobierno americano! No obstante, no vaciló por un minuto más tarde en encabezar el llamado gobierno constitucionalista.

Siendo vicepresidente de la República, el doctor Sacasa nunca movió un dedo, ni siquiera protestó en ninguna forma, cuando el presidente Carlos Solórzano (bajo presión del usurpador Emiliano Chamorro) pidió al gobierno de los Estados Unidos no retirar de Nicaragua a los marines americanos, ni siquiera trató, por un momento, de salir al rescate de Solórzano, a pesar de los esfuerzos del Partido Laborista, que bastante le rogó hacerlo y hasta le ofreció todo el dinero, armas y municiones necesarias para organizar un ejército de voluntarios. (Esto está comprobado por una declaración en el mismo sentido que más tarde me hizo, en Nueva York, el señor S. de la Selva, secretario de la Unión Nicaragüense de Trabajadores.)

Después de su llegada a Puerto Cabezas, como lo anuncia un cable transmitido en febrero de 1927, Sacasa hizo declaraciones mediante las cuales prácticamente reconoció la validez del Tratado Bryan-Chamorro a principios de diciembre de 1926. Había convenido ya práctica y tácitamente en el establecimiento de las zonas neutrales del almirante Latimer.

En diciembre de 1925, Sacasa fue a Washington D. C., donde permaneció hasta mayo de 1926, solicitando el apoyo del gobierno de los Estados Unidos, a pesar del hecho de que el mismo gobierno americano continuaba interviniendo por la fuerza en Nicaragua.

La razón por la cual Sacasa permaneció inactivo en Guatemala desde mayo hasta noviembre de 1926 era porque secretamente obedecía órdenes de la diplomacia del dólar a fin de ¡No ir a Nicaragua a establecer un gobierno constitucionalista! Esta afirmación ha sido corroborada por una exposición detallada en ese sentido que el general rebelde, Beltrán Sandoval, publicó el pasado junio en el periódico liberal *La Noticia*, de Managua. Beltrán Sandoval dijo, entre otras cosas: ... Poco después de nuestra llegada a La Barra y después de haber discutido minuciosamente el asunto con los generales Moncada y Carlos Pasos, fui por vía de Puerto Barrios a Ciudad de Guatemala a fin de convencer al doctor Sacasa de la necesidad de que él fuera a Puerto Cabezas para establecer un gobierno constitucionalista. Le expliqué la forma en que la revolución estaba progresando y las grandes ventajas que ella derivaría del establecimiento de tal gobierno. Pero el doctor Sacasa no quiso escucharme. Aparentemente estaba demasiado ocupado tratando de ajustar los asuntos de manera pacífica. Todos mis esfuerzos por convencerle fueron absolutamente inútiles, a pesar del hecho de que todos los liberales nicaragüenses residentes en Guatemala convinieron conmigo en que el establecimiento de un gobierno constitucionalista en territorio nicaragüense era de todo punto necesario. Viendo que estaba perdiendo mi tiempo, regresé a La Barra.

Las anteriores declaraciones indican que los posteriores esfuerzos del doctor Sacasa por defender al gobierno constitucionalista no debieran tomarse demasiado en serio y, en consecuencia, que no es el hombre que puede tirar la primera piedra al presidente Carlos Solórzano por haber pedido al gobierno americano que no retirara a los marines de Nicaragua. Solórzano fue obligado a dar este paso por el usurpador Emiliano Chamorro quien, atrincherado en la fortaleza de Tiscapa (a fin de extorsionar al presidente Solórzano con nuevos decretos de su conveniencia) acostumbraba a hacer apagar de noche las luces eléctricas de Managua, abriendo fuego de infantería y artillería sobre la mansión principal de Solórzano, lo que daba por resultado la matanza de transeúntes y además gente inocente. Para detener el derramamiento de sangre, Solórzano finalmente tuvo que sancionar uno tras otro, los numerosos decretos que de esta cobarde manera le eran impuestos. Además de todo ello, el vicepresidente Sacasa seguía tranquilamente en León, politiqueando, sin pensar jamás en correr al rescate de Solórzano. No es extraño que Solórzano —cansado de esperar a que Sacasa actuara— tirase la toalla, renunciara por fin y se marchara, dejando a Emiliano Chamorro en posesión del país.

Cuando regresé al cuartel general del doctor Sacasa esa tarde, fui presentado por él a los miembros de su gabinete. Entre ellos me impresionó muy favorablemente el secretario de Estado, doctor Leonardo Argüello, eminente médico así como escritor muy conocido, y el secretario de Relaciones Exteriores, doctor Rodolfo Espinosa, quien también era médico distinguido y de cierto renombre como orador. El doctor Espinosa ha pasado parte de su vida en Europa y en los Estados Unidos. Me imagino que cualquiera de esos dos caballeros hubieran resultado mejores presidentes que Sacasa. Pero el destino lo quiso de manera diferente, quizá para bien de Nicaragua, porque con la caída del gobierno de Sacasa ha nacido una nueva Nicaragua. Traidores y políticos tracaleros de la vieja escuela, como Moncada, Díaz y Chamorro, que solo persiguen sus propios intereses personales, están siendo reemplazados rápidamente por patriotas desinteresados como el general Sandino por ejemplo, un líder que desprecia los puestos públicos y el lucro, pero que ama apasionadamente a su patria y está dispuesto a combatir y morir en los campos de batalla o en el patíbulo, si fuese necesario, por su independencia.

¡Esto es lo que defiende el nuevo movimiento nacionalista nicaragüense! Son hombres de esta índole a quienes la diplomacia del dólar tendrá que hacer frente en un futuro cercano, no solo en Nicaragua sino en toda América Latina, porque los elementos trabajadores e intelectuales de esos países se saben encontrar cuando es necesario, ya que comprenden que esa es la única manera de salvar a sus repúblicas de las garras de la diplomacia del dólar.

Los restantes miembros del Gabinete del doctor Sacasa eran: Doctor Arturo Ortega, abogado, secretario de Finanzas

Doctor Onofre Sandoval, abogado, secretario de Obras Públicas

Doctor Modesto Armijo, abogado, secretario de Instrucción Pública

Doctor J. Ramírez Brown, abogado, subsecretario de Relaciones Exteriores Doctor Antonio Flores Vega, abogado, subsecretario de Estado

Don Julio Portocarrero, economista, subsecretario de Finanzas

Doctor Arturo Baca, abogado, subsecretario de Guerra

Don Ramiro Gámez, médico, subsecretario de Obras Públicas

Don Hernán Robleto, escritor, subsecretario de Instrucción Pública

Don H. Ofilio Argüello, escritor, Consejero del presidente

Entre esos caballeros, varios de los cuales pertenecen a la vieja aristocracia, no hubo uno solo que no me recibiera como amigo, que no me abriera su corazón. A algunos de ellos volví a verlos en Guatemala, cuando se exiliaron una vez más, voluntariamente, antes que someterse a ese perfecto títere de la diplomacia del dólar, el archienemigo de su país, Adolfo Díaz.

Sin embargo, no solo es del gabinete del doctor Sacasa y del resto de los miembros de su séquito en Puerto Cabezas de quienes guardo los recuerdos más agradables. Hubo otros que me trataron regiamente, como amigo. Fueron los oficiales de las Fuerzas de Desembarco americana: L. B. Bischoff, teniente comandante del Ejército; E. C. Robbins, Primer teniente de la infantería de marina, y los alféreces A. Cunningham, M. R. Patterson, W. E. Terry y F. S. Wither, intendente. Todavía conservo como recuerdo la primera invitación que me enviaron. Decía así: «El Oficial del Comando y los Oficiales de las Fuerzas de Desembarco se complacerían de que almorzara con ellos hoy, si le es posible, 21 de marzo de 1927».

Por lo que pude ver, la conducta de los oficiales y soldados de las Fuerzas de Desembarco americanas en Puerto Cabezas era en la época en que allí estuve absolutamente correcta. Nunca oí de ellos la menor queja. Nunca vi a un marinero borracho. El comandante Bischoff y los demás oficiales eran también extremadamente considerados hacia Sacasa, aunque nunca se dirigían hacia él como presidente o vicepresidente, sino simplemente como el doctor Sacasa. En el cuartel general de Bischoff se cumplía una auténtica ley seca. Nunca probé ni vi allí una gota de licor.

La conducta del comandante Bischoff, sus oficiales y soldados, que solo estaban cumpliendo su deber bajo órdenes, fue para mí una nueva prueba de que es injusto hacer responsables en general al ejército y marina de los Estados Unidos por los crímenes cometidos por ciertas autoridades militares americanas en Haití, Santo Domingo y otros lugares. La responsabilidad por esos crímenes deplorables reside, a mi entender, no tanto en los militares o marines que los cometieron como en sus oficiales comandantes y superiores que, en lugar de someterlos inmediatamente a una corte marcial regular, utilizaron la lenidad y hasta trataron de encubrirlos para que la opinión pública en los Estados Unidos no conociera los hechos verdaderos. Entiendo que este proceso de encubrimiento se utilizó en Haití cuando el senador King se le negó la admisión al país, porque se proponía realizar ciertas investigaciones.

Tal lenidad fuera de lugar ha sido la auténtica causa de la odiosa reputación que se atribuye a los marines americanos y en consecuencia también al ejército y marina de los Estados Unidos, no solo en América Latina, aunque sí allí especialmente. Tal lenidad, me atrevo a decir, no es solo antimilitar, sino también antipatriótica en extremo. La disciplina de los hombres del teniente-comandante Bischoff en Puerto Cabezas demuestra siempre que cuando los oficiales son correctos también lo son los soldados.

Por la información escrita que pude recoger, no solo en Puerto Cabezas sino luego también en Managua y el exterior, tengo la impresión que, de no haber sido por la ambición desbordada del anterior secretario de Estado americano, míster Philander Knox, la diplomacia del dólar nunca hubiera podido provocar un desastre (tanto moral como materialmente) en la pobre Nicaragua, de la manera como lo ha hecho durante los diecisiete años de intervención armada americana. Los siguientes datos, tomados principalmente de los registros del Departamento de Estado americano, se explican por sí mismos. Cualquiera puede comprender por qué Horacio Blanco Fombona y otros notables escritores y publicistas latinoamericanos y europeos han bautizado al secretario Knox como el progenitor de la diplomacia del dólar.

1907: Se crea la Corte Centroamericana de Justicia bajo los auspicios conjuntos de los Estados Unidos y México.

1909 octubre 7: El Cónsul americano en Bluefields, Nicaragua, cablegrafía al Departamento de Estado que:

> Una revolución comenzará en Bluefields el ocho, que los revolucionarios se proponen proteger las propiedades de los extranjeros y que el general Emiliano Chamorro (junto con J. J. Estrada y Adolfo Díaz, este último secretario con un sueldo de mil quinientos dólares al año de una Compañía minera americana, dirigirá la revolución) ha desembarcado secretamente desde Costa Rica.

Octubre 12: El Cónsul cablegrafía al Departamento de Estado que la revolución ocurrió el diez, que los intereses de negocios extranjeros están optimistas, que está asegurada la reducción inmediata de tarifas, así como la anulación de ¡Todas las concesiones que no sean propiedad de extranjeros!

Diciembre 1.°: El secretario Knox retira el reconocimiento del gobierno nicaragüense, declarando que el gobierno de los Estados Unidos está convencido de que la revolución representa los ideales y la voluntad de una mayoría del pueblo nicaragüense más fielmente de lo que lo hace el gobierno del presidente Zelaya.

Diciembre 16: Renuncia el presidente Zelaya, nombrando a Madriz, también del Partido Liberal, para reemplazarle.

1910 mayo 16: Las fuerzas armadas de Madriz, habiendo barrido toda Nicaragua, intiman a Estrada a que rinda su último reducto en Bluefields.

Mayo 16: (¡El mismo día!) El Paducah, de los Estados Unidos, declara zona neutral a Bluefields.

Mayo 31: Estados Unidos prohíbe que haya tropiezos para los barcos americanos que lleven armas a Estrada en Bluefields; insiste en que los derechos aduaneros se paguen a la facción de Estrada, no a Madriz.

Agosto 20: Renuncia Madriz. Estrada entra en la capital y se declara presidente. Su primer acto oficial es cablegrafiar al secretario Knox que el bando victorioso «siente cálido aprecio por el pueblo americano».

Septiembre 12: Estrada promete solicitar un empréstito americano.

Octubre 11: El Departamento de Estado ofrece ayuda para obtener el empréstito de banqueros americanos, ¡sugiere el control extranjero de las aduanas y ofrece los servicios de un agente financiero confidencial!

Octubre 18: Llega Thomas C. Dawson como agente confidencial de los Estados Unidos.

Octubre 27: Se firma el Pacto Dawson a bordo de un buque de guerra de los Estados Unidos por jefes conservadores nicaragüenses, prometiendo el empréstito, el control americano de las aduanas y una Comisión de Reclamaciones —un miembro a ser nombrado por Nicaragua, dos por los Estados Unidos— para fijar las reclamaciones americanas contra Nicaragua, conviniendo en la elección de Estrada y Adolfo Díaz como presidente y vicepresidente.

Después de leer las líneas anteriores, cualquiera con escaso sentido común puede ver gato encerrado.

A fin de demostrar que los sucesores del secretario Knox, tanto republicanos como demócratas, han venido siguiendo fielmente la Doctrina Knox, reproduzco la siguiente declaración del doctor T. S. Vaca, publicada en el Récord de Philadelphia, el 8 de enero de 1927:

Cuando iban a celebrarse las elecciones presidenciales en Nicaragua, en 1916. B. F. Jefferson, ministro americano en Managua, llamó a conferencia a los jefes de los partidos políticos opuestos a la administración de Díaz y les informó que ¡Ningún candidato para la presidencia sería aceptable a menos que se acogiera a ciertas cláusulas! En vista de esto, los diversos partidos decidieron retirarse de las elecciones presidenciales. Esto era precisamente lo que el ministro americano deseaba a fin de dejar un campo abierto para el candidato oficial, Emiliano Chamorro, quien tenía seguidores fuera de la administración de Díaz.

Como el objeto de este libro es hacer saber a mis lectores no solo mi enfoque de la farsa nicaragüense, sino también las opiniones de otros que saben tanto o más quizás que yo sobre este complicado lío, voy a reproducir ciertas partes de un bosquejo de historia nicaragüense que me fue proporcionado en Puerto Cabezas por el señor H. Ofilio Argüello, Consejero del vicepresidente Sacasa:

Por cuanto la atención de América Latina y de todo el mundo se ha enfocado sobre Nicaragua durante las últimas semanas y como la mayoría de los periódicos de los Estados Unidos se han pronunciado tan notablemente y han ayudado a sus lectores a formarse una opinión sobre los hechos salientes de la controversia nicaragüense, seré todo lo breve que sea posible dando un resumen general sobre la llamada diplomacia del dólar, desde su origen y su penetración en la política nicaragüense hasta el día actual. Está claro su efecto sobre la presente generación y tendrá una repercusión de largo alcance, desastrosa, durante innumerables años por venir, sobre las relaciones amistosas que los países latinoamericanos se han esforzado por cultivar con los Estados Unidos durante las tres últimas décadas, y que los Estados Unidos han procurado anular mediante una política exterior que no ha sido consecuente ni justa para con las naciones más débiles, cuyo control busca y cuya voluntad trata de doblegar, como si fueran simplemente Estados Vasallos a los que puede gobernar y dominar, según le convenga, siempre que las ventajas políticas o el provecho comercial lo exijan. El secretario de Estado Knox fue el padre y patrocinador de la diplomacia del dólar, según esta se aplica en Nicaragua. Por alguna turbia razón, que según se cree corrientemente en toda Centroamérica ha sido su interés financiero en la compañía minera de La Luz y Los Ángeles, cuyo cuartel general estaba en 1909 en Bluefields (Nicaragua) decidió establecer un gobierno conservador en Nicaragua en vez del liberal valiéndose de Adolfo Díaz —quien había sido un empleado insignificante de la compañía minera de La Luz y Los Ángeles— para adelantar sus planes de conquista. A Díaz se le pagaba entonces el mezquino salario de mil quinientos dólares al año, pero surgió como millonario de la noche a la mañana prestando a Juan B. Estrada, quien se había alzado en armas contra el gobierno nicaragüense, la suma de seiscientos mil dólares que fue gastada en equipo de guerra, materiales y paga del ejército de Estrada. La rebelión de Estrada fue derrotada en todo el país y finalmente reducida a la población de Bluefields, pero cuando este puerto estuvo amenazado por tierra y mar, el secretario Knox envió buques de guerra de los Estados Unidos, hizo desembarcar a los célebres marines y declaró a Bluefields «zona neutral» para proteger, según expresó, «las vidas y propiedades americanas» que nunca habían estado en peligro.

Usando estos medios indignos y métodos tortuosos, mantuvo viva la revolución de Díaz y amenazó con desembarcar diez mil marines más, si lo estimaba necesario. Después de seis meses de inútil lucha contra los amigos e instrumentos conservadores del secretario Knox, respaldados por las fuerzas navales de los Estados Unidos, el gobierno liberal finalmente cedió y los conservadores se adueñaron del país. Desde entonces han permanecido en el poder contra la voluntad de la abrumadora mayoría de los nicaragüenses. También desembarcaron marines en la Costa del Pacífico y se enviaron a Managua, capital de Nicaragua, ostensiblemente como protección para la legación americana, pero en realidad porque el gobierno conservador maniquí impuesto a Nicaragua por el secretario Knox era, es y será siempre, impopular e intensamente odiado en Nicaragua. Esos marines americanos han sido desde entonces el soporte, razón y baluarte de los gobiernos conservadores que se han sucedido en Nicaragua.

El general Juan Bautista Estrada, quien fue el primer presidente que asumió el cargo bajo el dominio de los marines, pronto fue expulsado de la presidencia. Adolfo Díaz, antiguo empleado y dócil instrumento del secretario Knox, se convirtió en presidente. Bajo las órdenes de su amo transfirió el banco y los ferrocarriles de propiedad del gobierno nicaragüense a un sindicato bancario de Nueva York, bajo el control de J. and W. Seligman & Co. y de Brown Brothers & Co., ambas firmas bancarias bien conocidas en Wall Street. La deuda exterior de Nicaragua era entonces de aproximadamente treinta y cuatro millones de pesos papel que, convertidos en oro, ascenderán a poco más de tres millones de dólares ($3.000.000,00). Los conservadores se jactan de cómo han hecho progresar a Nicaragua, pagando la deuda exterior, etc. nada puede estar más lejos de la verdad. Los nicaragüenses lo saben. Nicaragua, bajo el régimen conservador de los últimos dieciséis años, ha marchado atrás por lo menos medio siglo. Las escuelas públicas, que habían sido establecidas por los gobiernos liberales en todo el país, se han cerrado a montones, y el dinero anteriormente dedicado a la instrucción pública se utiliza para subsidiar escuelas jesuitas y escuelas parroquiales propias, controladas y supervisadas por jesuitas y sacerdotes católicos en tres o cuatro de las mayores ciudades del país. Concesiones de carácter totalmente ruinoso han sido otorgadas una y otra vez por los gobiernos conservadores a poderosas compañías americanas que meramente han explotado los recursos naturales del país para su propio beneficio, sin ningún provecho en absoluto para Nicaragua. Sin embargo, esas concesiones son el precio que los intereses bancarios, que controlan a los gobiernos conservadores de Nicaragua, les ha cobrado, amenazándolos con retirar a los marines, lo cual habría significado su caída en pocos días. Y este precio ha sido gustosa y agradecidamente pagado por los gobiernos conservadores, en su avidez por seguir en el poder, sin tomar en cuenta las consecuencias que el país ha tenido que soportar y sufrir durante tantos largos años.

La amenaza de los marines que han estado montando guardia en la legación americana desde 1909, y de los muchos miles más que pudieran enviarse a Nicaragua en un minuto, ha significado, lógicamente, la práctica esclavitud de los ciudadanos de Nicaragua que nacen libres pero a quienes no se les permite protegerse en ninguna forma, ni expresar su voluntad en elecciones, controladas totalmente por los conservadores y supervisadas por los tales marines de los Estados Unidos.

El advenimiento del doctor Solórzano y del doctor Sacasa a la presidencia y vicepresidencia, como resultado de una coalición que derrotó a los conservadores por abrumadora mayoría en las elecciones celebradas en 1924, fue saludado por el pueblo nicaragüense como el amanecer de una nueva era. Las administraciones conservadoras habían provocado que más de treinta mil nicaragüenses emigraran a América Central a fin de escapar a las persecuciones, extorsiones y prisión. Lamentablemente, Nicaragua fue tristemente decepcionada en sus esperanzas de juego limpio. El gobierno de los Estados Unidos y el Departamento de Estado decidieron deliberadamente continuar respaldando al Partido Conservador. Emiliano Chamorro, jefe del partido bajo la dirección del conocido Adolfo Díaz, a quien se tiene como cerebro del Partido Conservador debido a sus vinculaciones con las firmas banqueras de Wall Street, se abrió paso por soborno en la fortaleza de Tiscapa, en Managua, que estaba bajo la custodia de sus amigos, obligando a Carlos Solórzano, el presidente, a entrar en trato con él, quien se convirtió a la fuerza en dictador militar y gobernante virtual del país hacia fines de 1925. Envió dos mil hombres a León, donde se había instalado el vicepresidente Sacasa, con órdenes de hacerlo regresar vivo o muerto a fin de obligarlo a renunciar. El doctor Sacasa consiguió escapar afortunadamente. Por la vía de El Salvador y Guatemala fue a Washington D. C., donde expuso su caso por escrito a los gobiernos de América Central y al gobierno americano, que había patrocinado los Tratados de Paz y Amistad firmados por las Repúblicas de América Central en Washington, en febrero de 1923.

El doctor Sacasa se instaló en Washington D. C., desde el 25 de diciembre hasta el 26 de mayo, con la esperanza de que la presión moral que el gobierno americano afirmaba iba a ser ejercida sobre el general Chamorro, restableciera el gobierno constitucional en Nicaragua y lo reconociera en su país como presidente legal, ya que Carlos Solórzano había sido obligado a renunciar a su cargo como presidente. Pero Chamorro lo que hizo fue reírse cuando se habló de presión moral en su presencia. Declaró repetidas veces que no le importaba que los Estados Unidos lo reconocieran.

Los males que el pueblo nicaragüense había sufrido y continuaba sufriendo bajo los gobiernos conservadores apoyados por los Estados Unidos se habían hecho tan insoportables que el régimen de terror instaurado por el general Chamorro no podía durar. Habiendo resultado un fracaso miserable la presión moral, los liberales se alzaron en armas y cablegrafiaron al presidente Sacasa en Washington (en mayo de 1926) para que asumiera la presidencia y los condujera a la victoria. La primera tentativa fue infructuosa. El doctor Sacasa estaba totalmente impreparado y desprevenido de lo que había estado ocurriendo durante su ausencia, mientras pacientemente esperaba en Washington D. C. el efecto de la llamada presión moral que el gobierno americano parecía creer suficiente para resolver el problema, pero que despreciaba y ridiculizaba el general Chamorro en Managua. Un segundo alzamiento en agosto de 1926 encontró acogida sobre la Costa Atlántica de Nicaragua, y las fuerzas de Chamorro fueron desalojadas de allí con excepción de Bluefields, donde el gobierno americano estableció prontamente una zona neutral antes de que el Ejército Constitucionalista, que ocupó otros lugares, pudiera capturarla de manos de Chamorro. Todo el país, aunque mal equipado para la guerra en la zona del Pacífico, se sublevó contra Chamorro cuando se enteró del triunfo constitucionalista en la Costa Atlántica.

El general Chamorro, quien no podía continuar indefinidamente sin el reconocimiento del gobierno americano, llamó a consulta a su guía, filósofo y amigo Adolfo Díaz y un plan brillante, que fue probablemente incubado en Wall Street, fue presentado por Díaz como suyo propio. Chamorro renunciaría en favor de uno de sus amigos. Este socio, a su vez, renunciaría y entregaría la presidencia de Nicaragua a Adolfo Díaz quien, con la ayuda de los banqueros de Wall Street, estaría en capacidad de ejercer presión sobre el gobierno de Washington para recibir el reconocimiento en corto plazo. Y exactamente lo que se había proyectado, esclavizar de nuevo al pueblo nicaragüense, ocurrió de acuerdo con el plan. Chamorro renunció al gobierno de facto en el senador Sebastián Uriza. En el término de unos cuantos días, Uriza, después de amordazar al Congreso y la Corte Suprema para que no obstaculizaran dichos inicuos procedimientos ilegales, entregó la presidencia a Adolfo Díaz, el amigo íntimo y socio de confianza de los banqueros de Wall Street. El secretario Kellogg, quien debe haber seguido paso a paso este tortuoso proceso, recibió seguramente memoranda escritos y protestas participándole lo que se estaba haciendo en Nicaragua, cuyas fuentes de información debían ser mayores que las del ciudadano corriente —a pesar de las voluminosas pruebas que se le presentaron contra las inmoralidades de Díaz y Chamorro, y de sus aliados y amigos de Wall Street—, rápidamente reconoció a Adolfo Díaz como presidente legítimo de Nicaragua. Kellogg ha traicionado así la confianza e implícita fe que los ciudadanos nicaragüenses habían depositado en él, pero ha traicionado también la fe del pueblo americano, cuyo amor por la justicia y el juego limpio elevó una tormenta de protestas en los periódicos de los Estados Unidos durante varias semanas.

Entre tanto, los banqueros amigos de Adolfo Díaz no habían estado inactivos. Se habían esforzado particularmente por proteger lo que consideraban primero como sus propios intereses, sin olvidar los de su tierno protegido, Adolfo Díaz. Era natural que esperaran de él jugosos contratos, concesiones provechosamente productivas y otras añadiduras que les permitieran recortar cupones durante años a expensas del pueblo nicaragüense, al que consideran como siervo o esclavo. Por medio de marionetas que dichos banqueros, merced a largos años de práctica, son capaces de manipular sin atraer demasiada e inconveniente atención pública, consiguieron que el Departamento de Marina enviara seis acorazados, seis destructores, etc., a Nicaragua, y desembarcaran centenares de marines en Puerto Cabezas, Río Grande, Bluefields y varios otros puntos a lo largo de las Costas Atlántica y Pacífica, donde pudiera necesitárseles, a fin de proteger a su amigo y asociado Adolfo Díaz. Especialmente para intimidar con un despliegue de fuerza tremenda al Ejército Constitucionalista que había estado obteniendo victorias durante dos meses donde quiera se había encontrado con las fuerzas de Díaz.

Esos métodos, manifiestamente injustos, que virtualmente equivalen a una declaración de guerra contra el gobierno constitucionalista, no parecieron suficientemente efectivos desde que se decidió esta política de intimidación. En pocas semanas, a fin de obstaculizar a las fuerzas constitucionalistas, los marines se apoderaron por la fuerza en La Barra de dos millones de cartuchos y de setecientos rifles pertenecientes a las fuerzas constitucionalistas y arrojándolos directamente a Río Grande, con objeto de privar a los liberales nicaragüenses de su inestimable material de guerra y dejarlos a merced de las fuerzas de Díaz. Además, la marina de los Estados Unidos ha establecido un bloqueo del litoral atlántico (que está en poder de los liberales). Varios navíos de guerra continúan surcando de arriba abajo las costas de Nicaragua para impedir que armas provisionales y hasta medicinas para sus hospitales lleguen al Ejército Liberal. Los marines fueron más allá. El 23 de diciembre, un contingente de quinientos marines rodearon la casa donde el doctor Sacasa y su gabinete tenían su sede. Los desarmaron, no solo a él sino a todos los que estaban con el presidente, hasta a su guardia de honor ¡Y ordenaron al doctor Sacasa y a sus amigos salir de Puerto Cabezas en seis horas! Por supuesto que el doctor Sacasa se negó a obedecer tal orden que le había sido verbalmente dada por un representante del almirante Latimer. El oficial que hizo esta notificación fue el capitán Lewis, del crucero Cleveland, quien declaró que el almirante Latimer había recibido instrucciones del gobierno de Washington de expulsar al doctor Sacasa y a los constitucionalistas de Puerto Cabezas. Hecho muy significativo que debiera ser tomado en consideración es el de que siempre que un almirante, o cualquier oficial de las fuerzas navales de los Estados Unidos, hace o trata de hacer algo que es ilegal o injusto, como en el caso que se acaba de mencionar, puede declarar y así lo hace, verbalmente, que ha recibido órdenes del gobierno americano o del Departamento de Estado, pero invariablemente se niega a dar esas notificaciones por escrito cuando debiera hacerse y se haría en todo caso por los representantes diplomáticos del gobierno de los Estados Unidos, cuyos lugares se supone ocupan esos almirantes u oficiales de la marina. Nosotros que hemos tenido el privilegio de presenciar algunos de esos abusos, sinceramente creemos que los oficiales no recibieron instrucciones del gobierno de Washington. Tratan por medio del engaño, la coerción y la intimidación, de ayudar a Adolfo Díaz y sus amigos los banqueros de Wall Street, por sus propias razones, sumamente personalistas y nunca demasiado desinteresadas.

Capítulo IX

En el número de septiembre de 1927 de *Current History*, leí con sorpresa las líneas siguientes de un artículo firmado por William Jennings Price, ex ministro plenipotenciario de los Estados Unidos en Panamá, a quien *Current History* considera, aparentemente, una autoridad en asuntos nicaragüenses, desde que publicó un ensayo en el número de septiembre, dedicado exclusivamente a la América Latina.

Con referencia a la reciente lucha en Nicaragua, aparecen en las Actas del Congreso de la última sesión las siguientes observaciones tomadas del coronel Weitzel, ex-ministro americano en esa República: «quien se considere un verdadero demócrata, digno de ese nombre, pudiera permitirse quizás decir, en justicia a míster Bryan, que si el Senado hubiese aceptado su enmienda (añadiendo una cláusula como la Enmienda Platt) al Tratado del Canal de Nicaragua, el problema nicaragüense se hubiese resuelto sin derramamiento de sangre».

Veamos lo que dijo míster H. Ofilio Argüello en su carta del 20 de marzo de 1927 al Senador Burton K. Wheeler:

Puerto Cabezas, 20 de marzo de 1927

Honorable señor Burton K. Wheeler, etc.
El discurso brillante y magistral que usted pronunció en el Senado de los Estados Unidos el 26 de enero de 1927 en favor de la soberanía del pueblo de Nicaragua, ha sido traducido al español y pronto será reproducido en la prensa a todo lo largo y ancho de la América Latina.
Ha analizado usted la política, o mejor dicho, la falta de una política definida hacia la América Latina, con precisión inta-

chable, poniendo el dedo en la llaga como es preciso, acusando al Departamento de Estado y a los grupos bancarios de Nueva York como manipuladores y dirigentes de una política a conveniencia propia. sería interesante saber cuántos miembros del Departamento de Estado (División Latinoamericana) han sido, en un tiempo u otro, empleados por los sindicatos bancarios de Wall Street y cuántos anteriores subalternos del Departamento de Estado han quedado al cuidado de esas poderosas firmas de Wall Street después de haber cesado como útiles y dúctiles diplomáticos del dólar en Washington. Nadie que se haya mantenido al contado con los acontecimientos en América Latina en los últimos veinte años puede dudar que las firmas de banqueros de Wall Street y del Departamento de Estado en Washington no hayan trabajado en perfecta armonía con el objeto de obligar a los pueblos de América Central a aceptar el gobierno que las firmas de Wall Street decidieran que debiera imperar en cada uno de esos países dominados por ellos. [1]

¡Ahora me doy cuenta por qué el número de septiembre de *Current History*, que tenía varios estudios críticos de la situación nicaragüense, no incorporó una sola línea escrita por nicaragüense alguno; dejando la tarea de redactar esos ensayos casi íntegramente a antiguos empleados y dignatarios del gobierno americano y del Departamento de Estado! Esperemos que esta curiosa omisión de parte de la revista *Current History* no haya sido intencional porque, en este caso, pudiera haber sido interpretada en su detrimento, por parte de la opinión pública en toda América Latina.

Otra declaración que deseo hacer pública es la siguiente carta, que el señor H. Ofilio Argüello dirigió el 19 de febrero

1 (Reposa en mi poder la copia de esta carta, firmada por míster H. O. Argüello, que me fue entregada con el fin de hacerlas públicas.)

de 1927 desde Puerto Cabezas al *Baltimore Sun,* una fresca y vívida luz sobre la situación en Nicaragua:

... Si en el Departamento de Estado en Washington, el Secretario Kellogg y otros altos funcionarios realmente no conocen lo que la diplomacia del dólar significa para esos países latinoamericanos, a pesar de todas las agencias a disposición, por medio de las cuales se pueden recibir verdaderos informes, entonces lo menos lesivo que pudiéramos pensar de ellos es que son hombres absolutamente ignorantes, incapacitados para ocupar la alta posición que el pueblo americano les ha confiado, y terminamos por pensar que no serán aptos para dirigir con provecho ni siquiera una casa de abastos, ni una carnicería.

Si por otro lado partimos de la premisa opuesta y damos por sentado que en el Departamento de Estado están bien familiarizados con todas las humillaciones, todas las atrocidades que se han perpetrado contra nuestros indefensos países, en nombre de los Estados Unidos de América, y que no solo están enterados de ellas sino que las aprueban y en realidad las ordenan, entonces ustedes pueden sacar sus propias conclusiones.

¿Qué excusa posible ofrecería el Departamento de Estado por el reconocimiento apresurado, inconsulto, del notorio traidor Adolfo Díaz, quien había defraudado a Nicaragua en 1909 y contribuido a saquear el tesoro nicaragüense? ¿Quién, sino un imbécil, podría considerar la «elección» fraudulenta de este mismo Adolfo Díaz como la expresión de una mayoría del pueblo nicaragüense? ¿Por qué habría el Departamento de Estado de aceptar tan vigorosamente las afirmaciones de Díaz y tratar de obligar al pueblo nicaragüense a aceptarlo como presidente, cuando ese pueblo ha estado luchando, después de agotar todos los medios pacíficos, por restablecer la constitucionalidad en su país?

¿Cuál es el precio que Díaz ha pagado o prometido pagar por el apoyo incondicional que se le ha dado? ¿No parece extraño que el gobierno americano envíe destructores y acorazados a Nicaragua, a fin de sostener a Díaz, bombardeando y aniquilando todos los puertos de América Central en menos de dos días?

¿Puede alguien culpar a los nicaragüenses por sus sospechas de que el almirante al mando de todas esas fuerzas navales es simplemente un representante más directo de los intereses bancarios, que recibe instrucciones secretas de sus superiores en Wall Street? De cualquier manera, ¿qué clase de diplomático es un oficial naval al mando de treinta o cuarenta buques de guerra? ¿Dónde estudian diplomacia los oficiales navales y qué saben ellos de asuntos de Estado?

¿Puede un hombre que ha ordenado, o al menos ha tolerado, la incautación ilegal de dos millones de cartuchos y setecientos rifles pertenecientes a los constitucionalistas nicaragüenses, quienes se oponen a Díaz, y que hizo arrojar los pertrechos a Río Grande sin formalidad alguna de ninguna especie, ser considerado «diplomático» en algún sentido de la palabra?

¿Pudiera pensarse que podría calificarse de «árbitro» entre las dos partes contendoras en Nicaragua, después de cometer semejante hecho de vandalismo, que prácticamente equivale a un levantamiento de guerra? ¡Y más aún, el Departamento de Estado de Washington propone que este hombre «árbitro» decida como su representante en Nicaragua! ¿Puede considerarse algo más bestial?

Todas las acciones de las fuerzas navales de los Estados Unidos en aguas nicaragüenses en estos momentos no tienen otra explicación. Han sido enviadas con propósito expreso de mantener al traidor Díaz en la presidencia de Nicaragua, contra los deseos de la propia Nicaragua. Y si no lo aceptamos, se nos induce a creer que serán desembarcados los marines en número suficiente como para aplastar toda oposición a este plan.

Pero no he llegado todavía al final. El pueblo de Nicaragua ha sido pisoteado lo suficiente y preferiría desaparecer antes que seguir humillado. Todos, en Nicaragua, recelan que esta aparente calma no durará mucho. Wall Street y el Departamento de Estado simplemente esperan que el Congreso y el Senado entren en receso a comienzos de marzo y luego seguramente desatarán su venganza contra Nicaragua. Tratarán de enseñar a los nicaragüenses quién es su amo. Senadores y congresantes de los Estados Unidos tienen la costumbre demasiado impertinente de hacer preguntas acerca de asuntos que no les conciernen. Y lo peor de todo es que no se les puede hacer callar. Cuentan con inmunidad, no solo del Departamento de Estado, sino hasta del secretario Kellogg. Pero Wall Street es sabia y puede esperar. Tan pronto como el congreso levante sus sesiones ella dará el próximo paso. Y entonces, si la prensa de los Estados Unidos no sostiene la batalla y sigue atizando a la opinión pública, la pelea por la libertad de Nicaragua estará irreparablemente perdida y habrá comenzado para este infortunado país otro período de por lo menos veinticinco años de esclavitud política y económica.

A la postre, de aquí a dos o tres décadas, se hará una romántica justicia en lo que concierne a América Latina. El pueblo americano no guarda odio alguno hacia ninguno de los pueblos latinoamericanos. El gobierno americano, que debiera representar al pueblo americano (pero no lo hace), no tiene diferencias con América Latina. En realidad, los mejores intereses del pueblo y gobierno americanos exigen que la amistad, la buena voluntad y la reciprocidad se cultiven cuidadosamente, en aras de los inmensos mercados de América Latina. Pero las firmas bancarias de Wall Street, que controlan al gobierno americano actualmente, no quieren mirar hacia el futuro. Quieren ganancias inmediatas, exigen grandes utilidades, tienen que sacar dividendos completos cada tres meses de sus inversiones en toda

América Latina para satisfacer su avaricia, su codicia. ¿Qué diferencia puede haber para ellas si su política es a la larga improductiva? ¿Que se eliminen los mercados de América Latina para los Estados Unidos en el futuro cercano? ¿Quién se preocupa por los mercados mundiales, después de todo? ¿No es mejor sacar una buena tajada mientras se vive y disfrutar de ella mientras se puede, que preocuparse por los problemas políticos, económicos o militares que puedan presentarse después de que uno esté muerto y enterrado? Y es eso exactamente lo que ocurre en la actualidad en América Central y del Sur. ¡La diplomacia del dólar está matando la gallina de los huevos de oro! La diplomacia del dólar ha instigado, ayudado y alcahueteado a toda revolución, todo golpe de Estado, toda especie de traición en la América Latina durante los últimos veinticinco años. La diplomacia del dólar crea odios y animosidades para los Estados Unidos donde quiera que se aplica. La diplomacia del dólar ha hecho fortunas para unos cuantos individuos de firmas privadas y ha convertido a los representantes diplomáticos de los Estados Unidos en América Central en un atajo de rapaces que trabajan para su propio beneficio y que ofrecen y cometen sobornos donde quiera que les parece provechoso hacerlo. La diplomacia del dólar no es otra cosa que un inmenso sistema de rapiña y corrupción que puede degenerar en cáncer político y destruir eventualmente al cuerpo político americano que lo ha nutrido.

Una investigación honrada, cuidadosa y consciente del mal, puede todavía salvar a Nicaragua y a toda Latinoamérica de sus opresores, y a los Estados Unidos de la pérdida de un comercio valioso y quizás de algo peor en los años por venir. Pero esta investigación no puede demorarse. Si se emprende, tiene que ser de inmediato. ¡No hay tiempo que perder! La prensa honrada de los Estados Unidos hará todo lo posible, estoy seguro, por despertar a la opinión pública y exigir una próxima investigación.

Después de leer las cartas anteriores, empezamos a comprender por qué *Current History* omitió solicitar de escritores nicaragüenses que colaboraran en su número de septiembre. Todo contribuye a mostrar los errores que hasta algunos de los mejores periódicos y revistas de los Estados Unidos con frecuencia cometen, por no ser suficientemente cuidadosos en la selección de sus corresponsales en el exterior y especialmente en América Central. Más luz hay sobre este punto (no solo en lo referente a los corresponsales especiales a sueldo, sino también en lo que concierne a aceptar escritores ocasionales que envían una serie de artículos sobre Nicaragua a periódicos influyentes). Por ejemplo, el señor Toribio Tijerino, antiguo agente financiero de Nicaragua en Nueva York, en una colaboración para el *Herald Tribune* de Nueva York publicada el 29 de julio de 1927 dice:

Al *Herald Tribune* de Nueva York:

El despacho cablegráfico de míster Linton Wells desde Managua, Nicaragua (mi patria), publicado en su edición de hoy, revela claramente el punto de vista de los varios funcionarios americanos en Nicaragua, pagados por el gobierno nicaragüense pero nombrados por banqueros americanos, que han estado haciendo jugosas ganancias aprovechándose de los disturbios y revueltas de Nicaragua. La gente por quien míster Wells habla anda evidente en pos de más altos salarios y mayores ganancias. ¿Pero, y el pueblo nicaragüense? El despacho cablegráfico de míster Wells contiene varias exposiciones falsas de los hechos y en todas es fácil demostrar el error. Consideraré solamente las de mayor envergadura. Primero: si míster Wells acierta al declarar que el Departamento de Estado de los Estados Unidos no permitiría al señor Adolfo Díaz, quien ahora actúa como presidente de Nicaragua, a contraer ningún empréstito que haya de ser pagado por el pueblo nicaragüense, dicho Departamento se merece una medalla. Lo noble hubiera sido que el Departamento de Estado hubiese adoptado esa política antes del 21 de marzo de este año, ya que en esa fecha Díaz contrajo compromisos con ciertos intereses bancarios privados de esta ciudad, dándoles derechos de prioridad sobre cualquier empréstito contraído por Nicaragua durante un período de cinco años. En consecuencia, que los grupos banqueros se están disputando la oportunidad de transformar a Nicaragua en una Holanda o Suiza, es puro ¡Bluff! Los nicaragüenses no necesitamos ni deseamos generosidad tan especial. Puedo demostrar todas y cada una de mis afirmaciones.

¿Por qué no se nos deja resolver solos nuestros propios asuntos? Esta sería una buena política internacional y un rasgo humanitario. La salvación que nos imponen el cuerpo de infantería de marina y los banqueros de Nueva York nos cuesta a los nicaragüenses pérdida de miles de vidas, pérdida de propiedades, pérdida de soberanía, pérdida de independencia, y a los Estados Unidos pérdida de prestigio y buena voluntad en todo el mundo latinoamericano.

A fin de demostrar que las opiniones de los señores Argüello y Tijerino no son de carácter chovinista, citaré también unos cuantos párrafos de un discurso que el senador Burton K. Wheeler, de Montana, pronunció en Ford Hall, Boston, Massachussetts, el 6 de marzo de 1927:

... Permítaseme ser lo suficientemente claro. A todos los fines y propósitos, el señor Kellogg y el señor Coolidge están librando una guerra sorda contra el pueblo de la pequeña república de Nicaragua. ¿Cuál es la excusa que presentan?

Nuestro Departamento de Estado —echando a los perros el honor americano— reconoció a Adolfo Díaz como presidente de Nicaragua. Para hacerlo tuvo que violar el espíritu y la letra de un tratado que él había patrocinado. Tuvo que pasar por encima del espíritu y la carta de una Constitución que había apoyado. Tuvo que presentarse a toda suerte de trucos legales y de trapacerías políticas en la vana esperanza de hacer que la causa peor pareciera la mejor a ojos de la abrumadora mayoría del pueblo de Nicaragua, que con justicia desprecia al títere favorito de nuestro Departamento de Estado. Y luego, cuando no pudo salir avante con el burdo trato que se empeñó en imponer al pueblo de Nicaragua, comenzó a despachar buques de guerra, cientos de marines y bombarderos al país, para ejecutar este cobarde y deshonroso programa de trapacería y pretensión brutal.

¿Quién es este títere favorito de nuestro Departamento de Estado? Un viejo favorito. Un perfecto sello de goma. Un ideal «hombre Sí». No solo recibe órdenes del Departamento de Estado sin hacer preguntas sino que se les anticipa. Don Adolfo, sentado en el Palacio Presidencial de Managua, fácilmente pudiera ser confundido con el perrito de la victrola que escucha la voz de su amo.

Oigan esta abyecta expresión de Díaz:

Cualquiera que sea el medio escogido por el Departamento de Estado, encontrará la aprobación de mi confianza absoluta. Míster Coolidge evidentemente piensa que este es el lenguaje apropiado para el títere que ha colocado a la cabeza de un Estado soberano, pues lo cita con evidente satisfacción en su mensaje al congreso.

En su doble capacidad como agente de créditos y ángel guardián de ciertos banqueros de Nueva York, nuestro Departamento de

Estado ha venido utilizando una y otra vez a Díaz, desde que ayudó a fomentar la revolución en Nicaragua en 1909, que dio por resultado el derrocamiento del gobierno de Zelaya. Es uno de los dos hombres de servicio. El otro era Emiliano Chamorro. De los dos, Díaz es el instrumento más fácil de manejar. Ambos son revolucionarios profesionales, o lo que mejor quiera llamárseles, a la luz de los métodos utilizados por ciertos banqueros internacionales en sus sistemas ilegítimos para tratar con pequeños países latinoamericanos: ¡Banqueros-bandidos!

Hay una relación más íntima entre las actividades de negocios de ciertas casas banqueras de Nueva York y el bandidaje en esos pequeños países de lo que realmente puede apreciar alguien que nunca haya penetrado en sus actividades concomitantes.

Ni Díaz ni Chamorro conocen del honor público. Consideran la traición como un sistema de enriquecimiento perfectamente legítimo. No ven razón en contra por la cual, por el uso de la fuerza y del dinero extranjero, pueden entrar en capacidad de vender o no vender a su país. Si tuvieran cualquier escrúpulo al respecto, desde hace mucho tiempo estarían muertos. Han vendido y entregado no solo los recursos, sino también la libertad y el honor de su patria con tanta frecuencia, que para ellos se ha convertido en hábito cotidiano.

Sería injusto comparar a Judas Iscariote o a Benedict Arnold con esos traidores. Porque ni Judas ni Benedict eran glotones de traición. Solo desempeñaron el papel de traidores una sola vez, y uno de ellos rápidamente se arrepintió de su acto. Ni el uno ni el otro fueron traidores empedernidos. Pero la historia de Nicaragua demuestra que tanto Díaz como Chamorro son traidores sempiternos.

Ahora bien, no existe secreto alguno sobre todo esto. Es información corriente, no solo en Nicaragua y América Central sino en toda América Latina. La verdad acerca de sus pésimas características ha resplandecido en el exterior. Sería imposible, sin que se reflejara desastrosamente sobre su inteligencia, suponer que míster Kellogg o míster Coolidge actúan bajo engaño en cuanto a la incapacidad moral de Díaz para el cargo que le han designado, solo sostenido por el apoyo armado.

Si alguno de ustedes ha leído a Oliver Twist, habrá de recordar al viejo Fagin y su escuela de entrenamiento para ladrones juveniles. Bill Sikes y otros espíritus de su calaña utilizaban a los graduados en dicho sistema, introduciéndolos por ventanas demasiado pequeñas para que pasara un hombre. Era entonces labor del ladronzuelo abrir la puerta para que el ladronzuelo pudiera entrar y llevarse el botín. Esta es una buena ilustración de la útil función desempeñada por Díaz y sus amos. Es un pequeño nicaragüense ágil que ha sido introducido varias veces por la ventanilla de la presidencia para abrir la casa de Nicaragua a ciertos banqueros americanos y a su fiel servidor, nuestro Departamento de Estado. Actualmente se encuentra dando una mano en el robo de su país, de lo poco que queda de su substancia y de su soberanía.

Es fuente de la más profunda humillación para los americanos que comprenden lo que está ocurriendo bajo la bandera americana en Nicaragua —y será para todos los ciudadanos honorables cuando los hechos se hagan historia— que el gobierno de nuestra gran república esté a partir un piñón con este réprobo político en la traición y robo total a la pequeña República de Nicaragua.

La responsabilidad máxima por este crimen contra la libertad y el republicanismo y las virtudes morales, deben depositarse en el departamento ejecutivo de nuestro gobierno, en cuyas manos está comprometido un sentido especial del honor de nuestro país. Pero ningún ciudadano americano viviente, que permanezca silencioso mientras se perpetra esta flagrante indecencia, podrá escapar a cierta medida de responsabilidad.

Sería injusto de parte mía cerrar este capítulo sin mencionar que los objetivos patrióticos de los señores Argüello y Tijerino, así como los del senador Wheeler, han sido también tenazmente apoyados en cada oportunidad por la mayoría de la prensa honrada americana. Tomaré al azar el editorial del *Post Dispatch* de San Louis, del 15 de marzo de 1927, a fin de demostrar la veracidad de mi declaración. Dice así:

Si las protestas hechas por los Estados Unidos contuvieron a míster Coolidge y a míster Kellogg de imponer a Nicaragua un tratamiento diferente del tipo del que propuso el presidente de ese infeliz país, sería la única prueba de que la opinión pública ha tenido alguna utilidad en este desgraciado asunto. El país exigió que saliéramos de Nicaragua, pero nunca lo hicimos. Por el contrario, el gobierno continuó cerrando el puño sobre Nicaragua. Ha continuado esparciendo nuestras fuerzas armadas en Nicaragua como si esta política de imperialismo desnudo y desvergonzado nunca hubiera provocado ninguna protesta de la indignada opinión pública doméstica. Ha ocupado ahora todas las ciudades principales. Retiene el único ferrocarril del país. Ocupa con su artillería una altura que domina la capital nicaragüense. Ha convertido al país en un loco tablero de ajedrez político con zonas neutrales. Controla el aire con aviones e infesta las costas del país con cruceros, cañoneras y destructores.

Es así como salimos de Nicaragua.

En testimonio de Stokely Morgan, Jefe de la División Latinoamericana del Departamento de Estado, ante el Comité de Relaciones Exteriores del Senado, supimos lo que significa que nuestros marines controlen el ferrocarril Corinto-Managua. Admitió que las fuerzas de Díaz lo utilizaban para transportar tropas, armas y municiones. Señaló que a las fuerzas de Sacasa no se les permite utilizarlo para ninguno de esos fines.

—Entonces, ¿en cuál bando se agrupan ustedes? —preguntó el senador Reed, de Missouri.

—Establecemos considerable distinción entre el gobierno de Díaz y el llamado gobierno de Sacasa —contestó Morgan.

Entre tanto, Coolidge estaba asegurando a los Estados Unidos que no estábamos interviniendo en los asuntos internos de Nicaragua y el pasado sábado anunció que no nos proponíamos ejercer un protectorado sobre ese país. Si consultamos la secuencia de los acontecimientos, descubrimos que la administración estaba inmiscuyéndose flagrantemente en los asuntos internos de Nicaragua, mientras prometía a este país y al Congreso que no lo haría. ¿Y qué verdadera distinción puede establecerse entre las condiciones actuales y el ejercicio de un protectorado sobre Nicaragua? ¿Podría un protectorado ir más allá de llenar al país de fuerzas armadas, establecer un gobierno títere dependiente de nosotros para su protección, adueñarse de los bancos y el ferrocarril y negar al pueblo de Nicaragua el derecho no solo de gobernarse, sino también de sublevarse? ¿Hizo algún protectorado algo más que explotar a un país en el presente e hipotecar su incierto futuro? Es con el total desprecio de la opinión pública en los Estados Unidos que esa administración continúa su pavorosa política en Nicaragua. Es como si contestara a cada protesta contra sus actos enviando más tropas al lugar de los acontecimientos. Ciertamente, nunca ha habido en la historia de los Estados Unidos un tiempo igual, en que el gobierno haya actuado a espaldas del pueblo. Seguramente nunca hubo otro momento en que nos preocupara tan poco lo que otras naciones pudieran pensar de nosotros.

Nuestro sentido innato de lo que es justo y decente muchas veces ha sido infringido, pero nunca antes ha sido tan implacablemente ignorado como lo burlan los señores Coolidge y Kellogg en sus tratados con Nicaragua. Han violado todas las promesas de amistad hechas a los pueblos latinoamericanos. Han actuado contra lo que el país considera la parte de sapiencia de los Estados Unidos. Han despertado contra nosotros las protestas no solo de América Latina, sino de Europa y Asia. Todos nos califican como el imperio más despiadado del mundo.

Consultemos los antecedentes y veamos con qué minuciosidad ha sido explorada la opinión pública en este asunto.

Díaz tomó el poder el 14 de noviembre de 1926. Tres días más tarde su gobierno fue reconocido por los Estados Unidos. Kellogg informó que el Departamento de Estado estaba complacido de que se hubiera encontrado tal solución para el problema nicaragüense. Solo un día después de su anuncio de que se había hallado tal solución, Díaz pidió al gobierno americano que protegiera las vidas y propiedades americanas. El 8 de diciembre, el departamento de la marina anunció que cinco buques de guerra americanos habían sido enviados a la costa oriental de Nicaragua. El 18 de diciembre, Díaz sembró el escándalo en todo el Caribe anunciando que había aceptado la presidencia de Nicaragua con la esperanza de que los Estados Unidos lo ayudarían. Fue bastante franco al reconocer que sin los Estados Unidos caería su gobierno. La administración luego reconoció virtualmente su connivencia estableciendo en Nicaragua un gobierno marioneta, sin ningún apoyo público. Desembarcó a los marines en Nicaragua, y el almirante Latimer señaló las primeras zonas neutrales. Habiendo expulsado a las tropas liberales de esta región, informó que tenía la situación bien dominada.

El 28 de diciembre, el portavoz oficial afirmó que el gobierno americano no estaba metiendo la mano en Nicaragua, en ningún sentido. No obstante, se despacharon hacia allá otros dos destructores el 31 de diciembre. Para entonces, las protestas en los Estados Unidos se habían tornado tan vociferantes que el portavoz consideró necesario justificarse. Trató de hacerlo anunciando que las tropas americanas en Nicaragua estaban allí para proteger nuestro derecho a construir el canal. El 5 de enero se levantó el embargo sobre los embarques de armas a Nicaragua explicándose, por despachos de Washington, que el propósito de ello era impedir que el gobierno de Díaz fuera derrocado. Al día siguiente, seis buques de guerra más y seiscientos marines adicionales recibieron órdenes de ir a Nicaragua.

Cuatro días más tarde, el tumulto y gritería en los Estados Unidos se habían hecho tan grandes que Coolidge se dirigió al Congreso. Presentó diversas razones sobre la intervención. Entre otras estaban el contrabando de armas desde México dijo: «Estoy seguro de que no es el deseo de los Estados Unidos intervenir en los asuntos internos de Nicaragua». No obstante, el 14 de enero el octavo buque de guerra americano llegó a aguas nicaragüenses y desembarcó más marines. Hubo amplia indignación porque decíamos una cosa y hacíamos otra. Así, el 20 de enero Coolidge dio otra seguridad: «Lo que menos pensamos es en el deseo de influir o dictar de alguna manera los asuntos internos de Nicaragua». Aseguró que los asuntos estaban mejorando. «Me ha complacido ver que se han dado pasos influyentes para la eliminación del descontento.»

Once días más tarde, cuatrocientos marines fueron desembarcados en Corinto. El 15 de febrero se despacharon seis aeroplanos y cien marines más a Nicaragua. Dos días más tarde se supo la llegada de mil seiscientos marines. El 18 de febrero, el presidente Coolidge hizo saber que se estaban enviando marines a Nicaragua debido a las alarmantes noticias de que por tierra y mar se estaban despachando armas a los liberales. Negó de nuevo que el gobierno americano estuviese metiendo la mano.

El 20 de febrero, mil seiscientos marines más fueron desembarcados en Corinto, «para dar protección a las fuerzas del gobierno de Díaz de las tropas del gobierno de Sacasa». El 21 de febrero se anunció que se ampliaba la neutralización del territorio nicaragüense. El departamento de Estado anunció que novecientos noventa y seis hombres, de las fuerzas navales americanas, habían ocupado tres ciudades a lo largo del ferrocarril Corinto-Managua. Esto elevó a ocho el número de ciudades neutralizadas. Solo dos de alguna importancia seguían desocupadas por fuerzas americanas.

El 22 de febrero, Díaz pidió a Washington un nuevo tratado con Nicaragua. Las condiciones, según fueron posteriormente publicadas, establecerían virtualmente un protectorado americano durante cien años sobre ese país. Díaz propuso entregar físicamente Nicaragua a los Estados Unidos. Pero el 12 de marzo Coolidge hizo saber que esto era ir más allá de lo que se proponía nuestra política nicaragüense.

El 24 de febrero, los marines izaron la bandera americana sobre la fortaleza que domina la ciudad capital de Managua. El almirante Latimer informó en esa misma fecha que sus hombres estaban custodiando puntos adicionales a lo largo del ferrocarril, incluyendo a Corinto, La Paz, Quezalguage y Chichigalpa. El 1.º de marzo se anunció que seis aeroplanos americanos habían llegado con sus tripulaciones a Managua, y que serían utilizados para explotación y mantenimiento de comunicaciones. El 5 de marzo, mil seiscientos marines llegaron a Nicaragua en el transporte Henderson. El 8 de marzo, setecientos cincuenta marines y cuarenta oficiales del Henderson arribaron a Managua.

Es así como no en Nicaragua.

Nada de lo dicho en el Senado, ninguna opinión expresada en la prensa, surtieron el menor efecto. Habíamos ocupado tan completamente el país que el crucero británico Colombo, que el 24 de febrero había ido a Nicaragua como refugio para los súbditos británicos, zarpó el 5 de marzo. Ninguna de las seguridades de míster Coolidge, de que no intervendríamos en los asuntos internos de Nicaragua, ha tenido vigencia en la continua secuencia de acontecimientos. Ninguna protesta surgió contra la toma de bandos, sobre la cual tantas veces protestó. Coolidge dijo una vez: «El negocio de los Estados Unidos es un gran negocio». Lo ocurrido en Nicaragua lo demuestra. Pero no ha demostrado aún la menor consideración por nada. Los derechos del pueblo de Nicaragua han sido dejados de lado tanto completamente como lo ha sido la opinión pública en los Estados Unidos. Ha sido un triunfo completo para el imperialismo. Una demostración sin paralelos de la filosofía de ¡Vaya el público al diablo!

Que hemos sembrado dientes de dragón y que a su debido tiempo cosecharemos un huracán es obvio para todo el mundo, menos para Coolidge y sus miopes consejeros. Que *El Comercio*, hasta con América Latina, está descendiendo, no rebate nada su propósito siniestro. Parecen querer convertir a Nicaragua en un ensayo. Los seiscientos mil habitantes de ese país están de sobra. El punto es que necesitamos a Nicaragua en nuestro negocio. Necesitamos su ruta del canal, su caoba, su caucho, sus ingresos. Para ese fin, necesitamos allí a nuestro Maximiliano. Aparentemente, el pueblo americano ha cometido un grave error al creer que las protestas de la conciencia aminoran los consejos de la Administración Coolidge. La historia de Nicaragua lo comprueba. Podemos considerarnos mejores o más piadosos, pero en verdad no lo somos. Están allí los transportes, los buques de guerra, los marines, los trenes con tropas, los aeroplanos y la bandera de las franjas con estrellas. Todo da fe del terror del Imperio. ¡No se ha retirado un hombre ni una nave...!

Voy a terminar este capítulo con el siguiente artículo corto copiado del *World* de Nueva York, que lo reprodujo del *New Leader* socialista:

... El actual infortunio de Nicaragua está preñado de inmensos peligros para los países del sur así como para las masas americanas. Constituye el episodio más infamante en la historia americana. Comenzando con la declaración de que Washington no tenía ninguna intención de intervenir en Nicaragua, la política americana ha pasado de las amenazas a la ocupación vergonzosa del país con tropas y aviones de bombardeo. Nuestras fuerzas apoyan abiertamente a Díaz, un aventurero que en varias ocasiones, en los últimos veinte años, ha servido como vasallo de los intereses americanos.

Esta política ha culminado en lo que prácticamente es un ultimátum a las fuerzas liberales. Henry L. Stimson, agente especial del presidente Coolidge en Nicaragua, declara en su ultimátum que «las fuerzas americanas desarmarán por la fuerza a quienes no lo hagan». Así, a los liberales se les obliga a rendirse frente a los rifles y aviones de bombardeo americanos. Se ordenó a ochocientos marines más que estuvieran listos.

Ningún Estado despótico en la historia de la humanidad ha enseñado más abiertamente el puño cerrado, y esto se presenta unos cuantos días después de que Coolidge hizo su santurrona alocución respecto a los celestiales propósitos de los Estados Unidos en los países latinoamericanos. Hay más en esta política que la instalación de un maniquí americano con nuestras bayonetas en Nicaragua. Coolidge y sus apologistas han afirmado ya la ética servil de que la prensa americana no debiera criticar la política exterior americana. Una repetición de este consejo en los años próximos pudiera fácilmente conducir a una legislación que amordazara a la prensa para que cualquier advenedizo imperial en Washington pudiera sacar del correo los periódicos y encarcelar a redactores y ciudadanos.

Algo debemos recordar. El gobierno americano no puede ser un déspota en el exterior sin convertirse en un déspota en casa. El despotismo no puede soportar las críticas. Siempre exige obediencia y Coolidge ya se ha hecho sentir. Todo lo que falta es la Legislación Federal para encajar en la realidad del puño cerrado americano en el Caribe, América Central y del Sur. Una vez que nos haya convertido a todos en reclutas intelectuales del imperialismo americano, lo burocracia tendrá un excelente maquinaria para lanzarla contra los sindicatos y sus luchas, para llenar a la nación de espías e informadores de tiempo de paz, para castigar a todos quienes disientan de una voluntad imperial que representa a banqueros, especuladores y demás gángsteres dedicados a despojar a los pueblos inermes al otro lado de la frontera.

Este es un peligro que afrontamos en los Estados Unidos. El capitalismo americano tiene todos los peligros del cesarismo, domésticamente y en el exterior, aplastando a la gente trabajadora de este país bajo el talón de hierro, tan despiadado como el de cualquier conquistador militar.

Puede declararse sin riesgo que el senador William E. Borah, de Idaho, habló por muchos americanos, aparte de sí mismo, cuando se dirigió al congreso judío reunido en Washington el 20 de febrero de 1927. Según la información del *Times* de Nueva York (21 de febrero), el senador Borah dijo en relación con América Latina:

Nuestra política no debiera descansar únicamente en el petróleo y la caoba, ni depender para su ejecución de buques de guerra y marines. Hay una fuerza infinitamente mayor y una influencia más decisiva para elaborar las adecuadas relaciones entre este país y los países latinoamericanos. Debiéramos llamar de Nicaragua a nuestros marines. Afirmo aquí esta noche, sin temor a contradicción, que no hay más peligro para los ciudadanos americanos en la zona ocupada por Sacasa del que existe en la región controlada por Díaz. La verdad es que el gran problema en los asuntos internacionales en estos momentos es el que se deriva de las relaciones entre las naciones fuertes y las pequeñas y débiles naciones. China, Siria, Nicaragua, México, presentan todas ellas el mismo problema y revelan la misma política siniestra. ¿Cómo deberán protegerse y mantenerse los derechos de las naciones pequeñas?

¿Ha de despojarse de su riqueza natural a las naciones pequeñas o a los pueblos impotentes, estableciéndose o derrumbándose sus gobiernos, negándoseles su *modus vivendi*, todo en nombre de proteger su vida y propiedades? ¿O vamos a adoptar los métodos y los medios de ajustar las controversias, que inevitablemente surgirán, para que aseguren el arreglo con base en la justicia o en la fuerza?

¡Debiera considerarse como un crimen defender por la fuerza y con marines americanos un título o una reclamación de propiedad que no pueda soportar la inspección de un árbitro! No creo, además, que cuando se nos llama a proteger la propiedad de nuestros ciudadanos estemos en libertad de irrespetarlo todo, excepto nuestros claros derechos técnicos, ni que se nos permita no considerar nada, salvo el frío valor de nuestras reclamaciones. Los valores de la propiedad no son todo lo que está involucrado en tales controversias ni bajo circunstancias tales. Estamos obligados por el honor nacional, y como una regla de ética y decencia, a dar su debido peso a los derechos, la libertad, la independencia y el bienestar social y moral del pueblo en cuyo país está ubicada tal propiedad, o al que se nos pide invadir. Estamos obligados a respetar su política, su derecho a modificar o cambiar esa política y a emprender lo que ese pueblo crea esté en el interés de la nación en conjunto. La teoría estrecha, sórdida, de que tenemos que recibir dólar por dólar, ojo por ojo y diente por diente, nunca puede hacerse realidad en el derecho de toda nación a decidir por sí misma qué es para ello lo acertado y mejor.

Justicia social es todo lo que cualquier nación puede pedir bajo tales circunstancias. Debiéramos hacer tratos de justicia en tales controversias, y la justicia en tales asuntos afecta los derechos e intereses del pueblo con quien pactamos, así como nuestros propios intereses nacionales. Nuestro país podría, en su largo camino, captarse el respeto y la confianza cosechando tanta riqueza moral y material como la que ha logrado ganar a través de la explotación y la fuerza. La Guerra Mundial no sirvió para mucho si nosotros consideramos solo especiales reglas y prácticas en el entendimiento de los asuntos internacionales. Aunque sin equivocarnos, algo se hizo cuando se consideran los puntos de vista y opiniones de la gran masa popular.

Se llega a la conclusión, después de todo, de que las relaciones internacionales deben ser mantenidas bajo los mismos principios de honor y decencia que privan en las relaciones individuales.

Capítulo X

Antes de seguir adelante, quiero dejar perfectamente claro de que este libro no es para defender a mis amigos contra mis enemigos, ni para levantar a un partido contra otro. No soy un agitador sino un historiador. Tampoco pretendo ser infalible; por el contrario, creo que esta obra pudiera contener muchos errores. Sin embargo, deseo manifestar que no estoy cometiendo faltas intencionales y que estoy listo para excusarme de antemano ante cualquiera que hubiese juzgado mal. Lo que pretendo con todo esto es dejar un juicio verídico e imparcial —tanto como pueda— sobre las impresiones recogidas durante mis recientes búsquedas en Centroamérica.

En la primavera de 1927, la prensa americana informó al público cómo el emisario del presidente Coolidge, el señor Henry Stimson, llegó a un acuerdo con cierto general Moncada a fin de desarmar a las fuerzas constitucionalistas. Es ya la hora de presentar a Moncada, pero debe ser visto en perspectiva contra sus antecedentes. Y ese trasfondo es la lucha patriótica de sus compatriotas que él supo aprovechar para su propio beneficio.

Después del fallecimiento de Diego Manuel Chamorro, que fue el cuarto presidente títere de la diplomacia del dólar, asumió la presidencia el vicepresidente Bartolomé Martínez. Pertenecía a lo que pudiera ser llamado la extrema derecha del Partido Conservador, que siempre se mantuvo dentro del orden y la ley, aun durante la dictadura de Díaz y Chamorro. Es un error pensar que si el 25 %, o quizás menos de los nicaragüenses conservadores, jefaturados por el gang Díaz-Chamorro y apoyados por Wall Street, llegaron a aterrorizar a Nicaragua durante los pasados diecisiete años, todos los conservadores sean unos bandidos... Muy lejos de esto.

Hay patriotas tan honestos, disciplinados y respetuosos de la ley en el Partido Conservador de Nicaragua, como los hay entre los constitucionalistas. Esos elementos han sido sin embargo inhabilitados por la camarilla Díaz-Chamorro que, como dije antes, representa solo un pequeño porcentaje del partido. Si no hubiera sido porque Díaz-Chamorro y compañía siempre respaldados por la diplomacia del dólar, nunca hubieran mantenido para sí todos los ministerios y altos cargos, ni hubiesen monopolizado el término partido conservador para beneficio de la pequeña camarilla derivada de la vieja escuela de políticos y gánsteres.

A fin de comprobar esto, solo tengo que mencionar al conservador general Luis Mena, quien se rebeló durante la revolución popular contra la camarilla Díaz-Chamorro. Mena fue apoyado tanto por los conservadores como por los constitucionalistas y hasta combatió contra miles de soldados americanos, quienes fueron arrastrados a Nicaragua por la diplomacia del dólar, para salvar al realmente no existente régimen de Adolfo Díaz de su destrucción total. Si Mena y su colega Zeledón, en vez de hacer uso de la guerra, ensayando a librar batallas, hubiesen iniciado guerrillas en gran escala en el interior de la República (similares a la campaña del general Parajón durante la reciente revolución) el resultado de esta lucha hubiese sido muy diferente. La diplomacia del dólar no hubiese estado dispuesta a soportar la amarga crítica que prolongó la guerra de guerrillas que milagrosamente no bloqueó a los Estados Unidos y parte del exterior.

Don Bartolo, como era conocido popularmente el presidente Martínez, era realmente el típico representante de la masa del Partido Conservador que planteó la independencia económica y política de Nicaragua. En menos de un año, logró liberar a Nicaragua de las cadenas financistas que la diplomacia del dólar logró imponer a este desgraciado país, por trece años consecutivos, con la ayuda de la intervención armada americana. También logró, apoyándose en la Federación del Trabajo nicaragüense, retirar de Managua la Guardia de la Legación Americana. Y como buen patriota, estaba ansioso de dejar su mando en un gobierno de coalición igualmente representado por constitucionalistas y conservadores. Entiendo que el más fuerte candidato presidencial de los conservadores que tenía en mientes fue reemplazado, a través de extrañas influencias, por otro conservador, don Carlos Solórzano. No era don Carlos, a despecho de sus buenas intenciones, el hombre suficientemente fuerte y hábil para mantener a raya tan responsable posición. Tampoco era el doctor Sacasa, que por razones ya estipuladas en el Capítulo VIII fue electo a través del apoyo oficial de don Bartolo Martínez, una buena selección como vicepresidente, así fuera un constitucionalista.

Uno de los más prominentes miembros de la pestilente camarilla Estrada-Díaz-Chamorro, especialmente durante los años 1910 y 1911, fue José María Moncada. El doctor Sacasa siguió los trajinados métodos de la vieja escuela de los políticos de todas partes cuando nombró a Moncada secretario de Guerra en el invierno de 1926, a fin de darle como viejo concurrente la *priori*dad sobre el general Luis Beltrán Sandoval.

Beltrán Sandoval era el real Comandante en Jefe de las fuerzas constitucionalistas que operaban en la Costa Atlántica, porque fue el primero que se levantó en armas en Bluefields, el 2 de mayo de 1926, contra el falso gobierno de Chamorro y pidió un empréstito, a través del Comité Constitucionalista y del Banco Nacional de Nicaragua, de $150.000 a $200.000, a fin de adquirir el necesario armamento para la revolución. Fue Beltrán Sandoval quien libró la victoriosa batalla de Laguna de Perlas e inmediatamente después las fuerzas constitucionalistas victoriosas cruzaron el país por la Costa Pacífica.

Para juzgar su resumen, escrito sobre la reciente revolución constitucionalista y que fue publicado en *La Noticia* de Managua, el 11 de junio de 1927, el cual Moncada no se atrevió a refutar, Beltrán Sandoval no reconoció nunca la pretendida superioridad de Moncada como Comandante en Jefe, como tampoco lo reconociera el resto de los oficiales superiores del ejército constitucionalista, por lo que el comandante fue igualmente dividido entre Beltrán Sandoval y Moncada. El siguiente informe del general Parajón, publicado en *La Noticia* de Managua, el 8 de junio de 1927, decía lo siguiente: «En esta mañana nos hemos unido al ejército constitucionalista. Desde este mismo momento me pongo bajo el comando, yo y mis hombres, de los generales Moncada y Beltrán Sandoval, los dos Jefes del ejército de Sacasa». Moncada, sin embargo, no fue nunca comandante en jefe del Ejército Constitucionalista. Y no hubiese estado listo para la conversación secreta o la firma de convenios con el representante especial del presidente Coolidge, míster Stimson (por cuyo medio traicionó la causa constitucionalista) si no hubiese sido nombrado secretario de Guerra, con plenos poderes, por el doctor Sacasa.

Por mucho que él trató de explicar después las cosas a Sandino, Beltrán Sandoval y Parajón, no cambió el hecho de que Sacasa habilitó a Moncada, o por lo menos lo ayudó, consciente o inconscientemente, a tomar sobre sus hombros esa tarea, aparentemente por miedo a que el nuevo hombre, Beltrán Sandoval, pudiera tomar el control total del Ejército Constitucionalista. La proclamación del general Augusto César Sandino, que fue publicada en *El Comercio* de Managua, el 8 de junio de 1927, explica minuciosamente este punto. Todo el mundo en Nicaragua lo sabe. Por otra parte, es verdaderamente insólito ver como se atrevió el doctor Sacasa a nombrar a Moncada, secretario de guerra, conociendo como sabía que Moncada era un renegado del conservatismo que había estado combatiendo sin compasión desde 1888 hasta 1920, la Causa del Liberalismo Nicaragüense, cada vez que podía. A lo mejor le temía. La extravagante carrera de este hombre desde que entró a la vida pública con detrimento de su propio país, contiene interesantes detalles para un psicólogo.

Desde 1888 hasta 1892 Moncada estuvo en Granada, escribiendo en un diario local a favor del Partido Clerical Conservador al que se afilió. En 1893 participó en la revolución conservadora que derrocó al presidente de aquel tiempo, cuyo apellido, como cosa curiosa era también Sacasa: Roberto Sacasa. En 1894 Moncada pidió al presidente liberal Zelaya que lo nombrara diputado por el distrito Masatepe, donde nació. Pero el astuto Zelaya, que conocía a Moncada como realmente era, rehusó hacerlo. De allí que Moncada se fuese disgustado a Costa Rica. Retornó en 1897 buscando la protección de Manuel Coronel Matus, quien lo ayudó a escribir el panfleto llamado *El Porvenir*, valiéndose de la Imprenta Nacional de Nicaragua. Poco después de esto, Moncada emigró de nuevo y vivió por algún tiempo en Honduras. En 1906 tomó parte en el régimen conservador de Manuel Bonilla, en Honduras, como su secretario Asistente de Estado y, cuando Nicaragua combatió contra Honduras, permaneció en este país oponiéndose a Nicaragua, su país de origen. Después fue a El Salvador y luego a Guatemala, donde se hizo amigo íntimo del dictador Estrada Cabrera.

En 1909 Moncada, habiendo retornado a Nicaragua, participó en la revolución conservadora contra Zelaya. En agosto de aquel mismo año amenazó a la ciudad de Granada desde la cabeza de la fuerza conservadora, e inmediatamente después de esto fundó un periódico donde imprimió violentos ataques contra el derrocado Partido Liberal. En 1910 obtuvo el cargo de secretario Asistente de Guerra en el Gabinete conservador de Estrada. En 1911 ascendió a secretario de Estado en dicho mismo gabinete y gobierno, que incluía a Adolfo Díaz. En abril de 1911, con Estrada, trató de hacer preso al Ministro de Guerra, general Luis Mena, a quien tanto temían. Fallaron en su intento y fueron encarcelados y deportados. En 1912, durante la Revolución Popular contra Adolfo Díaz, Moncada permaneció en Nueva York recibiendo un salario de Adolfo Díaz por sus útiles maniobras y su tan distinguido exilio de semejante calibre.

En pocas palabras, su último colega y pagador en esta fecha fue el mismo Díaz, quien ha pretendido combatir a muerte durante la reciente revolución. En 1920, Moncada finalmente obligó al Partido Conservador a unirse a los constitucionalistas, ya que comprendió que su vieja camarilla de la diplomacia del dólar, Estrada-Adolfo-Díaz-Chamorro, no querían tratos con él. Porque Moncada, en realidad, ha estado usando la Causa Constitucionalista como un medio para volverse presidente. Parece que pensó que si usaba de suficiente fuerza, la diplomacia del dólar por fin se fijaría en él para la presidencia de Nicaragua. Tras esta ambición, estaba listo a competir en bajezas e infamias con el mismo Adolfo Díaz —un personaje tan vil como ninguno.

La verdadera razón, por lo tanto, del porqué los constitucionalistas o gobierno de Coalición, integrado por el Partido Liberal y la mayoría de los conservadores, fuera despiadadamente traicionado y sacrificado, no tiene otro motivo sino de que el doctor Sacasa no era el hombre para sostenerse en la posición del vicepresidente de la República. Como dije antes, Sacasa fue impuesto al país solo por los medios de apoyo oficial del ex presidente Bartolo Martínez en 1924.

Esta desgracia que constituyó un tremendo golpe para el Partido Constitucionalista (porque enceguec ió tanto a Sacasa como a Moncada a través de un desviado acto de disciplina), por fin abrió los ojos al hecho de que Nicaragua lo que realmente necesita es liberarse del sistema de sus políticos (tanto conservadores como constitucionalistas de la desmoronada vieja escuela a lo Estrada-Díaz-Chamorro-Moncada-Sacasa, etc.), quienes han encaminado a Nicaragua, ahora y siempre, a través de la voracidad o la imbecilidad, a los brazos de la diplomacia del dólar. Ellos son los responsables del derramamiento de sangre de miles de nicaragüenses solo por el placer de satisfacer sus propias ambiciones, quienes se han pasado el poder de mano en mano durante los últimos diecisiete años, solo por el temor de que pueda caer entre hombres nuevos como Sandino, Castro-Wasmer, Alemán Bolaños, Ramón Romero y Beltrán Sandoval o, lo que es lo mismo, en las manos de verdaderos patriotas y portadores de la bandera de los ideales nacionales modernos.

Sin embargo, la causa de que el derecho ha sido sacrificado una vez más en Nicaragua, a través de Moncada durante la pasada revolución, no implica que los magnánimos esfuerzos del pueblo americano, la prensa americana y argumentos también americanos, que de cuando en cuando se levantan en defensa de la infeliz Nicaragua, hayan sido en vano. Por el contrario. Han realizado más de lo que una triunfante revolución hubiera hecho, porque le han abierto los ojos al pueblo nicaragüense para descubrir su verdadera ruta y sus verdaderos líderes políticos y militares, los nuevos hombres de la moderna Nicaragua, plenos de altruistas propósitos e ideales.

Mientras el doctor Sacasa permaneció en Washington un mes tras otro, pidiendo humildemente el favor de la Administración Coolidge, que lo lisonjeaba lindamente (Sacasa bien lo sabía) al prometerle ejercer presión moral sobre Chamorro, algo extraordinario sucedió. Los constitucionalistas nicaragüenses, cansados al fin de la política plañidera de Sacasa, tomaron la ley en sus manos y, encabezados por el general Luis Beltrán Sandoval, se levantaron en armas el 2 de mayo de 1926 y tomaron posesión de la importante ciudad de Bluefields sobre la Costa Atlántica. En aquel memorable día, un domingo, el pueblo asaltó el cuartel y lo tomó. El gobernador del distrito, quien había sojuzgado al pueblo de Bluefields por largo tiempo, se salvó de ser ejecutado gracias a la oportuna llegada del general M. Hoggon, quien lo confinó al Sanatorio del doctor Nelson.

El general Luis Beltrán Sandoval, héroe del día, fue nombrado comandante de las fuerzas militares, y Fernando Larios, gobernador del distrito. Pero el oficial de comando en Bluff, fortaleza situada en el punto límite de la península opuesta a Bluefields, tomó pronto medidas para recapturar la ciudad. Trescientos hombres, tres cañones y demás batería de campaña con varios acorazados, incluyendo el remolcador Persistente y el Nokomis, lo pusieron en comisión para librar un contraataque.

Lamentablemente para él, esta combinación no resultó. Tanto el Nokomis como el Persistente se atracaron en los bancos de pantano de la bahía y fueron ametrallados por las balas de los constitucionalistas estacionados en las barracas y en Hansack Point. El oficial fue muerto durante el ataque. Así, Chamorro perdió a Bluefields, al menos por cierto tiempo. Aquel mismo día, Sacasa fue proclamado presidente de Nicaragua y el Comité Constitucionalista pidió prestado una gran suma al Banco Nacional de Nicaragua para comprar material de guerra. De este dinero se le giraron diecisiete mil dólares al doctor Sacasa en Washington. El 6 de mayo, el U. S. S. Cleveland, comandado por el capitán John

D. Wainright, llegó a Bluefields y la declaró zona neutral. Un destacamento de marines, a las órdenes del capitán Spencer Lewis, tomó sus cuarteles en el Moravian Sunday School Hall, que sirvió para el mismo propósito en 1910.

Simultáneamente con el golpe en Bluefields hubo un levantamiento en Rama, con éxito grandioso. El distrito de Río Grande fue tomado por los constitucionalistas sin mucha oposición, excepto en La Cruz donde las tropas de Chamorro ofrecieron resistencia. Los militares sobre la Costa Atlántica estaban comandados por Carlos Pasas, Daniel Mena y Heriberto Correa. La isla de Corn, Puerto Cabezas y Laguna de Perlas, prácticamente todo el oriente de Nicaragua, reconocieron el restablecimiento del Gobierno Constitucionalista. Debido a que las fuerzas constitucionalistas no tenían preparación alguna para el combate, el 90 % de ellos estaban armados de pistolas y cuchillos de cacería, por lo que esta revolución fue apodada la Revolución Machete. Pasas, Mena y Correa inmediatamente marcharon con algunos refuerzos al distrito de Bluefields, a fin de salvar la estratégica ciudad Rama, a orillas del río, que es la llave conectada con el interior de Bluefields. Rama fue seriamente amenazada por las tropas de Chamorro que fueron inmediatamente barridas hacia la Costa Atlántida a la caída de Bluefields. Pero la falta de un equipo apropiado hizo imposible el triunfo a Beltrán Sandoval y sus seguidores, que no pudieron mantener indefinidamente el fuego. Así que desbandaron sus fuerzas el 27 de mayo y se retiraron en busca de refuerzos que les permitieran empezar de nuevo y lograr el deseado final.

Días después del colapso de la Revolución Machete, el remolcador Barranca llegó por fin de Nueva Orleans a Bluefields con mil doscientos rifles, quinientos cinturones de municiones y cincuenta ametralladoras Thompson destinados a los constitucionalistas. Estaban comandados por Horacio Zelaya y ocho hombres. No sabían aún que la revolución constitucionalista había dejado de ser, a lo menos por un tiempo. Sin embargo no perdieron la cabeza, porque cuando se vieron rodeados por un conjunto de gasolineras[2] que pedían su rendición, se fueron a todo vapor y cada uno posesionado de una ametralladora pudieron cortar el anillo de acero y escapar a Guatemala donde escondieron su armamento en las inmediaciones de Puerto Barrios.

A pesar de la insignificante fogata levantada por la Revolución Machete, temporalmente por lo menos, las chispas resplandecieron bajo las cenizas. Los fondos que Beltrán Sandoval y el Gobierno Constitucionalista pidieron prestados en Bluefields del Banco Nacional de Nicaragua fueron sabiamente gastados en la compra de vapores, armas y municiones que los habilitaron a recomenzar el fuego cuatro meses después, cuando el segundo atentado se dio en la Costa Pacífica.

A los dos días del colapso de la Revolución Machete, el doctor Sacasa abandonó a Washington D. C. y, después de una semana en la capital de México, llegó a Guatemala a principios de junio. Su primer paso fue cometer la increíble locura de descubrir el plan propuesto por la nueva revolución en carta que envió a Nicaragua sin las necesarias precauciones. La carta cayó naturalmente en las manos de Chamorro quien organizó inmediatamente una rueda de prensa radiada. En aquella carta señalaba Sacasa hasta la fecha (mes de agosto) en que estallaría el golpe.

Afortunadamente, en aquellos momentos se encontraban hábiles dos altos líderes militares: Teófilo Jiménez y Horacio Portocarrero, listos para tomar el comando de la Costa Pacífica, pero Sacasa le dio preferencia al doctor Julián Irias. En

2   Embarcaciones. (N. del E.)

el Capítulo VII digo por qué Irias no era el hombre capaz de emprender semejante misión. Irias decidió desde luego salir de Guatemala para Salina Cruz, México, demasiado tarde. Hacia mediados de agosto. En Salina Cruz debía hacerse cargo del barco Concon, luego apodado El Tropical, cargado con tres mil rifles, trescientos mil cinturones de municiones y cincuenta ametralladoras de la mejor calidad. La fecha anunciada para su llegada en la Costa Pacífica de Nicaragua fue el 17 de agosto, pero no pudo llegar sino el 24.

A consecuencia de este anuncio, miles de voluntarios acamparon los días 17 y 18 de agosto en las inmediaciones de Masachapa, el Perico y el Tamarindo, situados a lo largo de la costa, en el departamento de Casazo, cerca de León. Pero, debido a la demora de Irias y a la carta de Sacasa interceptada por Chamorro, las últimas tropas llegaron a localizar y dispersar aquellas bandas de voluntarios antes de que apareciera Irias. Entre aquellos esperanzados soldados estaba el general Parajón, el futuro héroe de Chinandega quien, a despecho del terrible golpe de no encontrarse con Irias a tiempo, empezó la guerra de guerrillas allí mismo con solo cinco hombres, armados con machetes y revólveres, que finalmente lo habilitaron para rodearse de mil hombres bien armados y bien disciplinados. Con esos valientes pudo salvar a Moncada de su total destrucción en Las Mercedes.

Conociendo Chamorro, como conocía, los planes de la revolución, le puso varias trampas a Irias en las que cayó. El 25 de agosto llegó El Tropical y al siguiente día Irias desembarcó con seis hombres, comandados por Manuel Ediles, llevando un considerable parque de municiones hacia la Península de Coseguina, cerca de la Bahía Fonseca, donde los abandonaron a su destino. Este puñado de héroes, o mejor dicho lo que quedó de ellos después de dos horas de fuego contra catorce mil hombres de Chamorro, finalmente fueron hechos presos luego que sus líderes murieron en combate, pero no sin antes hacerles quinientos descalabros a los tropas de Chamorro antes de ser capturados.

Menciono este caso ejemplar a fin de demostrar que los combates de Centroamérica no han sido óperas bufas, como los llamó el coronel C. B. Carter en su divertida historia llamada: «El feudo Kentucky en Nicaragua» —publicado en el *Magazine World's Work*—. El coronel Carter, al ridiculizar al infeliz pueblo de Nicaragua, está solo advirtiendo al público los llamados beneficiosos efectos de la intervención armada americana en Nicaragua durante los últimos diecisiete años. Realmente, estoy sorprendido de esa falta de conocimiento del pueblo nicaragüense y de sus condiciones políticas, para que el coronel Carter los burle en un artículo.

Otro de los deplorables fracasos de Irias fue desembarcar el 1.º de septiembre con otro puñado de hombres cerca de Chaluca. También fueron aniquilados por las fuerzas de Chamorro, quienes se valieron de mil subterfugios como de que habían levantado bandera blanca.

Si Julián Irias hubiese sido un soldado estratega, nunca hubiera permitido a Sacasa escribir en privada correspondencia todos los detalles de la proyectada campaña y hasta el mes en que se realizaría, como tampoco anunciar su visita antes de tiempo. Por otra parte, aun después del fracaso en la Península Coseguina, Irias pudo haberse ido al Sur, hacia el distrito de Rivas, cerca de la frontera costarricense, donde el general Crisanto Zapata lo esperaba con cuatrocientos hombres. Si en vez de dejar a Crisanto Zapata en su guarida y desconectado de noticias, hubiese desembarcado allí su armamento, el destino del Gobierno Constitucionalista de Nicaragua hubiera sido diferente. Porque, presionado por el sur por Zapata, por el norte por Parajón y por el este por Moncada y Beltrán, el falso gobierno de Díaz hubiera sido derrocado en poco tiempo y se hubiese evitado la inútil carnicería de miles de patriotas nicaragüenses, así como la infeliz recluta de los soldados de Díaz.

Después del trágico final de esta expedición, estimulada por la testarudez de Sacasa de traer nuevos hombres que no tuvieran relación con la vieja escuela política que mantenía posiciones responsables en el ejército, Irias retornó en su Tropical, primero hacia el Puerto de la Unión en Bahía Fonseca, y en octubre a Salina Cruz, en México, donde sus compañeros le entregaron lo que quedaba de armamento. Mientras se realizaba esta expedición desastrosa de Irias, un grupo de constitucionalistas embarcó a Brooklin, Nueva York, con armas de guerra, en el pequeño barco Foan, en su camino a Puerto México hacia la Costa Atlántica. Después de tomar allí, entre otros refugiados, a J. M. Moncada, se dieron a la vela y capturaron por sorpresa Puerto Cabezas, Prinzapolka, La Barra de Río Grande y otros puertos nicaragüenses en la Bahía de Mosquitos. Inmediatamente después, otra carga pesada de armamento de guerra, incluyendo alguna artillería, fue desembarcada en la misma costa. Hacia fines de octubre, el material de guerra del Barranca, que había permanecido escondido en Puerto Barrios, cerca de Guatemala, también fue desembarcado; y el vapor Carmelita llegó con mil rifles, suficientes municiones y cerca de una docena de ametralladoras.

Mientras el Ejército Constitucionalista, tanto en la Costa Pacífica como en la Atlántica, estaba haciendo lo imposible para liberar a su país de la garra de la diplomacia del dólar, el doctor Sacasa permaneció ocioso por tres meses en Guatemala, esperando humildemente y pidiendo el apoyo de Washington. Fue sordo a escuchar las súplicas de Beltrán Sandoval quien, a nombre del ejército, se encaminó a Guatemala para pedirle a Sacasa, volver a Nicaragua con el propósito de restablecer el Gobierno Constitucionalista de una vez. Solo en noviembre, cuando el ejército dudó de la buena fe de Sacasa, finalmente se fue a Puerto Cabezas para asumir la presidencia de la República.

No obstante, Sacasa nunca ha sido lo que se llama un hombre popular a pesar de que se regocijara el pueblo con su desembarco en Nicaragua, pero todo era con el propósito de darle estampa legal al asunto. Con el establecimiento del Gobierno Constitucionalista en Nicaragua, el régimen de Díaz se volvió de la noche a la mañana rebelión y revolución, ya que no tenía legítimas bases en las leyes del país. El régimen de Díaz —y esto no puede ser repetido a menudo— fue obligado a ello por la diplomacia del dólar, a despecho del Tratado de Paz y Amistad que se dictó en Washington y que fue firmado allí el 7 de febrero de 1923 por los gobiernos de las repúblicas centroamericanas y el gobierno de los Estados Unidos.

Capítulo XI

La captura de cabo Gracias a Dios, Puerto Cabezas y Prinza-polka, y la ocupación de la rica zona bananera de Río Grande, suministró a los constitucionalistas invalorables recursos en la estructura de las provisiones, algunas ayudas financieras, lanchas y gasolineras para transportar a las tropas, más el uso de estaciones telegráficas en El Gallo y La Barra. Decidieron capturar después Bluff, que está situado —como dije anteriormente— frente a Bluefields, sobre un promontorio de piedras que comunica con tierra firme por un banco de arena de veinte a treinta pies de anchura. En la alta marea, el mar cubre el banco tornando a Bluff en una isla de rocas. Además de estar muy bien fortificado, Bluff está defendido ahora por la fuerte guarnición de los conservadores.

Luego de atravesar a Bluff por tierra y mar, un destacamento de tropa, bajo el mando de Daniel Mena y Eliseo Duarte, fue despachado para ocupar el pequeño pueblo de Rama, situado como a cincuenta millas del río Rama, a fin de prevenir que viniesen refuerzos del río hacia el interior. Lamentablemente, Mena y Duarte tuvieron que retirarse de Rama después de capturarla, dejando por lo tanto el flanco derecho y el lado posterior de las fuerzas constitucionalistas completamente sin protección. Esta imprevista circunstancia obligó los constitucionalistas a precipitar su ataque contra Bluff, lo que resultó totalmente desastroso para ambas partes. Aparentemente, para salvar a la guarnición de los conservadores, los emisarios americanos arreglaron un armisticio y la guarnición de Bluff les permitió retirarse al punto hasta Rama.

Como resultado de este armisticio, fue arreglada una Conferencia de Paz en Corinto (noviembre de 1926) la cual fracasó porque el Encargado de Negocios americano, míster

Dennis, previno a los delegados conservadores el no aceptar, y ni siquiera considerar, las condiciones impuestas a ellos por los comisionados constitucionalistas. Terminada la discusión, esta conferencia inspiró a los constitucionalistas destruir en la Costa Atlántica la mayor parte del ejército de Adolfo Díaz que se había reunido y fortificado en la pequeña ciudad de Laguna City, situada en el extremo Suroeste de Laguna de Perlas, solo a corta distancia del norte de Bluefields. Las trincheras de las tropas de Díaz, de acuerdo a lo que oí en Puerto Cabezas, fueron construidas bajo la supervisión de los oficiales navales americanos que las consideraban inexpugnables.

La batalla de Laguna de Perlas —una batalla en miniatura si se la compara con las gigantescas operaciones de la Guerra Mundial— fue cuidadosamente preparada y estudiada antes por los generales Beltrán Sandoval y Moncada. La manera de como fue ejecutada pone muy en alto la habilidad de Beltrán Sandoval. No fue precisamente el combate, sino los terribles obstáculos naturales que había que salvar para penetrar al campo, lo que hizo a esta batalla notable.

Por espacio de setenta y dos horas, las fuerzas constitucionalistas no durmieron ni comieron, rellenando primero algunos cinturones de tierra sobre lodazales, con las armas y municiones sostenidas sobre sus cabezas y peleando, peleando todo el tiempo, sin perder el ánimo, sin proferir la más mínima queja.

Cito este ejemplo para demostrar cómo los soldados voluntarios de América Latina son capaces de combatir cuando se trata de reconquistar su independencia. Debe haber llamado a la cordura en Washington D. C. de que es preferible no remover mucho el resentimiento de los latinoamericanos, porque si México y Centroamérica perdiesen alguna vez la esperanza de pactar con los Estados Unidos y hacer causa común, ni siquiera dos o tres millones de soldados americanos los someterían en treinta años, poniendo el caso, porque las naturales fortalezas de los hombres de América Latina son sus selvas y sus mejores aliados las fiebres tropicales.

Aun en el norte de México, donde no hay selvas y ni siquiera mosquitos de que defenderse, el general Pershing tuvo que convencerse a sí mismo —y a su pesar— de que sin selvas y mosquitos latinoamericanos, solo peleando en guerra de guerrillas, somos inconquistables cuando en serio nos lo proponemos. Es la anticuada política de «alternar amenazas y fanfarronadas» que ha estado usando con éxito la diplomacia del dólar y que últimamente ha puesto al descubierto el general Sandino. Le ha enseñado a otros Sandinos, desde México hasta Panamá, a saber actuar cuando llega el momento preciso. Considero, por lo tanto, la batalla miniatura de Laguna de Perlas como un ejemplo, pero nunca, sin embargo, un hecho trascendental, si se da uno a pensar en lo que pasaría si esos treinta y cinco millones de mexicanos y centroamericanos se les ocurriese formar un bloque sólido contra toda intervención extranjera.

La llamada ciudad de Laguna de Perlas, o Laguna City, es en realidad una bien construida aldea situada en una pequeña península al suroeste de la laguna. Limita por el este, norte y parte del oeste con el agua verde oliva de ese lago estuario, mientras en la parte sur está flanqueada por una grande y polvorienta planicie que llega casi a Bluefields. Sobre esta planicie se llevó a cabo la batalla de laguna de Perlas. Hacia el sur y oeste, donde estaban expuestos sus flancos, Laguna City estaba protegida por un semicírculo de posiciones estratégicas, una efectiva red de modernas trincheras. Al extremo derecho de este semicírculo y en el norte extremo de la península está situado el campo fortificado de Ritapura, manejado por tropas seleccionadas de los conservadores, mientras que en el extremo izquierdo, orlado de fortificaciones, se penetra a la cabecera del puente Bodega, representado por un grupo de pesadas edificaciones que controlan la entrada de la laguna en la ruta Bluefields-Laguna.

Directamente detrás y un poco a la derecha del puente Bodega se levanta la primera plaza fuerte de la ciudad llamada Haulover y Haulover Bottom, que controla la entrada de otra avenida que lleva de Bluefields a Laguna City por el camino de Cucra y el puente Cucaragil (a través de Esik Creek). El puente Cucaragil, situado a un par de millas de Haulover, fue una posición bélica de primera magnitud, escogida por los constitucionalistas como la base defensiva de sus futuras operaciones militares contra Laguna City. La razón por la cual la mayoría de los lugares de esta parte de la ciudad llevan nombres ingleses es porque Bluefields y Laguna fueron el sitio del gobierno de reserva de los indios Mosquito, en los días en que el territorio era un protectorado británico.

Al lado del anillo de fortificaciones de Laguna City, las fuerzas de Díaz ocuparon una muy fuerte posición a la entrada de la laguna, llamada Bar Point, donde el cañonero auxiliar La Carmelita estuvo bombardeando por varios días para hacerle creer al enemigo que el ataque de la armada constitucionalista contra Laguna City iba a ser por tierra. Pero el plan era otro. De acuerdo a ese plan, las fuerzas constitucionalistas estacionadas en Tasbapownie (que es como decir el norte más lejano cerca del más estrecho punto de la península que forma la Laguna de Perlas) iban a ser transportadas en lanchas remolcadas por gasolineras hacia la boca de Esik Creek, y luego irían a la derecha de Brown Bank Creek, a una baja colina que se enfrenta y controla el centro enemigo, es decir, una de las principales avenidas de Bluefields a Laguna City.

Después de pasar un mes en la aldea india de Tasbapow-nie, la orden de partida fue dada y las diferentes unidades del Ejército Constitucionalista fueron embarcadas en las lanchas mencionadas. Precedidas por la vanguardia de los botes a motor, bajo el comando de Daniel Mena, cruzaron la laguna y luego de desembarcar en Esik Creek se hundie-ron valientemente dentro de la terrífica y pantanosa selva de Brown Bank Creek que, según dicen, no ha cruzado nun-ca ningún ser humano. Fue realmente una heroica marcha a través de aquellas traidoras marismas, con lodo hasta la cintura algunas veces hasta el pecho, llevando en alto sus ri-fles, ametralladoras, municiones y provisiones, mientras los mosquitos y otros peligrosos insectos torturaban sus rostros incesantemente, y las serpientes y caimanes acosaban sus vi-das.

Finalmente, en la aurora del 23 de diciembre de 1926, el bravo Ejército Constitucionalista, muerto de hambre, ex-tenuado y agónico, descansó apenas por unas pocas horas cerca del puente Cucaragil. Era el primer reposo tras aque-llos terribles días cruzando fangales. Después de quitarse la espesa costra de pantano que los cubría de pies a cabeza y de proveerse de municiones y algún alimento, las diferentes bri-gadas se desplazaron en columnas volantes y desaparecieron en la polvorienta planicie, encabezadas por sus respectivos líderes que tomaron sus posiciones designadas de antemano por el comandante Beltrán Sandoval. Los coroneles Alejan-dro Plata y Juan Escamilla, hondureño y mexicano respec-tivamente, con cuatrocientos hombres armados de ametra-lladoras, tenían la consigna de tomar La Bodega por asalto. El coronel Daniel Mena, a la cabeza de una fuerza similar, debía avanzar hasta Haulover, mientras el coronel Gutiérrez y el mayor Gilberto Morris (ambos muertos en combate) tenían órdenes de tomarse por sorpresa Raitapura, que estaba situada al norte extremo de la península de Laguna City.

Beltrán Sandoval permaneció a la retaguardia protegiendo el puente de Cucaragil, de modo a bloquear el camino por cualquier refuerzo que pudiera venir de Bluefields como relevo del general Rivers Delgadillo, comandante del Ejército Conservador atrincherado en Laguna City; mientras que José María Moncada, con unos doscientos hombres y las goletas armadas La Carmelita y León del mar, estaban destinados a patrullar y defender la entrada de la laguna. Juan Campos, con la goleta armada Anita, donde embarcó algunos cañones ligeros y ametralladoras, debía distraer con su fuego la atención de los cuarteles de Raitapura, mientras la columna volante de Abel Gutiérrez estaría lista para el asalto.

En la isla Chancho, José Coronado fue apostado con algunas ametralladoras y piezas de campaña de noventa milímetros para mantener un continuo y espaciado fuego sobre Laguna City, donde las columnas de los diferentes constitucionalistas iban a ejecutar el ataque.

A las cuatro de la mañana del 24 de diciembre empezó el fuego desde todas partes. A las nueve, la fortaleza de La Bodega fue tomada por Plata y Escamilla después de una fiera batalla. Poco después, Raitapura también fue tomada por las fuerzas de Abel Gutiérrez, quien cayó a la cabeza de sus soldados. A las tres, un destacamento de trescientos soldados conservadores, que iban avanzando para auxiliar a Rivers Delgadillo desde Bluefields, fue rechazado con pesadas pérdidas por Beltrán Sandoval en el puente de Cucaragil. A las siete de la noche, después de otro rabioso combate en el cual seis tiradores y macheteros jugaron la mejor parte y que terminó con un dramático duelo a cuchillo entre Alejandro Plata y el comandante de las tropas conservadoras (que murió), fue tomado Haulover Bottom por los constitucionalistas. Solo Laguna City permanecía en manos del enemigo. Como a las dos de la madrugada del 25 de diciembre, el comandante conservador, Juan Moraga, encabezó un contraataque para recapturar a Haulover, pero fue pronto rechazado. A las seis de la mañana llegaron las noticias de que Laguna City había sido evacuada y que Rivers Delgadillo había huido durante la noche con algunos partidarios. A las siete, Beltrán Sandoval y Alejandro Plata entraron y tomaron posesión de la ciudad. Entre el numeroso material de guerra capturado estaban una docena de ametralladoras, setecientos rifles, sesenta mil cinturones de balas y cuarenta mil cartuchos, además de una pieza de campaña, una enorme cantidad de provisiones y aproximadamente trescientos prisioneros que se unieron al Ejército Constitucionalista voluntariamente y los acompañaron fielmente hasta el final de la guerra.

Debido a la falta de tiempo y herramientas apropiadas, los cadáveres, tanto de los conservadores como de los constitucionalistas, fueron quemados, mientras que los heridos de ambas partes fueron destinados al cuidado de la Fuerza Marina Americana, para su tratamiento en los hospitales de Bluefields. Entre ellos estaba también un voluntario americano herido, que había estado peleando del lado de los conservadores. Lamentablemente, todos los heridos constitucionalistas fueron hechos prisioneros y encalabozados por el gobierno de Díaz después que salieron del hospital.

El comportamiento de los constitucionalistas durante la reciente guerra fue humano y considerado en todo sentido comparado con las fuerzas de Díaz.

El plan de la batalla de Laguna de Perlas, que fue preparado minuciosamente por Beltrán Sandoval y Moncada, resultó admirable. Para algunos oficiales americanos que estuvieron observando su desarrollo fue un amargo desengaño, pero por otra parte, para aquellos que encaramos el futuro de América Latina, fue no solo una lección excelente sino una revelación, porque prueba que despertamos rápidamente a los asuntos relacionados con el arte de la guerra.

Ahora, a fin de probar que el Comandante en Jefe de las fuerzas constitucionalistas no fue Moncada, como creen algunos, sino Beltrán Sandoval, reproduciré de seguidas el siguiente extracto de un resumen de Beltrán sobre la reciente batalla, que fue publicado en Managua, después del armisticio:

... Yo (dice Beltrán) estaba justamente dispuesto a ir en persecución de Rivers Delgadillo —quién voló de Laguna City sin lanzar un tiro, a pesar de que tenía consigo a setecientos hombres, trece ametralladoras y una considerable cantidad de provisiones y municiones— cuando un mensajero llegó de La Cruz anunciando que el comandante conservador Baquerano estaba avanzando hacia aquella localidad a paso veloz y que los marines americanos, quienes habían declarado La Barra del Río Grande zona neutral mientras se desarrollaba la batalla de Laguna de Perlas, habían tomado y lanzado también a Río Grande como dos millones completos de rifles, ametralladoras y material de artillería que nos pertenecía, de manera de dejarnos sin el necesario material de guerra para continuar nuestra campaña.

Estos fueron momentos de angustia que reclamaban nervio y acción inmediata. Felizmente, no perdí la cabeza. Olvidándome por un instante de los americanos, concentré toda mi fuerza sobre Baquerano. Era indispensable derrotar su ejército que avanzaba, a no importa a cual precio. Lo demás podía atenderse después. Tuvo en momentos a cuatrocientos hombres listos con sus ametralladoras y suficientes municiones y provisiones.

Coloqué esta columna volante en las manos de Alejandro Plata, quien partió el 26 de diciembre a las siete a. m., formando nuestro frente.

Consciente del grave peligro que amenazaba nuestras fuerzas y salvando los increíbles obstáculos durante el ascenso del río Curinguas siguiéndole el rastro a la selva inundada, Plata llegó a La Cruz el 28 de diciembre. De allí partió a Batitan donde puso a volar a Baquerano después de un violento encuentro. Toda la Costa Atlántica, con excepción de Bluefields y La Barra, estaba en nuestras manos. Inmediatamente después, embarqué nuestras fuerzas expedicionarias en La Carmelita, La Estrella y El Jansen, y en una flotilla de barcazas que tomé remolcadas, oteando la huella de Alejandro Plata, llegué con mi ejército a La Cruz el 1.º de enero. De allí seguí a San Pedro del Norte donde reorganicé mis tropas. En los días que crucé aquellas selvas vírgenes en dirección a Matiguas, me di cuenta de que ningún pie humano había hollado aquellas tierras. Marchamos todo el tiempo sobre terrenos movedizos de pantano. Estábamos penetrando en el corazón de la selva central de Nicaragua. Conscientes, sin embargo, de lo que teníamos delante de nosotros, llevamos muy pocas provisiones, aunque sí una gran cantidad de municiones. Nuestro gran convoy de suministros y armas iban en pipantes manejadas por los indios Mosquito, remontando el Río Grande y el Río Tuma hasta Willike, donde lo tomaban mulas de carga y bueyes para llevarlo por una sección boscosa de Río Blanco hasta Matiguas.

La pequeña ciudad de Matiguas descansa en el centro de Nicaragua y representa la línea divisoria entre los departamentos de la Costa Atlántica, o Mosquito, y los del interior, sobre la Costa Pacífica. Matiguas es, pues, un muy estratégico sitio. De allí, dos carreteras llevan a Managua, la capital de Nicaragua. Una empieza en la dirección sudoeste, por vía de Tierra Azul, Las Mercedes y Teustepe a Tipitapa, donde cruza el canal Penaloya que conecta los lagos de Managua y Nicaragua, solo a cinco millas de la capital. Este camino tiene el inconveniente, para los constitucionalistas, de que lleva al departamento de Chontales, habitado casi todo por conservadores y naturalmente hostil a los primeros. Además, existía la probabilidad de que en el tiempo de la llegada al puente de Tipitapa, que forzosamente tenía que pasar, el almirante Latimer declarara a Tipitapa zona neutral a fin de detener el avance sobre Mangua y privarlos a ellos de los frutos de su victoriosa campaña. Ningún soldado experimentado hubiese tomado este camino que llevaba a un atolladero, a menos que decidiese quedar embotellado.

La otra ruta, que también lleva a Managua, era la carretera Matagalpa-Estelí-León, o Camino Real, que tenía la ventaja de ser más corto y que conducía directamente, a través de los distritos constitucionalistas y departamentos de Matagalpa, Jinotega, Segovia, Chinandega y León, donde el general Sandino, Castro-Wasmer y Parajón estaban realizando operaciones militares, independientemente, con muchos miles de hombres.

Al decidirse por la ruta Matagalpa, los constitucionalistas estaban disponiendo de considerable material de recursos, porque dichos departamentos son ricos en minas y en agricultura. Al tomar este camino, también controlaban la sección nicaragüense de la Bahía de Fonseca, que los hubiese puesto en contacto con el mundo exterior y, bajando por León, hubiesen desconectado a Managua de su base en Corinto, interceptando su ferrocarril. Al mismo tiempo hubiesen distraído la atención del gran cuerpo armado de Adolfo Díaz, al amenazar con una columna volante la ruptura de las líneas conservadoras en Tipitapa, a fin de atacar a Managua por el fondo.

A despecho de los esfuerzos de Beltrán Sandoval de escoger esta vía, Moncada decidió tomar la ruta Tierra Azul-Tipitapa, sea porque como periodistas fingiendo de soldado no sabía nada de estrategia, o tal vez porque ya premeditaba la traición a la causa constitucionalista engañando a su valiente pequeño ejército, en su llegada a Tipitapa, donde entregaría su armamento con la esperanza de que la diplomacia del dólar pudiera señalarlo como el candidato presidencial de la República durante las próximas elecciones.

Otra de las razones que pudiera haber influenciado a Moncada a seguir la ruta Tierra Azul-Tipitapa fue seguramente esquivar, tanto como fuera posible, la presencia de los generales Sandino, Castro-Wasmer y Parajón, ya que se daba cuenta que no podía rehuir su consulta.

Especialmente le temía a Sandino, porque Sandino no había olvidado que Moncada había hecho todo lo que estaba a su alcance y se había aprovechado de su poder sobre Laguna de Perlas para mantenerlo pisado. Moncada comprendió desde el primer momento que Sandino era un hombre de ideas nuevas, que no estaba dispuesto a soportar comedias. Es incontrovertible que Moncada rehusó suministrarle las armas necesarias a Sandino por lo que, después de la batalla de Laguna de Perlas, el general revolucionario tuvo que irse a pescar en río crecido como cuarenta escopetas que los soldados conservadores abandonaron en su huida. Provisto solo de estas rústicas armas y con otra docena de rifles que pudo obtener en Puerto Cabezas, Sandino remontó el río Coco en canoas y, tomando el sur, hizo su sede en Jinotega donde, siguiendo la táctica de guerrillas, por fin logró rodearse de mil hombres con los que ocupó siempre la parte central de Nicaragua, a despecho de todos los esfuerzos del traidor Moncada para desacreditarlo y de la diplomacia del dólar para desalojarlo a través de los marines americanos.

Por estas razones, Moncada, tan pronto como llegó a Matiguas, rechazó el camino más corto y ventajoso, Matagalpa-Estelí-León, para tomar el de Tipitapa donde se encontraban las armas del Ejército Constitucionalista que quería destruir. Pero antes de describir la campaña de las fuerzas expedicionarias orientales en el interior, quiero mencionar algunos detalles de la victoriosa campaña occidental del general Francisco Parajón, que tiene particular valor porque va a demostrar lo fácil que se conduce la guerra de guerrillas en Nicaragua, aun en esta densa parte del territorio que no está circundada de selvas y pantanos.

El general Parajón pertenece al Partido Nacional de Trabajadores de Nicaragua. Cuando Chamorro dio el golpe de Estado en 1922, lo que causó la ruina de la administración del presidente Solórzano, estaba tranquilamente trabajando en su rancho cerca de Posotelga, en el estado de León, sin pensar siquiera que un año después estaría clasificado entre los más inteligentes luchadores que Nicaragua jamás haya tenido. Así es el destino. Después de la desastrosa expedición de Irias a la Costa Pacífica, y no encontrándose manera de proveerse de armas, Parajón decidió empezar una guerra de guerrillas por su cuenta. Se fue a la selva con seis hombres armados de machetes y revólveres, ¡quién iba a creer que se aprovisionaría de un armamento, detrás de las rocas! Así lo hizo. Estando allí escondido y apuntando con tiros certeros destruyó totalmente las fuerzas expedicionarias del general Noguera Gómez en Las Grietas. En esta ocasión se hizo trescientos rifles, seis ametralladoras, setenta mil cinturones de cartuchos, algún dinero y considerable cantidad de provisiones. Esta pequeña maniobra lo colocó firme sobre sus pies. Cuando estuvo listo a causarle al general Noguera Gómez otra derrota, que lo hubiese provisto de treinta y seis ametralladoras adicionales y cuarenta carretadas de provisiones y municiones, sus hombres infortunadamente decidieron ir contra la «gran cabeza» a cuenta de sus innumerables triunfos. Prácticamente lo forzaron a tomar la fortificada ciudad de Chinandega la cual, bien lo sabía, nunca podría mantener por largo tiempo.

El 6 de febrero, cuando cada quien estaba listo para el ataque, el plan de Parajón fracasó a causa de un telegrafista que fue apresado tres días antes, pero que pudo huir y notificar al general Víquez, el comandante de las tropas conservadoras en Chinandega. Víquez tomó todos los pasos necesarios a fin de rechazar el ataque de Parajón, pidiéndole refuerzos a Adolfo Díaz en Managua. Por lo tanto, después de dos días de ataque y contraataque donde Parajón se tomó la ciudad —con excepción de la Catedral, donde Víquez estaba atrincherado— pudo dominar los refuerzos de los conservadores que amenazaban su retaguardia y, además, escaparse con su convoy de municiones y prácticamente todos sus hombres, ya que sus pérdidas no alcanzaron sino a veinte muertos y sesenta y tres heridos.

El combate de Chinandega hubiera pasado inadvertido y no hubiese causado indignación tanto en Norte como en Latinoamérica si no hubiera sido por el hecho de que varios aviadores americanos tomaron parte activa y destruyeron largas áreas de la ciudad con sus bombas incendiarias, matando a numerosas personas, entre mujeres y niños, de la indefensa población. Refiriéndose al bárbaro comportamiento de esos aviadores americanos, dice Parajón lo siguiente:

Durante el ataque del general Noguera Gómez el 8 de febrero, llegaron los aeroplanos tirando bombas sobre El Calvario y El Caimito. Causaron considerable daño en El Calvario y mataron dos de mis hombres. Otras bombas cayeron en los alrededores provocando incendios.

En su artículo «Pájaros gitanos de la guerra» publicado en el *New York Herald Tribune Magazine* el 31 de julio, el señor Linton Wells dice textualmente:

Me preguntaron (Mason y Brooks) si me gustaría ir adelante. Hacer una «gira de placer» tal como expresó Mason. No tenía por qué meterme en esos asuntos, pero como el mediodía de un domingo en Managua no es diferente a un mediodía en otra parte.

¿No está suficientemente claro? Linton continúa:

No vayan a crearse una mala impresión. Mason y Brooks no son asesinos a sueldo, destruyendo al pueblo a causa del salario que el gobierno les paga. Dijeron muy claro cuando empezaron el trabajo que cualquier ataque emprendido contra los liberales era por el placer de tirar bombas o ametrallar ciertos lugares para producir un efecto moral. Luego agregan: Por otros cinco minutos jugamos con nuestros amigos de abajo. Brooks se empeñaba en bombardear otra parte de la ciudad, simplemente tratando de fastidiar a los liberales, sin herir a ninguno.

¿Puedo preguntar, en vista de lo expuesto arriba, si la intención de míster Linton Wells era desvirtuar la declaración del general Parajón al exponer en *La Noticia* de Managua, el 8 de julio de 1927, que las bombas lanzadas por los aviones americanos mataron algunos de sus hombres y produjeron incendios en El Calvario y El Caimito? Si eso es así me gustaría llamar la atención de Linton Wells sobre ciertos apuntes aparecidos en una carta del señor Toribio Tijerino al *New York Herald Tribune*, el 29 de julio de 1927. ¿Cuál de los documentos es el más acertado?

Es realmente lamentable que un periódico serio como el *New York Herald Tribune* difame y se haga eco de esta clase de colaboraciones, que no llevan otro objeto que hacerle propaganda a la diplomacia del dólar. Esto puede acarrear la sospecha de que el *New York Herald Tribune* pertenece a esa clase de periódicos que, deliberadamente o no (no importa cómo), trabajan en perfecta armonía con la diplomacia del dólar a fin de mantener en secreto las cosas que pasan en Nicaragua, Cuba, Haití, Santo Domingo, Panamá.

Tomemos por ejemplo el diario de *El Comercio* que, de acuerdo con el representante de *El Universal de México*, manifiesta en su editorial del 4 de febrero de 1927, lo siguiente:

Los hechos en Nicaragua están progresando satisfactoriamente. Los marines parecen tener el mando militar en la mano. De acuerdo con informes recientes de Washington esperamos guardar ese control. Mientras tanto, hemos arrojado la máscara de la aparente neutralidad que hemos estado usando por largo tiempo y abiertamente reconocemos a Díaz, como lo hemos hecho desde el principio. A despecho de esto, el interés de la opinión pública en este sujeto parece desvanecerse rápidamente y en las próximas semanas los incidentes que ocurrieron probablemente serán olvidados por la mayoría del pueblo latinoamericano, como se han olvidado otros incidentes ocurridos alrededor del Mar Caribe.

Y existe otra más honda raíz para la diplomacia del dólar. Libertad, a la que el senador Burton K. Wheeler se ha referido en un discurso en Fort Hall, Boston, Mass. el 6 de marzo de 1927:

Afortunadamente para nosotros, dada la perversidad moral existente, en el preciso momento de la confusión algo sucedió.

Fue la chispa reveladora de una llamarada literaria. No vino del Departamento de Estado ni de la Casa Blanca, sino de la administración del departamento editorial semanal que parece haber absorbido el todo de la política latinoamericana Kellgg-Coolidge —con excepción del incierto apologético lenguaje que ha sido empleado para explicarlo al pueblo americano—. Madame Roland gritó una vez: ¡Oh libertad, cuántos crímenes se cometen en tu nombre! Conspicuo decir en medio de los pequeños crímenes cometidos en nombre de la libertad, es el periódico llamado *La Libertad* —libertad de cinco centavos— según creo. No estoy bien seguro. Si el anterior era el correcto proceder, es significativo comprobar qué camino toma en inglés la propaganda de la avaricia. Entiendo que ese ostentoso semanario americano conservador, patrocinado y estimulado por el moderno torysmo americano del *Chicago Tribune*, cuyo editor de esta Libertad de cinco centavos se inspiró precipitadamente con una llamarada literaria —o tomó un reflector de luz— para iniciar el rescate de la política Kellogg-Coolidge, que los ángeles administrativos temen dañar. Para él esta administración habla demasiado alto. Interpreta sus palabras por los hechos. Escandalosamente proclama que todo va muy bien. Es solo el suspenso que dejan estas frases apologéticas lo que suena mal. Son responsables de la confusión.

Con la varita de virtudes de su editorial se elimina el argumento donde señala a «nuestros pequeños americanos, nuestros Borahs y Wheelers, nuestros profesores, sentimentalistas y plañideros escogidos para llorar por los derechos de las pequeñas naciones». En segundo lugar él afirma con sutil frenesí que la política de Kellogg-Coolidge es exactamente opuesta a lo que llaman piratería, ¡ladrones de autopistas, viciosos y depravados, ¡inmorales! Pero no. Eso lo calla. Lo que existe es progreso. Nada más. De ello parece estar perfectamente seguro. Se lava sus manos y parece listo para lavar las manos y los pies del Secretario de Estado, del presidente, a fin de liberarlos del lodo y sangre necesarios para vadear en este mar de progreso.

Toda la responsabilidad reposa en lo que él llama Destino. Está realmente infatuado con el Destino escrito con D mayúscula. Como ustedes pueden ver, la D mayúscula es como si sobresaliera de sí mismo hacia altos fines. Está tan envanecido con la palabra que, en vez de buscar una inspiración moral de verdaderos caracteres, como Lincoln, Parker o Lowell, prefiere una psicología de escenario. Pobre Hamlet, distraído del sitio de autoridad que le hace divagar:

«Hay un destino que conforma nuestro final y nos aniquila como queramos»[3] Hamlet dijo «divinidad» no «destino». Tampoco usó la D mayúscula. Pero el osado editor está sugestionado 100 % con el Destino, así que leyó el tumultuoso acto de Shakespeare y confundió los términos.

Mirando atrás al desarrollo de nuestra historia americana, descontando cada generoso impulso y glorificando cada arrebato, mirando con Balaamlike en Bigger yet America (más grande aún América), este portavoz de la Casa Blanca y de la palabra libertad profetiza:

El destino estaba tejiendo su red cerca del egoísmo de los políticos inmorales. El destino permanece activo y ahora, desde setenta y cinco años en adelante, los habitantes de Nicaragua, México y otros, cantarán a «la bandera del cielo estrellado» burlándose de la idea de que todos retornaremos al viejo gobierno.

---

3   ...hay una divinidad que labra nuestros designios, por muy toscamente que los desbastemos. (Trad. cast.: Luis Astrana Marín.) (N. del E.)

Este noble estallido de «libertad de cinco centavos» fue seguido en la siguiente semana de una página doble conteniendo un artículo titulado: «Hacia el sur el pájaro del imperio toma su vuelo». De acuerdo a las normas morales de la Libertad, pensamos que el *New York Herald Tribune* tiene que darme la razón al señalar que Linton Wells es el más «progresista» miembro del 100 % de los americanos que hacen que el águila ulule fraternidad. Afortunadamente para la América Latina y aun para los Estados Unidos, todavía queda alguna prensa americana seria e independiente como el *New York World*, *The Nation*, *New Republic*, el *Boston Transcript*, *St. Louis Post Dispatch*, *Christian Science Monitor* y otra serie de magazines y revistas, para probar que la diplomacia del dólar no representa ni la milésima parte del sano, honesto y gran corazón del pueblo americano.

Otra recomendación para la pluma activa de míster Linton. Antes de relatarles a los americanos que él y los señores Mason y Brooks estaban haciendo acrobacias aéreas para Díaz, «bombardeando sin herir a ninguno». Míster Linton Wells debe haber leído los artículos publicados en *New York Times* el 5 de marzo, el 10 de abril y el 29 de mayo. En el día 5 decía Brooks que cuando pasaba por un pueblo, a tres millas de Chinandega, su máquina había sido interceptada por certeros tiradores y decidió lo siguiente:

Yo había pensado ser gentil con aquel pueblo y guardar mis bombas para un mejor momento, pero aquello me exasperó. No teniendo la intención de hacerles daño decidí lanzarles solo una. Aquella bomba casera levantó más polvareda que un proyectil de cien libras en un país lluvioso. Todo el paisaje parecía levantarse. Cuando se aplacó el polvo divisé las tropas liberales corriendo de un lado a otro... Cuando me lancé en picada corrieron y se subieron a los árboles. Por entonces ya le había dado vueltas a Chinandega y estaba tres millas afuera cuando los tiradores decidieron recomenzar. En cuestión de segundos les lancé otra bomba. El barullo infernal que produjo en el tráfico ha sido el peor que haya visto en Chinandega... Hombres, mujeres y niños recorrían de arriba abajo las calles, tropezándose en las esquinas desesperados. ¡Parecían unos locos, en su loca carrera sin ayuda!

¿Soy acaso injusto contra el mayor W. M. S. Brooks, del Servicio Militar aéreo nicaragüense, o demasiado acre cuando hablo de las mujeres y niños heridos en los pueblos nicaragüenses? ¿O cuando proclamo que el informe del mayor Brooks sobre su gira de placer es lo más increíble, cínico y grotesco que jamás se haya oído, como para ser llevado a un consejo de guerra?

En su mensaje del 10 de abril, en el cual compara a las batallas de Nicaragua a «carreras pedestres», el mayor Brooks comenta algunos interesantes hechos sobre las tropas del ejército de Díaz y cómo son reclutados bajo la protectora aura del Tío Sam:

Muchos de nuestros regimientos cuentan con mujeres. Son recogidas de los grupos familiares de cuatro miembros al igual que los hombres. «¡Eh, nobles patriotas, vengan a servir a su país!» Este es el estribillo que coloca a hombres, mujeres y muchachos bajo sombreros y bandas coloreadas, y los hace elegibles para probar las balas y el aguardiente del gobierno.

Uno se pregunta el porqué de este grotesco humor sobre «aguardiente» cuando el mayor Brooks dice, además, que aquellas mujeres patéticas, que han sido emborrachadas para morir en las batallas o ser mutiladas por caprichos de la diplomacia del dólar y de su presidente títere, no son inmorales sino buenas esposas y madres.

Uno también se pregunta por qué este informe no levanta pública ni violenta acción desde las poderosas organizaciones femeninas. ¿Es acaso la matanza de ellas otro sórdido y siniestro negocio de los políticos del momento, a cuenta de que esas pobres víctimas son mujeres de Nicaragua?

Capítulo XII

Después del infructuoso intento de tomar a Chinandega por sorpresa, el general Parajón se fue algunos días a El Salvador a fin de establecer contactos. Ahí se encontró con Carlos Castro-Wasmer, el famoso patriota. Trataron de tomar con mil hombres Estelí. Pero Adán Velez, que estaba manteniendo este sitio con cuatrocientos hombres y numerosas ametralladoras, lo evacuó antes de que llegaran. En Estelí y Jinotega, Parajón y Castro-Wasmer se unieron a Sandino y López Irias con otros mil hombres y, una semana después, iban hacia el sur, en dirección a Las Mercedes, donde las combinadas fuerzas de Moncada y Beltrán Sandoval se encontraban en difícil situación, de hecho prácticamente rodeadas por los generales conservadores Vísquez, Noguera Gómez y Rivers Delgadillo.

El siguiente informe oficial de Beltrán Sandoval da una aproximada idea de cómo se comportó el ejército constitucionalista a su llegada a Matiguas, el 7 de febrero de 1927:

Hacia fines de enero me enteré de que Baquerano había tomado posesión de la pequeña aldea Muy-Muy con cerca de mil hombres y numeroso armamento. Decidí atacarla, lo que hice el 9 de febrero apoyado por los generales Escamilla y Alejandro Plata. Después de rechazar a Baquerano, de allí retornamos a Matiguas donde estuvimos rodeados de numerosos voluntarios, llamados de Matagalpa. Con esos esfuerzos decidimos cruzar el Río Grande y cercar las inmediaciones de Tierra Azul. Tomé fuertes posiciones en Cerro de Caballo, donde Moncada cubría nuestra retaguardia. No había terminado de asentarme cuando escuché al enemigo tratando nuevamente de capturar a Muy-Muy. De nuevo lo ocupé mientras Moncada se hacía cargo de nuestro campo fortificado en Cerro de Caballo. Apoyado por los coroneles Mena y Alfred Miller (rusos de las provincias bálticas, quienes vinieron como voluntarios de México), por fin pude localizar al comandante conservador, Salvador Reyes, atrincherado con mil hombres y veinte ametralladoras en los altos de Chompipo y San Jacinto. Teníamos solo trescientos cincuenta hombres y cinco ametralladoras.

A las cinco a. m. empezamos nuestro ataque y a las siete ya había terminado. Después de una continua lucha de quince horas, durante las cuales veinticinco ametralladoras habían hecho estragos, el general Reyes decidió retirarse a paso ligero, dejando tras de sí su silla de montar y todos sus efectos personales. Cuando terminó el combate retornamos a Tierra Azul donde el enemigo había estado reuniendo tropas en número considerable. El general Noguera Gómez hasta se atrevió a enviarme una carta pidiéndome la rendición.

Mientras tanto pude informarme de que las fuerzas conservadoras comandadas por Rivers Delgadillo avanzaban a Muy-Muy, por lo que decidí tomarlo por tercera vez, aunque las fuerzas de Díaz nos acosaron a fuego sin éxito alguno. Conociendo, sin embargo, las verdaderas intenciones del enemigo que quería cercarnos allí mientras el resto de su ejército nos atacaba en Tierra Azul, retorné inmediatamente a Palo Alto hacia las tres a. m. A las seis a. m., las fuerzas combinadas del enemigo nos bombardearon una y otra vez con gran valor, pero finalmente decidieron retirarse después de soportar grandes pérdidas.

Inmediatamente después de la victoria dejamos a Palo Alto y nos fuimos a Boaco infortunadamente, fuimos emboscados en el camino y tuvimos que tomar nuevas posiciones en Las Mercedes, donde peleamos por dos días consecutivos hasta gastar el último cartucho, con la buena suerte de que en esos momentos llegara Escamilla con un fuerte convoy de municiones, lo que nos salvó el día. Esto ocurrió el domingo de Resurrección. Dos días después, el ejército de retaguardia de Adolfo

Díaz fue atacado por las fuerzas combinadas de los generales Sandino y Parajón, lo que costó al enemigo prender fuego al parque de municiones antes de su veloz retirada. Nos unimos pues a las fuerzas comandadas por el general Sandino, Parajón, Castro-Wasmer, López Irias, etc., y, tras reorganizar nuestro ejército, ordené a Escamilla tomar posiciones con su caballería entre Teustepe y El Chiflón, donde Castro-Wasmer y J. Caldera lo apoyaría como pudieran. Gracias a la oportuna llegada de Castro-Wasmer, a los furiosos ataques de Escamilla sobre Teustepe y a los de J. Caldera en El Chiflón, nuestra victoria fue completa.

El resto de nuestros mil hombres se unió a nosotros, habilitándonos para tomarle un cerco al ejército de Díaz cerca de Teustepe. De inmediato Castro-Wasmer, Escamilla y López Irias derrotaron y arrinconaron las pocas fuerzas que quedaban de los conservadores por los lados de la Cruz. Lamentablemente en aquel momento, cuando una completa victoria había casi coronado los esfuerzos de nuestro bravo ejército constitucionalista, llegaron los americanos y con ellos el armisticio...

Durante la semana que pasé en Puerto Cabezas tuve la ocasión de charlar franca y liberalmente con el doctor Sacasa, y me asombré de la manera superficial con que enfocaba el problema internacional aplicado al frente constitucionalista, que él confrontaba. Parecía muy amargado con la indiferencia de los latinoamericanos, especialmente con las repúblicas suramericanas,[4] porque no habían reconocido su gobierno, sin detenerse a pensar en que semejante paso, viniendo de aquellos países, era absolutamente necesario pues ya habían reconocido la administración de Solórzano-Sacasa tras su elección en 1924. Reconocer de nuevo formalmente al Gobierno Constitucionalista hubiese sido absurdo.

4   Todas estaban gobernadas por conservadores.

Al tratar de obligarlos a reconocer su administración por medio de retumbante propaganda circular, solo por haber sucedido en la presidencia a don Carlos Solórzano, demostraba en Sacasa no solo una considerable falta de visión política sino una rasa ignorancia sobre los fundamentales principios de las leyes internacionales.

Fue una manera gentil del gobierno de México, sin duda alguna, reconocer la legalmente restablecida administración Solórzano-Sacasa una vez más cuando Sacasa asumió la Presidencia, don Carlos Solórzano, aunque no era absolutamente necesario. ¡El doctor Sacasa tenía que saberlo! Además, ¡cómo era posible que Sacasa esperara el mismo trato de Costa Rica, Honduras y El Salvador, cuando México, al reconocer de nuevo al Gobierno Constitucionalista, no obstante el hecho de haber apoyado oficialmente con la Corte de Justicia centroamericana la validez del Tratado Bryan-Chamorro, creado en 1907 bajo los auspicios conjuntos de México y los Estados Unidos, lo había repudiado luego declarándolo nulo e inválido por que legalmente privaba a Costa Rica, El Salvador y Honduras de ciertos derechos de agua, que indudablemente esas repúblicas poseen en río San Juan y Bahía Fonseca! El hecho de que los gobiernos conservadores de Honduras y El Salvador fueran prácticamente obligados por la diplomacia del dólar a reconocer el fraudulento régimen de Díaz no implicaba por ningún concepto de que los hondureños y salvadoreños tuviesen también que reconocer la validez del Tratado Bryan-Chamorro que Díaz urdió con los Estados Unidos, a sus espaldas, sin consultarles sus derechos sobre aquellas aguas. Refiriéndonos a la invalidez manifiesta de dicho Tratado, que el doctor Sacasa oficialmente reconoció como anzuelo para obtener el reconocimiento de los Estados Unidos, el señor Thomas P. Moffatt, anterior representante de los Estados Unidos en

Nicaragua dijo, en un discurso pronunciado el 25 de julio de 1927, lo siguiente:

Negociamos el Tratado del Canal nicaragüense en 1914 sin el libre consentimiento del pueblo soberano. Bajo las circunstancias que rodearon este reconocimiento, si se le considera imparcialmente, los derechos asegurados bajo sus términos fueron incorrectos y oscuros. Nuestro gobierno, en aquel tiempo desposeído de engaño[5] y evasión hacia cualquier intento y propósito, entró prácticamente en un contrato consigo mismo pactado a través de su protegido agente oficial, Adolfo Díaz.

Es obvio que prometiendo reconocer la validez del Tratado Bryan-Chamorro, el doctor Sacasa oficial y deliberadamente estaba tratando de legalizar, aun a expensas de las hermanas repúblicas de Nicaragua en Centroamérica, uno de los más escandalosos actos de felonía jamás cometido bajo la falsa administración de Díaz, contra la Constitución nicaragüense. Por lo tanto, creo que está suficientemente claro que el doctor Sacasa estaba demostrando muy poco juicio, para decir lo de menos, cuando se mantenía quejándose cada vez más de que las repúblicas latinoamericanas habían dejado al Gobierno Constitucionalista en el abandono porque no lo habían reconocido. ¿No es oportuno que bajo tales circunstancias un experimentado político profesional como José María Moncada tomara toda la posible ventaja de aquella ingenuidad infantil de Sacasa a fin de preparar su propio solio, aun a expensas de la insospechada causa constitucionalista y de su valiente pequeño ejército?

¿No estoy en mi derecho al decir y repetir una vez más que lo que necesita Nicaragua es sangre nueva, nuevos hom-

5   En el original pone «desposeído desengaño y evasión», y no parece tener sentido. (N. del E.)

bres; que por apoyar y obligar dentro de este infeliz país a gobiernos fósiles de la podrida escuela del viejo régimen, la diplomacia del dólar ha estado aventando las chispas de la rebelión entre las cenizas de una aparente paz hacia una nueva conflagración nacionalista? ¿No es acaso Panamá, a quien la diplomacia del dólar considera ya muerta para el mundo, la que da hoy nuevos y sorpresivos toques de una verdadera agitación nacionalista, hasta el extremo de expresar su determinación de someter el nuevo tratado con los Estados Unidos a la consideración de la Liga de las Naciones? ¿Por qué el gobierno de los Estados Unidos persiste en mantener sus ojos cerrados?

Veamos estos ejemplos:

Durante mi permanencia en Puerto Cabezas, un bandido americano que decía ser nativo de Texas y quien había sido acusado de varios asesinatos, tanto en Honduras como en Nicaragua, fue visto en la ruta ferrocarrilera del campo de Sikaikwas, de Cuyamel Fruit Co. A solicitud del gerente local americano en aquel campo, fue destacado un cuerpo de marines hacia Puerto Cabezas para capturarlo. Pero los marines, por una u otra causa, parece que se arrepintieron en el camino y retornaron diciendo que no lo habían visto. Por lo tanto, a fin de proteger al indefenso pueblo de Nicaragua, así como a los empleados americanos del ferrocarril de Sikaikwas, tres policías nicaragüenses armados solo de revólveres (porque el almirante Latimer ordenó que les quitaran sus rifles) corrieron hacia Sikaikwas y, después de un tiroteo exhaustivo, capturaron al hombre, protegiendo así tanto a los americanos del ferrocarril como al pueblo de Nicaragua. Y uno se pregunta: ¿Qué pasó con el destacamento de marines y por qué fracasó en la búsqueda del bandido?

Otro ejemplo que prueba que no eran americanos en Nicaragua los que estaban necesitados de protección para defenderse de los nicaragüenses, sino los nicaragüenses quienes tenían que defenderse de los americanos y sus marines, lo comprueba el siguiente relato sobre un gringo residente en Waba-Brown, a quince o veinte millas de Puerto Cabezas. Este honorable miembro de la colonia americana en Nicaragua vivía con una muchacha nicaragüense a quien maltrataba escandalosamente, por lo que un día ella decidió poner la queja ante el Jefe constitucionalista local, Antonio Duarte, pidiéndole protección. Saberlo el violento americano y encaminarse a la estación de policía amenazando con un revólver a Duarte y sus hombres fue cosa de minutos. No contento con eso, se atrevió a notificar al comandante naval americano en Puerto Cabezas que enviasen un destacamento de marines porque su vida estaba en peligro, ¡así como lo oyen! Lo insólito es que poco después, a pesar de que Waba-Brown estaba situada a quince o veinte millas del interior, o sea fuera del límite de la zona neutral de Puerto Cabezas, un fuerte destacamento de marines, por orden expresa del almirante Latimer, fue enviado allí. No solo retornaron la dama a su presunto y bárbaro dueño sino que confiscaron todas las armas y municiones del Jefe de policía y su personal.

A pesar de que el yanqui atormentador y cruel dio excusas al día siguiente a Duarte y telegrafiara a Puerto Cabezas explicándolo todo, el almirante Latimer rehusó retornarle las armas a la estación de policía dejando pues a Waba-Brown indefensa, a la merced de violentos malhechores que tomaban ventaja del estado de sitio en que se encontraba Nicaragua para cometer sus actos de pillaje.

Estos son apenas unos de los tantos casos que podría citar como prueba de la protección que necesitaba Nicaragua en aquellos días, víctima de las arbitrariedades y actos ilegales que cometían la mayoría de los americanos residentes en aquel país, sin contar a los marines.

Otro ejemplo como testimonio del hondo resentimiento que embargaba a Nicaragua contra los americanos fue el cometido por cierto gerente minero norteamericano, cerca de Matagalpa, quien osó pisotear públicamente la bandera de Nicaragua en medio de risotadas. No obstante este bochornoso hecho, cometido bajo la presidencia títere de Adolfo Díaz, apoyado por la diplomacia del dólar, el funcionario en cuestión, en vez de ser expulsado del territorio, fue ascendido en su carrera profesional a Inspector de la carretera de Matagalpa-Managua con sueldo de quinientos dólares mensuales, sin que nadie le molestase. ¡Y después se asombraban de que Sandino hubiese escogido el camino de la montaña con algunos patriotas, entre ellos Salgado!

A fin de probar ahora con informes escritos que la necesidad de protección que reclamaban los norteamericanos para resguardar sus intereses era solo una farsa de la diplomacia del dólar para justificar el envío de barcos de guerra y marines a ese país, reproduciré la carta enviada por míster Gordon Bryan, superintendente de la Cuyanel Fruit Co., en El Gallo, al comandante militar constitucionalista de La Cruz, coronel Masser.

Dice así:

El Gallo Pit. 25 de diciembre de 1926 coronel F. G. Masser. La Cruz.
Estimado señor: para su conocimiento deseo puntualizarle que durante todo el tiempo que usted ha estado al frente del comando de este río no ha habido causa de queja de parte mía. El movimientos de las gasolineras, de los remolcadores fluviales y tráfico en general, no ha tenido impedimento alguno. No se han registrado accidentes ni nada parecido por sugerencias u otra causa. No se han conocido fricciones. No hemos tenido

dificultades con sus soldados, quienes no han cometido abusos ni ha habido más crímenes que los de cualquier tiempo de paz. Cualquiera revolución necesariamente trastorna los asuntos, pero me complazco en decir que no tememos causa de queja en lo que se refiere a su acción.

De usted atentamente,

Gordon Bryan

Debo creer que los siguientes testimonios escritos por los representantes del más grande grupo de inversionistas americanos en Nicaragua serían suficientes para probar la veracidad de mis conceptos sobre la pretendida necesidad de buques de guerra americanos y destacamentos de marines, a fin de proteger la vida y los intereses de cuatrocientos americanos residentes en Nicaragua.

Por otra parte, con el propósito de probar también que la necesidad perentoria de proteger las vidas e intereses de sujetos británicos en aquel país ha sido una especie de trampa, reproduciré las siguientes cartas de tres miembros representantes de la colonia británica en Nicaragua, que son suficientemente explícitas.

La Barra de Río Grande, marzo 3 de 1927.
Señor Ministro de Hacienda, doctor Arturo Ortega. Puerto Cabezas.

Habiendo recibido carta de usted de fecha 28 de febrero último, es con placer que le conteste. Me permito informarle que desde la última quincena del mes de agosto de 1926 hasta la segunda quincena de diciembre del mismo año he visto desde mil a mil quinientos soldados en diferentes ocasiones y en todo el tiempo no menos de quinientos a seiscientos miembros del

Partido Liberal del doctor Sacasa y, en mi opinión, no se puede desear mejor comportamiento de tales ciudadanos en el presente tiempo, o sea hasta el día de su partida.

Quedo respetuosamente de usted,

J. H. Hardy

Río Grande Bar, 2 de marzo de 1927.
El ministro de Hacienda y Crédito Público.

Señor:
En respuesta a su carta del 28 de febrero pidiéndome informes sobre el comportamiento de las tropas liberales estacionadas allí, me permito responderle que ha sido excelente el comportamiento tanto de los oficiales como de los soldados. Gente serena, ordenada y educada. Estoy en posición de informarle oficialmente, pues el general Moncada me dio órdenes de atenderlos en mi profesión médica. He atendido como a trescientos hombres y en ningún caso he encontrado motivo de insatisfacción. Muy por el contrario, tendría que elogiarlos.

Soy de usted atentamente su servidor,

L. G. MacPherson

Río Grande Bar, marzo 3 de 1927.
Don Arturo Ortega
Ministro de Hacienda y Crédito Público.

Estimado señor:
Contesto a su carta del 28 de febrero y en respuesta imparcial como residente inglés profesional en este país, ha estado todo

el tiempo de mi permanencia en el ejército del Gobierno Constitucional del doctor Sacasa y quiero informarle que el comportamiento de las tropas liberales ha sido perfecto, y tanto los individuos como las propiedades han sido respetadas. Me permito suscribirme de usted,

Atentamente,

R. K. Palmer

Las anteriores epístolas son una prueba suficiente de que las vidas de los sujetos británicos no necesitaban protección alguna, como tampoco sus intereses, y que si tal protección fue solicitada alguna vez por el Cónsul general británico en Managua, ha debido ser probablemente por la falta de conocimiento de ese caballero sobre las actuales condiciones en Nicaragua. El hecho de que el Colombo, crucero de Su Majestad, fuera despachado en marzo de 1927 a Nicaragua para darle refugio y protección a cualquier súbdito británico que lo necesitara —no haciendo nadie uso de ese derecho— demuestra plenamente que la propaganda que se hacía sobre persecución a los británicos no era sino una farsa, una trampa para poder suministrar a la diplomacia del dólar el pretexto de solicitar intervención armada americana en Nicaragua.

Por otra parte, a fin de probar que en La Barra, Río Grande, Waba-Brown, Sikaikwas, no eran los americanos los que necesitaban protección para librarse de los nicaragüenses sino que, tanto ellos como los británicos necesitaban defenderse contra la arbitrariedad y violencia de las fuerzas de infantería americanas, relataré brevemente los siguientes sucesos que me fueron contados personalmente a mi llegada a La Barra de Río Grande, por el señor Ralph Sinclair (británico), hijo del rico comerciante inglés míster Wm. Sinclair, en presencia del coronel Newhall y del señor Arthur Felton Hogson:

Inmediatamente después del desembarco en La Barra (23 de diciembre de 1926) de un destacamento de marines americanos, algunos de nuestros miembros huyeron y otros fueron forzados a abrir con ganzúas la puerta de la Orr Fruit Co. en busca de armas y municiones, como dijeron. E inmediatamente después, y siempre bajo el mismo pretexto, entraron por la fuerza no solo en la residencia privada del señor Wm. Sinclair, sino también en las habitaciones de su señora. Fueron echados fuera por el señor y la señora de Sinclair, quienes le reclamaron que durante todo el tiempo en que mil setecientos soldados constitucionalistas estuvieron custodiando La Barra gozaron del respeto a sus vidas y a sus propiedades, y que los «españoles» (refiriéndose a los nicaragüenses) nunca se atrevieron a violar la santidad de su hogar. No hay que olvidar que el hogar de un inglés es su torre de marfil, como dice el proverbio, por lo que Sinclair en verdad estaba furioso por aquel abuso.

Ni hay por qué asombrarse de que la fama del comportamiento de los marines les ha ganado en toda América Latina el apodo de «los bárbaros del Norte». ¡Me pregunto si alguna vez el cónsul general en Managua reportó en algún momento este caso al Foreign Office en Londres!

Mientras estábamos sentados en el muelle de La Barra, el coronel Newhall, Ralph Sinclair y yo, Arthur Felton Hogson, señalando las aguas verdosas del Río Grande, nos explicaba minuciosamente el porqué del temor de las fuerzas constitucionalistas que seguramente las haría retornar sorpresivamente, porque se habían impartido órdenes de tomar y destruir el parque de municiones del ejército constitucionalista en La Barra, consistente en ochocientos rifles, mil ochocientos revólveres y setenta y tres cajas de municiones (cada una con mil cinturones de cartuchos) y considerable cantidad de material de artillería.

Ante nuestros propios ojos fueron echadas dichas armas a las aguas de Río Grande, a menos de trescientos yardas de donde estábamos sentados. Vimos cuando abrieron con hachas la envoltura metálica de las cajas, a fin de impedir a las fuerzas constitucionalistas que pudieran retomarlas del río y usarlas. El señor S. Vega López, comerciante de La Cruz, me contaba días después, en presencia del doctor J. P. Mollgaerd, graduado de la Universidad de Copenhague, y del señor Lalinde, contratista colombiano de caoba muy conocido, que no solamente en Puerto Cabezas y rama, sino también en la zona neutral de Bluefields, la chusma conservadora saqueaba con aprobación de los marines los establecimientos de indefensos comerciantes como el de Carlos Martínez, Leclair, Ramón Rostrán y otros.

Hubiera sido el gran momento para el pueblo americano de pedir al Congreso una exhaustiva investigación del comportamiento de las diferentes fuerzas de infantería norteamericana en Haití, Santo Domingo, Panamá, Honduras y prácticamente toda Centroamérica, en el tiempo de la revolución en Nicaragua.

A menos que se detenga este escandaloso comportamiento en un tiempo razonable, América Latina entera se verá obligada a acudir en su propia defensa ante la Liga de las Naciones —o ante quien sea— aun corriendo el riesgo de desmentir al ex secretario de Estado, señor Hughes, que estuvo bastante equivocado al decir altivamente en su discurso del 30 de agosto de 1923 lo siguiente:

¡Como la política que conforma la doctrina Monroe es claramente la política de los Estados Unidos, el gobierno de los Estados Unidos se reserva para sí su definición, interpretación y aplicación!

La pequeña ciudad de Puerto Cabezas no existía prácticamente —exceptuando una media docena de edificios— hasta que el doctor Sacasa resolvió mantener allí su sede en diciembre de 1926. Hasta entonces, consistía en una fábrica y unos cuantos aserraderos de la Bragman's Bluff Lumber Co. Habían sido explotados por muchos años grandes y ricas extensiones de pinos por aquellos alrededores, como les vino en gana porque hasta ese diciembre no hubo control alguno. Durante el fugaz gobierno de Emiliano Chamorro, la Compañía le compró a don Emiliano, por la cantidad de cincuenta mil dólares, toda esa rica extensión donde había sido fundado el pueblo, con el derecho de expulsar a los colonos si les parecía conveniente.

Este método despótico, tan característico de los diplomáticos del dólar, no se avino con el éxito debido al Gobierno Constitucionalista que, después de mantenerse firmemente en Puerto Cabezas, dominó y anuló la concesión de Chamorro y autorizó al indio «síndico» Noé Colón a continuar vendiéndole terrenos a los colonos (no debe olvidarse que la Bragman's Bluff Lumber Co., La Luz y Los Ángeles Mfg. Co., en Bluefields y Pis-Pis, y la Cuyamel Fruit Co. en Río Grande, Río Escondido, etc., han sido por muchos años, y aún continúan siendo, los fuertes baluartes de la diplomacia del dólar en el Oriente de Nicaragua).

En el momento que partí de Puerto Cabezas, ya era una desarrollada ciudad con treinta o cuarenta nuevos edificios y almacenes bajo construcción. Así, el Gobierno Constitucionalista, siempre desarmado y constantemente perseguido por los marines, había podido ayudar un poco al pueblo nicaragüense frustrándole una de sus pequeñas marramucias a la diplomacia del dólar en la Costa Atlántica de Nicaragua.

Por entonces, a despecho del estado de sitio que reinaba en aquel país, la Cuyamel Fruit Co. continuó extendiendo su ferrocarril hacia los límites occidentales de la plantación bananera, en dirección al distrito minero de Pis-Pis, en donde están localizadas la mayoría de las minas de oro como La Luz y Los Ángeles, la Panamá, Neptuno, Bonanza, la Estrella, la Constancia, Siempreviva, etc. Todas estas minas eran ricas y mantenían en todo el camino molinos de mineral. Su principal inconveniente era su falta de transporte. La Cuyamel Fruit Co., que estaba naturalmente interesada en la explotación de aquellas minas porque, al aprovechar para su beneficio la rica zona aurífera crecería conjuntamente el ferrocarril, no parecía muy entusiasta con la revolución a «largo término», ya que la mayoría de los trabajadores abandonaban el trabajo por los partidos combatientes.

Lo mismo pasaba en las minas de Pis-Pis. Tuvieron que cerrarlas, aun antes de estallar la revolución, porque los trabajadores rehusaron ser pagados con vales. La única de entre ellas que continuó produciendo con la mitad de su personal fue la mina de Luz y Los Ángeles, porque a pesar de que les pagaban un salario de hambre se lo daban en dinero contante.

Debe ser recordado que el sistema de «vales» es en realidad el viejo sistema mexicano del peonaje que la diplomacia del dólar había tratado de establecer, bajo diferentes nombres, en diversos lugares de Centroamérica y las Antillas. Su método de aplicación había sido siempre el mismo. Los diplomáticos del dólar se iniciaban pagando espléndidos salarios, que empezaban a reducir gradualmente, hasta que llegaban al límite de sueldos de hambre. Entonces obligaban a sus trabajadores a cambiar sus salarios por mercancías, suministrados a ellos de sus propios almacenes, y la otra mitad en vales o I. O. U. s. Tan pronto como aquellos trabajadores estaban en deuda con los almacenes, eran obligados a cambiar el 75 % de su salario en mercancías, mientras el 25 % restante se tornaba en vales que las compañías rehusaban cambiar en dinero, mientras ciertos agentes privados de aquellas compañías sí se los cambiaban a los trabajadores con la pérdida del 50 %.

La verdadera razón del porqué la diplomacia del dólar se estableció en la Costa Atlántica de Nicaragua, sin que propiciara el hecho de que Los Ángeles Fiscales de Wall Street y la compañía nicaragüense del ferrocarril consolidaran durante diecisiete años el convenio de extender el ferrocarril nicaragüense desde el Pacífico a la Costa Atlántica es obvio, porque si esta rama del ferrocarril se hubiese construido, el precio de los alimentos y otros artículos de primera necesidad que dichas compañías constantemente importaban de los Estados Unidos, con el propósito de venderlos a los trabajadores a cuenta de sus sueldos, hubiera bajado un 50 %, lo que hubiera habilitado a los trabajadores a guardar la mitad de sus exiguos salarios.

Pongamos un ejemplo. Si un trabajador empleado de esas compañías tuviese que sacar diariamente un dólar por día de salario, o sea, setenta y cinco centavos en mercancías (artículos de primera necesidad y otros artículos importados de los Estados Unidos), hubiese podido comprar la misma mercancía en las secciones agrícolas e industriales del Occidente de Nicaragua por la mitad de precio, ahorrándose así treinta y cinco centavos en su *modus vivendi* más los veinticinco centavos de su jornal diario.

Esto lo hubiera hecho independiente hasta cierta extensión, salvándolo del esclavizador sistema de vales o peonaje de aquellas compañías. Ahora vemos con pupila clara por qué los diplomáticos del dólar, que operaban en la Costa Atlántica de Nicaragua, siempre se opusieron a la construcción de un ferrocarril desde el Pacífico a la Costa Atlántica. Esta es también la verdadera razón de por qué los diplomáticos del dólar estuvieron trabajando de la mano por espacio de diecisiete años, a fin de impedir la extensión del ferrocarril por ambas costas. Todo fue evidentemente estudiado en detrimento del obrero nicaragüense para mantenerlo eternamente esclavizado, similar a lo que pasó en México antes y después de la caída de Porfirio Díaz.

Una de las grandes riquezas que los diplomáticos del dólar explotan sin el mínimo beneficio para Nicaragua son sus recursos forestales, como el caobo, cedro y otras preciosas maderas. Los concesionarios —el 90 % extranjeros— destruyeron salvajemente durante los pasados diecisiete años todas las reservas de cedro y caobos, sin mirar siquiera la ley en lo que se refiera a extensión y anchura. Como no tenían que pagar la deuda nominal de cinco dólares por mil pies cuadrados, con excepción de los cargamentos de troncos que embarcaban en los buques en los puertos de exportación de Gracias a Dios, Prinzapolka, La Barra, Bluefields, Grey Town, etc., prácticamente el 60 % de los árboles que derribaban, indiscriminadamente y sin pensar siquiera en la reforestación de las áreas explotadas, llevaron los bosques a la ruina.

Aquellos árboles eran cortados con el solo fin de explotación. Si la estación lluviosa los transformaba exuberantemente para ellos, o lo que es lo mismo, si los ríos crecían tumultuosamente como para hacer flotar la mayor parte se su cosecha anual, significaba un golpe de suerte. Para ellos, el gran negocio. Pero si los ríos no llevaban suficiente agua, siempre estarían dispuestos a poner en circulación suficientes troncos de árboles para cubrir sus gastos con beneficios, sin importarles un bledo que el 90 % de sus cargas remanentes permanecieran en los bosques chamuscados o en el lecho seco de los ríos.

Los inspectores forestales que son enviados anualmente a Managua a chequear a los concesionarios se vuelven amigos de la causa, cuando no son amigos personales de los socios directivos de la diplomacia del dólar. Para un confortable soborno cerrarían los dos ojos y si tuvieran cuatro, los cuatro cerrarían. No sucedía lo mismo en tiempos del presidente Zelaya, cuando las leyes que regulaban la explotación de los bosques eran mantenidas severamente, dándose el caso de anularle la concesión a la poderosa Emery Co., porque no tenía todos sus papeles en regla. Todos estos hechos han sido naturalmente silenciados por los agentes de prensa de la diplomacia del dólar, que se hacen la vista gorda para que el pueblo norteamericano ignore este gangsterismo por causas que cada quien entenderá.

Todos estos acontecimientos me recuerdan ahora cierta crónica dominical del *New York Times*, el 21 de agosto de 1927. El autor era Whiting Williams y el título «Así era este americano». Deduzco que debe tratarse de un desengañado concesionario extranjero o de un cazador que probablemente fuera a Managua a reclamar los daños que le había inferido la revolución. Este relato, que parece clamar al cielo (como la mayoría de los relatos de este tipo) decía así: «¿No se los decía? ¿Por qué gastar simpatías con este pueblo? ¡Estos nicaragüenses son una cuerda de salvajes!» En lo que concierne a la parte militar es para destornillarse de risa.

El señor Williams llega al extremo de reclamar con la más impasible manera y basándose en la fuerza de los rumores de los partidarios del gang Díaz-Chamorro, que el general Luis Beltrán Sandoval, comandante del ejército constitucional en la batalla de Laguna de Perlas, ordenó, cuando finalizó el combate, que fueran ejecutados todos los prisioneros conservadores. Agrega además que las fuerzas constitucionalistas, que estallaron en Chinandega en febrero de 1927, estaban compuestas de mil quinientos hombres, cuando hasta los niños saben que el general Parajón no contaba con más de quinientos voluntarios y que doscientos de ellos estaban inhábiles para participar en el ataque a la ciudad porque estaban resguardando el convoy de municiones y protegían la retaguardia de dichas fuerzas.

Estoy convencido de que si el editor de la edición dominical del *New York Times* se hubiera tomado la molestia de investigar la verdad en el departamento de guerra en Washington D. C., hubiese desistido de publicar esta historia ridícula. Sin embargo, tengo que confesar por otra parte que fuera de los detalles seudomilitares que mistifica el autor, el artículo en cuestión es un magnífico testimonio y una prueba contundente de la increíble y criminal negligencia con que la diplomacia del dólar permite a sus cuatro presidentes títeres: Estrada, Adolfo Díaz y los dos Chamorros, llevar a Nicaragua a la quiebra y convertirla en un viviente cementerio.

La descripción de míster Williams de los medios mercenarios que ha empleado la diplomacia del dólar en la intervención armada y financiera norteamericana en los últimos diecisiete años, reclutando a sus ejércitos y enriqueciendo a los señores y dueños de Wall Street, resulta un magnífico documento de cómo las armas se vuelven contra ellos mismos al colocarlas en manos de sus agentes de prensa o golpeadores profesionales, hechos contraproducentes contra los diplomáticos del dólar.

Algunas de estas amargas verdades, a las que ya me he referido en este capítulo y de las cuales se hace eco míster Williams sin darse cuenta, las desglosaré del referido artículo:

A pesar de todo, nosotros enviamos anualmente a la capital cientos de miles de dólares de nuestra aduana en Bluefields, pero recuperamos difícilmente un céntimo para reparar nuestras maltrechas calles. Además, la mayoría de los funcionarios oficiales, desde el Gobernador hasta el administrador de Correos, son apoyados por los líderes e impulsados a administrarse bien hasta donde fuera posible. Recientemente un Gobernador, cuyo salario era de doscientos cincuenta dólares mensuales, se hizo en cuatro meses una fortuna de veinte mil dólares.

Escuchen ahora:

Este descontento afecta no solo a la gente de Bluefields sino a cada nicaragüense de la Costa Atlántica. Por lo menos se revive tres veces al día porque la falta de comestibles —entre ellos granos y arroz, el pan de cada día en Centroamérica—, es importada en vez de ser traída del campo y tales importaciones significan altos derechos y alza del costo de la vida. Señalando todo esto, es bastante cierto que los hombres de Nicaragua lo que necesitan es pelear menos para entrar en mejor contacto y que estuviesen ayudados a ganarse un salario, sin necesidad de tomar las armas o ser perseguidos en sus negocios por sus enemigos políticos, nada sería más oportuno que la construcción de un ferrocarril a través de la Costa Atlántica.

Creo que estoy en mi perfecto derecho cuando digo que la diplomacia del dólar debe haber tenido sus razones especiales para detener a Nicaragua de su progreso lógico en los años que corren desde 1909, cuando el ex secretario de

Estado, míster Philander Knox, penetró a sus anchas como perro rabioso dentro del infeliz pueblo de Nicaragua.

¿Y no es acaso un evangelio de que la intervención armada y financiera norteamericana no ha traído a Nicaragua sino desolación, ruina y muerte, retrocediéndola a cincuenta años?

Capítulo XIII

El 4 de abril de 1927 salí hacia Managua cruzando la ciudad desde la Costa Atlántica al Pacífico. El salvoconducto o pasaporte extendido por las autoridades locales constitucionalistas de Puerto Cabezas decía lo siguiente:

El suscrito comandante de la policía de Puerto Cabezas da pasaporte al corresponsal de la prensa europea y americana señor Nogales Méndez, que en esta fecha se dirige a la Barra de Río Grande a bordo de la embarcación Anderson. Se ruega a las autoridades de tránsito no impedirle su marcha. Dado en Puerto Cabezas a los cuatro días de abril de 1927. (f) José María Zacarías G., comandante de policía, 4 de abril de 1927. Aprobado por W. E. Terry, alférez de USA.

Después de despedirme del doctor Sacasa y de su séquito, así como del comandante Bischoff y del resto de los oficiales de las Fuerzas de Infantería Americana, míster Fuchs me llevó en su carro hasta el muelle alrededor de las cinco p. m. donde subí a bordo de la embarcación Anderson.

A la siguiente mañana me desperté cuando rozábamos la peligrosa Barra de Río Grande. Me había quedado dormido por lo que me di cuenta que habíamos parado cerca de una hora en Prinzapolka, a fin de tomar pasajeros y correo. Mientras despabilaba mis ojos del sueño, fui bañado íntegramente por la pesada rompiente que constantemente asediaba nuestro bote. Afortunadamente el capitán, como viejo lobo marino, hábilmente se manejó para quedarse a sotavento detrás de La Barra, donde prácticamente se cierra la desembocadura de Río Grande, volviéndose allí un largo estuario rodeado por un cerco de lodazales y lagunas pantanosas habitadas solo por caimanes, culebras, airones, pelícanos, grullas azules y otras aves salvajes. Al sur de la bahía se movían algunas lanchas gasolineras cargando bananos frente a los edificios y depósitos de la Cuyamel Fruit Co. En todo el frente, hacia el Norte, se encontraba el pequeño pueblo de La Barra con su larga línea de almacenes y cabañas de madera, que llamaban la calle principal. No sé por cuál motivo, ya que no existían otras calles. Todas las casas estaban construidas sobre estacones de madera, incluyendo las de la única avenida; un conjunto abigarrado de planchones podridos.

En el muelle, H. M. Anthony, del personal del crucero norteamericano Cleveland (realmente un simpático caballero neoyorquino) examinó mi pasaporte sin descartar cierta mirada de sospecha hacia mis pantalones grises de montar, de corte alemán. De allí fui escoltado por míster Felson Hogson hasta la residencia del coronel Francisco Espinoza, el comandante militar de la plaza, donde me sentí a mis anchas y colgué mi hamaca.

Después del almuerzo, el cabo Anthony me invitó a nombre del alférez Mann, comandante del destacamento de los marines americanos estacionados en La Barra, a ir a su oficina. Parece que dicho alférez no quedó muy convencido de mi indumentaria alemana; sin embargo, al dar un vistazo a mi pasaporte pareció tranquilizarse de que no había novedad. Empezó a romper el hielo por pulgadas, pero al día siguiente en La Cruz ya éramos amigos, de tal manera que me dio como recuerdo un gran paquete con cajetillas de cigarrillos Lucky Strike. Era el mejor presente para las siete semanas que iba a pasar aislado del mundo, hundido en los distritos de la jungla de la Nicaragua central.

Entre las interesantes noticias que el coronel Espinoza me contó, estaba la despectiva manera con que se burlaba la buena fe del pueblo de Nicaragua. Parece que inmediatamente después de que los funcionarios del crucero desembarcaron en La Barra para saquear el depósito de municiones del ejército constitucionalista, destacaron a un grupo de marines para ir a un lugar llamado Sandy Bay, a cinco o seis millas de la costa de La Barra, con órdenes explícitas de destruir el armamento de cerca de una docena de voluntarios constitucionalistas que habían estado allí estacionados con el solo propósito de mantener el orden en los alrededores. En este caso, como en otros que he mencionado, se cometía una imperdonable violación de la ley, ya que Sandy Bay se encuentra como a dos millas fuera del límite de la zona neutral de La Barra.

Aquel mediodía me decidí a curiosear la caja fuerte de La Orr Fruit Co. que, de acuerdo a informaciones recibidas, había sido violada o forzada con ganzúa por algunos funcionarios de las fuerzas de infantería americana a su llegada a La Barra. Encontré la oficina vacía. Por el momento, los marines habían improvisado allí una lavandería, pues estaba situada a orillas del río. Aparecía rodeada de altos pilones de troncos de caoba, completamente abandonados, que valían una fortuna. Los concesionarios habían preferido que se pudrieran en la caliente arena antes que molestarse en despacharlos por el río hacia un lugar seguro.

Frente a la oficina, un centinela se paseaba noche y día. Y mientras me contaba que tenía la impresión de haber visto un gato montés por los alrededores, aproveché para entrar en las desiertas oficinas de la poderosa compañía cuya caja de caudales ya no existía y cuya puerta abierta mostraba señales inequívocas de haber sido violada su cerradura.

Luego que regresé a la ciudad, vi como una o dos docenas de canoas indígenas, cargadas con frutos del mercado, que permanecían atadas a algunos arbustos cerca del muelle. Estaba tratando su tripulación de disponer de aquellas mercancías para una extraña multitud folklórica. Eran indios Mosquito y Suma, de sangre pura, sin la más leve mezcla del negro. Tuve que detenerme un rato para observarlos minuciosamente. Bello espectáculo que representaba una de las misteriosas ramas de la raza indígena que, después de haber sido por centurias una nación culta, había retrocedido a su vida nómada y primitiva, de tal manera que desconocían su antigua religión o folklore.

De acuerdo a lo que he leído sobre su origen, los indios Mosquito provienen de una fusión entre las tribus indígenas Caribe y Trujillo, que merodean por el río de la Costa Pacífica después de haber disfrutado, tal vez por miles de años, de una avanzada civilización. La mezcla con la sangre Caribe fue cruzada probablemente después de su llegada al litoral atlántico, que dichas errantes tribus habitaban antes que los españoles conquistaran a Nicaragua.

Las grandes artísticas pictografías que observé sobre las rocas de basalto que decoran ambos lados de Río Grande arriba, entre El Gallo y San Pedro, guardan cierta semejanza con los antiguos Maya y la escuela Nahua, especialmente el antiguo imperio de Xibalba, o las serpientes, que dejaron relevantes signos de avanzada cultura, no solo en Chiapas y Cuba, sino prácticamente en Centroamérica hasta Panamá. Lamentablemente para los Estados vasallos centroamericanos del imperio de Xibalba, este fue destruido (alrededor del siglo VI de nuestra era) por las naciones Nahua y subsecuentemente por Anáhuac o el imperio Tolteca, que finalmente hizo abortar en extrema crueldad la total separación y aislamiento de Centroamérica y su antiguo centro de civilización en la Península de Yucatán.

Los esfuerzos de los Chichimecas —que a su vez destruyeron el imperio Tolteca— para reponer su control sobre Centroamérica, deben haber sido en parte la real causa del éxodo de la más grande parte de las tribus altamente civilizadas del Occidente de Nicaragua hacia la Costa Atlántica, donde fueron conquistados y asimilados por las salvajes tribus Caribe. Después de la conquista por los españoles, aquellas tribus que se establecieron sobre el litoral atlántico fueron profundamente influenciadas por una fuerte fusión de sangre negra.

Las tribus Suma, que deambulan errantes por la selva central de Nicaragua, representan a mi entender el prototipo de los indios Mosquito antes de ser absorbidos por las naciones Caribe. Su mezcla con los fuertes y salvajes pueblos extranjeros está plenamente demostrada en la estructura corriente de cinco pies y nueve pulgadas del indio Mosquito, mientras que en los Suma es solo de cinco pies y seis pulgadas.

El origen de esas maravillosas pictografías de la vieja escuela Maya-Nashua, que embellecen las masivas y lustrosas rocas de basalto, Río Grande arriba, son posiblemente de la época en que las tribus Suma no habían sido aún conquistadas y mezcladas con los salvajes Caribe.

Los indios Mosquito son por regla general muy hospitalarios. También son grandes cazadores y expertos pescadores. Su plato favorito consiste en un puré de bananos hervidos, llamado por ellos «vaivel». Siempre están bañándose, aunque nunca están limpios. Sus viviendas tienen techo de paja entremezclados con caña amarga y juncos; muchas son bastante grandes como para albergar varias familias. Las mujeres generalmente hacen el trabajo hogareño, mientras los hombres cazan, pescan y proveen a los suyos muy responsablemente. Representan a un numeroso pueblo generalmente agobiado de enfermedades que descuidan sus médicos llamados «sukias», más interesados en prolongarlas que en curarlas o prevenirlas. Las jóvenes son pulcras y pintan sus rostros varias veces al día. Llevan collares de canutillo y mucha pedrería. Son realmente un bello espectáculo cuando navegan en el océano en sus estrechas piraguas, exhibiendo sus rostros vivamente coloreados, acompañando el vaivén de sus remos con una larga y profunda canción que les sale del alma así:

Vaya, yang vaya yang vaya Boocra, vaya yang vasina vaya, vanki bila miraim, vaya, aisabe bisura aula ang, vaitna ate...

que traducido al español quiere decir: «Me voy, ya estoy en camino, me voy con mi amante hacia el río. ¡Adiós, mujeres que habláis el idioma Vanki! Voy en mi camino, adiós! Pronto estaré de vuelta con mi amante...!».

El día después de mi llegada tomé pasaje en el lanchón a motor número dos, perteneciente al capitán William Bevy. Alrededor de las cuatro pág. m., con la proa hacia el Oeste, se oyó un silbato y empezamos a movernos cadenciosamente. Ligeramente desapareció de nuestra vista la ciudad y quedamos encerrados dentro de los bancos de roca verde oscuro que bordean el río de ambos lados por un estrecho de cerca de treinta millas, hasta que se desvanecen en ocasionales plantaciones de banano. Después de seis o diez millas adelante, los bancos de Río Grande se convierten en suave fronda de millones de bananeros que cubren cerca de setenta millas por La Cruz y El Gallo, tan lejos como Palpunta. El 90 % de esta bien cultivada zona es propiedad o está controlada por la Cuyamel Fruit Company, que también posee enormes plantaciones hacia el bajo curso de Río Escondido y en la región interior de Puerto Cabezas. La otra compañía extranjera establecida en Río Grande es la Banana Río Grande Company, consorcio francés, situado frente a La Cruz.

Nuestro lanchón número dos era un bote de poco calado que había sido comandado y usado por las fuerzas constitucionalistas como un crucero auxiliar durante el ataque a Bluff en diciembre de 1926. Aquel día fue acribillado con ametralladoras. Su chimenea parecía un colador. Los proyectiles llegaron a perforar algunos de los camarotes del puente superior. El lanchón número dos era ciertamente un veterano cubierto de cicatrices por doquiera, y así de valientes eran su capitán y los dos pilotos que no lo dejaban sucumbir y lo llevaban hasta el amargo final.

Me encontré a bordo, entre otras interesantes personas, al señor Frank Lucas, un comerciante de La Cruz, cuñado del malogrado mayor Gilberto Morris que cayó en pleno ataque a Raitarapura en la batalla de Laguna de Perlas. Los otros pasajeros eran un sirio y un hindú, ambos comerciantes establecidos en La Cruz. Interesantes reminiscencias surgieron entre nosotros durante dos horas, hablando de la belleza de sus respectivos países la magnificente Mezquita de Omar en Jerusalén, por ejemplo, y el maravilloso Taj Mahal — mientras nuestra lancha veterana corcoveaba y daba bufidos como el viejo caballo fiel de una calesa. Hundía bravamente su hocico dentro de los dieciséis profundos principales canales de Río Grande, considerablemente agobiado por dos pesadas barcazas que llevaba atadas de ambos lados y una interminable cadena de canoas nativas que había tomado remolcándolas. Pertenecían a algunos de nuestros pasajeros de tercera que ya de una vez, aproximándose a su destino, las tomaban cortando el cordel sin esperar que nuestro lanchón diese la voz de alto... Al golpe silencioso del remo desaparecían en la balsámica noche en busca de algún techo de paja, Dios sabe dónde, entre los misteriosos lodazales o bajo la frondosa vegetación inmóvil que lleva a las tranquilas playas.

Aquí los bancos se cubren con la alta hierba escocesa coronada de sarracenias, caobos, gigantes ceibas y guayabos de cuyos encumbrados ramajes cuelgan como cajas musicales los nidos de las oropéndolas, una variedad tropical de los oriol, famosos por su negro, lustroso y dorado plumaje.

En este dramático panorama de una perfecta noche tropical el único signo de vida era tal vez la silueta desdibujada del gavilán, en suspenso, planeando indiferente sus alas sobre las rizadas aguas.

Justo antes de que rompiera la aurora fui despertado por los gritos agudos y prolongados de una banda de indios en la playa, que estaba probablemente saludándonos. Luego de un cuarto de hora, detrás del horizonte aparecieron tintes rosa que pronto se desvanecieron anunciando la aurora.

A la salida del Sol todo el mundo a bordo estaba despierto. La atmósfera recargada con el calor solar resumía sus metálicos destellos en un ocasional rayo dorado sobre las aguas verde oliva de Río Grande. A lo largo de la ribera de la desesperante selva trepaban pesadamente las tortugas sobre la hierba para sumirse de cabeza al río. El caimán levantaba sus gigantes fauces y sus crueles y fríos ojos —tan repulsivos durante el día— parecían por la noche esmeraldas asomándose con cautela sobre la superficie de la plácida corriente. El colibrí se precipitaba de flor en flor, pulsando el aire como un inquieto violín, los negros y amarillos orioles volaban excitados de nido a nido desde la cima de un airoso bambú, o de las secas ramas de un guayabo donde una bandada de pericos o grupos de monos saludaban el día.

El calor aumentaba minuto a minuto hasta ser bochorno al mediodía, cuando el silencio de nuevo se aposentaba sobre el río y la selva, interrumpido apenas por el remo de las barcas y el incesante chirrido de las cigarras.

De pronto, uno de los pasajeros me señaló un guayabo situado en el banco derecho del río, levantándose solitario entre mecientes matas de cambur. Lo llamaban «el guayabo de la Compañía Bananera de Río Grande».

De acuerdo a su relato, en septiembre de 1925, un grupo de cuarenta o cincuenta trabajadores, empleados de las compañías bananeras, remaban en sus canoas río arriba con la intención de pedirle a sus jefes aumento de salario. Mientras tanto, un grupo de desarmados e insospechados trabajadores estaban como a cien yardas del guayabo, cuando explotó un fuego criminal dirigido por soldados escondidos en la arboleda de quienes era imposible salvarse a menos de subir abordo o de tirarse al río. Pero los caimanes están allí acechando... Es de dudar si alguno de esos pobres peones que escapaba del fuego se salvaba en el agua. Este dramático relato fue plenamente confirmado por mí a mi llegada a La Cruz, donde también pude adquirir una fotografía de los cadáveres de tres de las víctimas que estaban tranquilamente pescando.

Aquel mismo día llegamos a La Cruz. El pequeño pueblo me recordó a Juneau, en Alaska, porque los edificios de su calle principal, que dan hacia el río, están como levantados sobre zancos. Aunque el banco fluvial se levanta en La Cruz alrededor de treinta o cuarenta pies sobre el nivel del agua, Río Grande frecuentemente inunda la ciudad, y ya se la hubiera tragado si no fuera porque está construida sobre un rocoso arrecife que cruza el río en este lugar.

En La Cruz tuve el placer de encontrarme con el doctor J. P. Mollgaerd, un médico danés perteneciente al grupo de los daneses inmigrantes que llegaron durante el régimen de Diego Manuel Chamorro, con la intención de colonizar una sección central de Nicaragua, que no pudieron realizar. Después de haber gastado todo su dinero en inútiles esfuerzos para asegurar adaptables propiedades, varios de sus miembros murieron de fiebre y atenaceados por las balas y machetes de los plantadores nativos, que objetaban haber sido despojados a la fuerza de sus propiedades. Los colonizadores tuvieron que retornar a Dinamarca sin un centavo y con muchas enfermedades encima. El doctor Mollgaerd también me contó que otro médico danés, el doctor Koeford, y una joven estudiante de medicina de la Universidad de Copenhague, Miss Myken Borring, que pertenecía al cuerpo médico constitucionalista, trabajaron juntos por La Cruz con dicho ejército, atendiendo voluntariamente a los soldados enfermos o heridos, así como lo había hecho durante los terribles días del ataque a The Bluff en Bluefields y en la batalla de Laguna de Perlas.

El coronel J. L. Miranda, quien estaba esperando por mí en el desembarcadero, me invitó al cuartel donde saludé al coronel Cajina Mora, comandante militar de la plaza. Fue sumamente atento conmigo, como lo fue su hijo y secretario, y el señor Ángel Plazola, el agente financiero en La Cruz. Allí me agencié para obtener una gran pipante o piragua, cuatro o cinco rifles con suficientes municiones (la mayoría balas explosivas), provisiones y medicinas que me durasen como por tres semanas, así como una tripulación de seis indios nicaragüenses. Algunos de este equipo eran desertores del ejército conservador. El coronel Newball, quien había decidido acompañarme hasta San Pedro, los puso a trabajar inmediatamente enganchando nuestra canoa a una lancha motorizada que había sido ordenada para remolcarnos río arriba. El coronel Cajina Mora, el doctor Mollgaerd, el señor Lalinde, el coronel Miranda y un grupo de curiosos se reunieron en el empinado banco de arena para vernos partir y decirnos adiós. Newball encendió un cigarrillo y nos enfrascamos en una discusión sobre la situación política y militar del país que iba a cruzar por mi propia cuenta.

De acuerdo a populares rumores, los conservadores de los alrededores y especialmente los plantadores del distrito selvático del centro de Nicaragua, a donde yo iba, parecían encontrarse al borde de un levantamiento a fin de bloquear al ejército constitucionalista que se dirigía hacia la Costa Atlántica. Mi situación prometía pues volverse interesante, tal vez peligrosa. Aunque el coronel Newball no lo admitía de un todo, comprendí que ese era el motivo por el cual quería acompañarme hasta el lejano San Pedro.

Aunque la guerra civil continuaba furiosamente en Nicaragua, peor que nunca, nadie parecía interferir al menos en los intereses de la Cuyamel Fruit Company. Los poderosos barcos de Cuyamel remolcando hileras de chalanas cargadas de bananos, se mantenían recorriendo Río Grande sin la más leve interrupción, y las autoridades constitucionalistas jamás pensaron en presionar a los trabajadores de sus plantaciones para el servicio militar. El Ejército Constitucionalista se componía enteramente de voluntarios. El 90 % de las fuerzas de Díaz, por el contrario, eran reclutas. Hasta las mujeres eran sacadas de sus hogares con sus hijos para combatir y mantener a Díaz en el poder.

Pocas horas después de nuestra partida llegamos a El Gallo. Aquí se encuentran las principales oficinas de la Cuyamel Fruit Company. En un pequeño trecho de El Gallo las corrientes de Río Grande dejan de ser navegables, no solo para embarcaciones a motor sino también para pequeñas canoas y lanchas, ya que entre La Cruz y El Gallo se inicia el lecho de roca del río. Por cien millas de extensión, más o menos, desde la boca de La Barra hacia La Cruz, las corrientes de Río Grande fluyen en un aluvión de cieno. Pero desde La Cruz a El Gallo sus corrientes surgen espumosas sobre las incontables y sucesivas capas de lava petrificada, remontándose una sobre otra, expulsadas por los activos conos volcánicos de la cordillera central de Nicaragua formados a través de los siglos en dirección hacia el Océano Atlántico. Este hecho cuenta por los innumerables raudales y cataratas que hacen innavegables las corrientes superiores de Río Grande, excepto por estrechas piraguas. Lo mismo puede aplicarse a los otros ríos a lo largo del mar Caribe, que también tienen una relativa e insignificante corriente navegable en su parte baja.

Al salir de El Gallo tuvimos que abandonar nuestra lancha gasolinera y tomar nuestros remos y pértigas a fin de remontar el primero de los grandes raudales que tenía que pasar durante las siete semanas en mi viaje a Matagalpa. Detrás de la desembocadura del Caño Siquias, atrajo mi atención un conjunto de cocoteros que parecían proteger misteriosamente una roca de basalto, medio escondida entre bijaos, bambúes y plantas salvajes. Al observarlo de cerca, noté en la repulida superficie del arrecife que se levantaba perpendicularmente fuera del agua una de las numerosas pictografías que embellecen los bancos rocosos de la parte superior del río. Algunos de esos dibujos representan jaguares, cerdos salvajes, aves migratorias, serpientes, así como guerreros coronados de plumas. Otros muestran aparentemente figuras de demonios o discos solares, de los que deduzco interpretaciones astronómicas.

Observé que la mayoría de aquellos dibujos estaban separados el uno del otro por distancias que salvadas a pie, representarían un día de viaje. Esto me hizo pensar que seguramente fueron en un tiempo la piedra miliaria para marcar estaciones de relevo, o seguramente un medio de transmitir mensajes por peatones. Espero que el profesor J. W. Schoenberg, a quien suministré en Managua todos estos datos, pueda realizar algún día un viaje para estudiarlos, pues deben llevar a importantes descubrimientos acerca del origen de la antigua cultura de la raza Suma Caribe. Me duele que las fotografías que tomé de esos petroglifos y del legendario Monte Musun se perdieran con un artículo, en manos de un mensajero indio que los llevó a principios de mayo a Puerto Cabezas. Ese reportaje informativo estaba destinado al Lokal Anzeiger de Berlín. Lamentablemente, pude enterarme después de que el indio había desaparecido al ser atacado por un jaguar en las inmediaciones de San Pedro.

Cuando los remos de nuestra embarcación empezaron a moverse una vez más dentro de las límpidas aguas de Río Grande, torné mi vista por varias veces para llevar impresas mis pupilas de las figuras de aquellos antiguos y bravos guerreros ocultos entre las sombras agobiadoras de la selva, cuyos ojos petrificados se habían clavado quién sabe por cuántos años, tal vez miles de años, misteriosamente en la eternidad.

Algunas horas más tarde, cuando los crepúsculos ensangrentados empezaron a desvanecerse en un rosa pálido y las sombras adormitadas cubrieron silenciosamente los bancos del río, la proa de nuestro pipante se clavó en la plantación llamada Doris, donde el señor Carlos Vogel nos dio asilo por una noche. A la siguiente mañana observamos otra pictografía en los alrededores de El Progreso y antes del ocaso trepábamos la colina Palpunta, donde está situada la plantación bananera del coronel Julio Monterrey, el comandante constitucionalista de esta sección de Río Grande, quien había ordenado una exquisita cena. El comandante me suministró muchos datos sobre el comportamiento local de la Cuyamel Fruit Company.

Julio Monterrey era ingeniero civil y aunque había sido bien tratado por esta compañía no estaba de acuerdo con el absoluto control que la Cuyamel Fruit Company pretendía imponer en la zona bananera superior de Río Grande, que empieza en Paipunta y abarca el camino de El Gallo hacia las vertientes de Surrutara. Reclamaba que, debido a esta ventaja de la Cuyamel, que afectaba a los más pequeños independientes plantadores por falta de otras compañías competidoras como mercado, muchos habían tratado de hacerlos salir del lugar rechazando parte de sus cosechas. De acuerdo a lo que expuso el coronel Monterrey, dichos plantadores estaban siempre esperando una solución contra el sistema de monopolización de la Cuyamel en la más productiva zona bananera de Río Grande. Citaba como ejemplo a la Orr Fruit Company, cuyo capital era muy limitado, pero que no obstante los plantadores preferían venderle sus cosechas perdiendo en ellas a fin de demostrarle a la Cuyamel Fruit Company que su presencia no era necesaria.

Pero infortunadamente la Orr Fruit Company tuvo que vender sus acciones a una compañía socia de la Cuyamel, lo que dejó a los plantadores una vez más en las garras de un pulpo que se llama Cuyamel Fruit Company.

La zona superior de Río Grande es más fértil que su zona baja. Su único inconveniente es la falta de comunicación con las aguas navegables de Río Grande al Oeste de El Gallo. Palpunta está situada a ciento cuarenta millas río arriba de La Barra y dificultosamente a un día de viaje desde El Gallo. Abriendo una trocha de veinte millas, las cosechas de Palpunta y otras plantaciones independientes de esta zona de Río Grande podrían ser fácilmente transportadas y embarcadas por el río en lanchas a motor y lanchones impulsados por remolcadores. Sería capaz de pagarle a un mensajero, de alguna compañía independiente de bananos, con el solo afán de que tomase los informes del coronel Monterrey. Hay oportunidad para que un gran hombre de empresa se haga de uno a dos millones, de la noche a la mañana, para demostrarle a los nicaragüenses que al pueblo no le interesa depender de la diplomacia del dólar, por el contrario, quieren edificar sus fortunas con su propio esfuerzo en negocios perfectamente honestos.

A la siguiente mañana me fui a inspeccionar las pictografías al pie de la colina de Palpunta. Me despedí del coronel Monterrey quien nos había atendido con toda generosidad y seguimos río arriba una vez más con la intención de llegar a San Pedro lo antes posible, pues la situación a lo largo del río se volvía cada vez más crítica debido a la imperdonable falta de Moncada de abandonar a Matiguas a su destino, sin dejarle siquiera una guarnición de cien hombres para mantener comunicación con Puerto Cabezas. Por tal motivo, los plantadores conservadores en los distritos selváticos de Río Grande, Willike y Kepi, se estaban volviendo inestables, listos para adherirse a las fuerzas conservadoras en caso de una inclusión dentro del distrito de Río Grande a través de Matiguas. Este extraño comportamiento de José María Moncada volvía muy suspicaz al pueblo del litoral atlántico y se pensaba que había procedido de esta manera a fin de liberarse de la supervisión del gabinete del doctor Sacasa en Puerto Cabezas, a quien estaba obligado a consultar y dar cuenta de todos sus pasos.

El 9 de abril continuamos remando río arriba bajo las más difíciles circunstancias, porque cerca de Palpunta el río se transforma en ciertos lugares en torrenciales corrientes que derivan con el viento en grandes lechos de tierras movedizas, flanqueadas por altas rocas perpendiculares.

Aquí la mínima falla del hombre significa la muerte. Para juzgar los signos de erosión causados por la continua caída de las aguas, llegué a la conclusión de que este caos de rocas fue debido a terremotos que destrozaron los cauces de alguna antigua corriente de lava. A ambos lados de este cañón en miniatura observamos tres nuevos petroglifos de donde sobresalía uno de extrema belleza. ¡Cómo lamento haber perdido estas fotografías!

Tan pronto pasamos los raudales Surrutara marcamos la hora del mediodía y también el límite occidental de la zona bananera de Río Grande arriba. Aquí cesan las plantaciones. Desde Surrutara a San Pedro se ven ocasionalmente manchas de caña de azúcar y plátano, rodeando algunas docenas de casas con techumbres de paja de semicivilizaciones de indios Suma. O leñadores, aquí y allá bordean la densa e inaccesible selva, semejante a un sólido cinturón que aprisiona todo el centro de Nicaragua desde Honduras hasta Costa Rica.

Esta inmensamente rica y casi inexplorada región de Nicaragua, que representa más o menos el 40 % de todo el país, debiera ser acondicionada y abrirse a la agricultura por medio de un ferrocarril que fuera del Pacífico a la Costa Atlántica, o por medio de una autopista recorrida por automóviles y pesados camiones. He aquí otra oportunidad para que el capital norteamericano tuviese beneficios, pero que también los tuviese Nicaragua.

Después de ensayar mi segundo vuelo y a despecho de que muchos rifles en manos de desertores apuntaban nuestras cabezas desde la espesa selva, a lo largo de los bancos fluviales, empecé a gozar mi azaroso viaje. Tenía la oportunidad de cazar en gran escala. Era también interesante arponear durante la noche, con la ayuda de mi linterna, toda clase de peces, desde un sábalo hasta un tiburón. Parecería extraño decir que los tiburones podrían ser hallados aquí ocasionalmente, aun en la estación de verano, en la cabecera superior del río Tuma. Permanecen confinados a los límites de profundas lagunas, hasta que las aguas de la estación lluviosa, que sube muchas veces a cincuenta pies cubriendo los raudales y cataratas, los hace ir al fondo.

El tiempo era maravilloso. Aquel día me encontré con un indio a quien puse por nombre Iñapaquita, por tomarle el pelo, y quien se unió a nuestro grupo, tal vez temeroso de los desertores errantes en la Costa Atlántica. Por la vía Tierra Azul-Tipitapa, Moncada dirigía el ejército constitucionalista hacia su destrucción. Esos indios no tienen un pelo de tontos. Como todos los que encontré en mi camino, me advertían muy honestamente que desistiera de mi viaje a través del país porque la muerte acechaba detrás de cada árbol y en todo camino del distrito central, ya fuera en forma de bandidos profesionales, fiebres o bestias salvajes.

Al mediodía advertimos en la distancia una gran roca color tabaco bloqueando nuestra ruta. Alta y rectangular, semejaba el ara de un gigante. Aquí se encontraban las cataratas Olea-Olea, muy peligrosas, y que nos obligaban por la décima vez durante nuestros tres días de viaje a descargar nuestras canoas a fin de arrastrarlas con gruesos cordeles. Aturdidos por el rugido de las cataratas menores, ascendimos las empinadas rocas de los torrentes, con el agua a nuestro cuello.

Esta maniobra que tuve que repetir hasta dieciséis veces antes de arribar dificultosamente a Matiguas —siete semanas más tarde— me recordaba mis viajes por el interior de Alaska, con la diferencia de que allí cargábamos nuestras canoas Peterboro sobre nuestros hombros, mientras que aquí, nadando entre furiosas corrientes, nuestros pesados pipantes tenían que ser arrastrados como fuera, bajo un Sol tropical intenso y considerable pérdida de tiempo.

Sin embargo nos manejamos como pudimos y finalmente acampamos sobre un piso rocoso donde descargamos nuestra canoa y nos dimos a la tarea de preparar un almuerzo frugal, que consistía en dos o tres patos cazados en el camino. Durante aquella noche fuimos despertados varias veces aquí por esporádicas detonaciones causadas por la explosión de altas bituminosas rocas donde habíamos plantado nuestro campamento.

El 10 de abril cambiábamos nuestra barca o pipante por la cuarta vez, cerca de un campamento de madera, a fin de pasar los remolinos Trus-Trus, los que se suponen ser los más escabrosos y traidores pasajes del río. A las cinco pág. m. llegamos a San Pedro del Norte, donde el Tuma desemboca en Río Grande.

Capítulo XIV

En San Pedro fui amablemente recibido por un hombre de edad mediana, verdadero espécimen del pescador hispano-americano, quien se apresuró, desde su bungalow rodeado de abetos, en dar la bienvenida a nuestro grupo. Su nombre era Mercedes Reyes. Era el representante local del Gobierno Constitucionalista y por él me enteré que la situación era bastante seria. No solo había peligro de alzamiento de parte de los conservadores en dicha vecindad, sino la amenaza continua de desertores del ejército de Adolfo Díaz, quienes habían instituido un reino de terror. No pasaba día sin que se cometiera un crimen. Aquel día en particular, por ejemplo, un grupo de siete bandoleros habían rodeado un rancho, cerca de dos millas río abajo, y después de ahorcar a su dueño habían matado sin piedad, a machetazos, a su esposa y tres hijas.

Habían dado a San Pedro un gran respiro, probablemente porque creían que Reyes no estaba solo. Con la excepción de dos soldados heridos, todos sus hombres le habían abandonado para irse con el Ejército Constitucionalista, cuando este había pasado, camino de Matiguas. Entendiendo que si este populacho pudiera llegar a posesionarse de San Pedro no solo Reyes sino prácticamente cada ranchero de esta localidad sería masacrado, envié una carta enseguida al coronel Cajina Mora, a La Cruz. Tres días más tarde despachó un destacamento de tropas con órdenes explícitas de desarmar a los desertores y restablecer la normalidad en esta comunidad.

Me di cuenta de lleno, por lo que Reyes me dijo, que era perder mi tiempo si trataba de obtener los caballos necesarios, bien equipados, para mi viaje a Matiguas, vía San Pedro. Decidí proseguir mi viaje vía fluvial, yendo Río Tuma arriba, si posible hasta la parte baja de las montañas de Matagalpa, en la cercanía de El Cacao, que se suponía eran ocupadas por algunas fuerzas pertenecientes al ala de extrema derecha del Ejército Constitucionalista. En caso de que más arriba el río se encontrase poco navegable para nosotros, yo con mis hombres, ya que ellos habían decidido acompañarme, siempre hubiéramos podido proseguir nuestro viaje por tierra, abriendo trochas, a través de la jungla. ¿Por qué no? Contaba con dos espléndidos pipantes manejados por tres indios y cuatro nicaragüenses, todos ellos viejos conocedores de los bosques. También llevaba abundancia de armas y provisiones. En caso de que por alguna razón no pudiésemos llegar a Matagalpa, siempre podríamos regresar por nuestros pasos y probar suerte por vía de Willike y el Río Blanco.

Después de mi charla con Mercedes Reyes, ordené a mis hombres descargar y sacar nuestras canoas hasta la orilla, donde establecieron el campamento y tuvieron todo listo para salir al día siguiente. Reyes, quien era un viejo maderero y antiguo comerciante con los indios, se había distinguido en defender a San Pedro por varios meses a la cabeza de setenta hombres contra una columna volante de conservadores, bajo el mando de uno de los tenientes de Baquerano, llamado Pedro Pablo. Mientras me mostraba las trincheras que había estado usando durante la defensa, no pude abstenerme de mirar con asombro una. ¡Un sólido bloque de mármol blanco y pulido!

—¿Dónde las obtuvo usted? —le pregunté.

—¿Se refiere usted a estos trozos de mármol? Eran parte del piso de mi casa cuando San Pedro, en vez de ser el montón de ruinas que es hoy, era todavía una pequeña ciudad activa, como Kepi y Willike durante la gran bonanza del caucho, hace como veinticinco años. Lamentablemente, el presidente Zelaya fue obligado a dimitir en esa época por el gobierno americano. Kepi, San Pedro y Willike fueron gradualmente tragados por la jungla. ¡Mire este techo de latón! ¡Ni para gallinero hubiera servido durante la administración Zelaya! ¡Ah, entonces Nicaragua no era un cementerio como ahora, gobernado por zamuros, sino un país libre y próspero, donde la ley era la ley! ¡Y donde todo el mundo tenía la posibilidad de ganarse honestamente la vida, si quería!

Después de ver con mis propios ojos unas semanas más tarde lo que quedaba de las antes prósperas aldeas de la jungla, Kepi y Willike, comprendí que Mercedes Reyes no estaba exagerando. El régimen de ruina impuesto a Nicaragua por Philander Knox, no solo había detenido el progreso por los alrededores, sino que había ayudado a que la espesa jungla se tragara lo que una vez habían sido habitaciones de seres humanos.

Después de dos días me despedí de Newball y Reyes, y salí en mis canoas, río Tuma arriba. En mis *Memorias* (capítulo XXX)[6] describí las aventuras de este viaje azaroso, un cruce de siete días. La jungla nicaragüense es una región pantanosa, abrumada de selva, frecuentada por jaguares y la mortífera culebra taboba, sin mencionar a los caimanes. Estuve en peligro de ser aislado por destacamentos de tropas conservadoras despachadas para impedir mi avance. Fui acechado por bandoleros, desertores del ejército de Díaz. Estuve a punto de perecer en una cabaña india, al solo cuido de una mestiza nativa, cuando me postró la típica fiebre del pantano. Finalmente nos alejamos de Tuma y de las vías fluviales tomando el camino por tierra, o sea, abriendo trochas con nuestros machetes, entre la jungla, hacia Matiguas.

Antes de que llegara a Matagalpa faltaba mucho por suceder. Debo reseñar algunas de mis experiencias.

---

6 Véase la edición de Linkgua. (N. del E.)

Mientras estuve en la jungla hice la tentativa inútil de escalar a Monte Musun. Quería ver el caimán dorado que, según la leyenda indígena, nada para siempre allí en una laguna de cristal. Lugares envueltos en historia y leyenda son estos, donde los hombres de antaño concentraron su fe más pura y sus elevadas fantasías. Tenían para mí un atractivo irresistible. En Oriente y especialmente en el cercano Oriente, mi pasión por estos misteriosos lugares casi termina con mi carrera más de una vez. Recuerdo, por ejemplo, cuando caí de repente en el abismo abandonado, poblado de telarañas, de la tumba de Lázaro. Allí estuviera todavía si no hubiera sido por mi ordenanza, un salvaje albanés de confianza quien, acostumbrado a mis gustos erráticos, por fin me localizó y pudo salvarme.

Me atreví a escalar, por cierto no muy alto, pero lo bastante alto para descubrir que el flanco de piedra de Monte Musun era resbaladizo como vidrio, como para ofrecer a un amateur un lugar inseguro para poner su pie. Sin dudas los espíritus de los antiguos semidioses estaban rondando en círculos el lugar, riéndose de mi imprudencia, porque caí atrapado como una mosca. Probablemente me salvó el azar de que aterricé sobre un lecho de hierba en vez del duro suelo. El efecto de la sacudida duró varios días.

Poco después de mi fracasado encuentro con Monte Musun, estuve a punto de caer, por menos de una pulgada, en manos de soldados de caballería conservadora que perseguían al capitán Funes y sus cuarenta soldados. Funes se había pasado a los constitucionalistas. Este valiente, que logró por fin escapar a San Pedro con unos caballos, robados por supuesto antes de desertar de la vecindad de Bul-Bul, Sais o Bijagual, tuvo la gentileza de hacerme saber, justo a tiempo, por medio de un mensajero, de la posición peligrosa en que me encontraba. Me advirtió también que el general Escamilla estaba bajando, vía de la montaña, desde Río Negro hasta el sendero Blanco-Matiguas, para posesionarse del resto del convoy de municiones, a cargo de un Mayor de mala fama, llamado Rubén Jirón. Este mencionado militar había hecho cuanto estaba a su alcance para que la causa constitucionalista fuese odiada por los colonos, tanto conservadores como liberales, de la sección de la jungla del alto Willike.

La carta de Funes, en la cual me daba esta explicación, como también los rumores exagerados propagados por los desertores que estaban llegando en masa hasta la Costa del Atlántico, eran las únicas informaciones respecto a los acontecimientos corrientes que pude obtener mientras erraba por aquella jungla, a diestro y siniestro, al acecho de la primera oportunidad para encontrar una vía de escape, en dirección a Matiguas.

Por fin llegué el 27 de mayo y obtuve toda la información que quería. Me fue suministrada por el coronel Jacinto Gadea, comandante constitucionalista de la plaza. No era como para animarse demasiado, sino más bien para perder el ánimo, porque confirmó mis dudas respecto a la incapacidad de Moncada como soldado y su insinceridad como patriota. Entre lo que me dijo Gadea estaba la falsa proclama de Moncada, fechada en Managua el de mayo de 1927, en la cual trató de justificar la traición a la causa constitucionalista y al ejército, después de haberlo llevado a un callejón sin salida. Otra proclama impresa me fue remitida por Gadea, procediendo del almirante Latimer, fechada en Managua el 10 de mayo de 1927, que decía:

El gobierno de los Estados Unidos, habiendo aceptado la petición del gobierno de Nicaragua de supervisar las elecciones de 1928, cree necesario un desarme general del país a fin de coordinar con éxito y de manera apropiada tal evento. A ese efecto, he sido designado para que acepte la custodia de las armas y municiones de las fuerzas del gobierno y obligue por la fuerza a aquellos que no entreguen pacíficamente sus armas, etc.

¿Por qué el gobierno de los Estados Unidos no procedió así durante la administración del títere Díaz, inmediatamente después de haberlo reconocido como presidente legal de Nicaragua, el 17 de noviembre de 1926? ¿Por qué tuvo que esperar seis meses hasta que el ejército de Díaz fue bloqueado y en peligro de ser exterminado en Teustepe? ¿Por qué prefirió que miles de nicaragüenses perdiesen sus vidas durante la sangrienta lucha civil, antes de declarar que la administración títere de Díaz le pidiera supervisar las elecciones en 1928? El secretario Kellogg actuó en este caso de una manera bastante infantil, para decir lo menos. La siguiente declaración impresa del doctor T. S. Vaca, representante del antiguo Gobierno Constitucionalista de Nicaragua en Washington, apoya y confirma mis observaciones.

La propaganda de tergiversación, aprovechándose actualmente del uso exclusivo de agencias noticiosas, está en trance de tratar de crear la impresión de que fue realizado un acuerdo por las partes en disputa de Nicaragua, a través de los esfuerzos del enviado especial Stimson. Se podría decir, con la misma justeza, que un hombre se enfrenta a una petición bajo una escopeta de dos cañones... accediendo por fin a aquella. Así sucedió. Los delegados enviados a Managua por el Gobierno Constitucionalista, atendiendo la invitación del señor Stimson, no solo protestaron contra los términos de paz por él dictados, estipulados en el mantenimiento en el poder del usurpador Adolfo Díaz, sino que rechazaron entrar en cualquier tipo de entendimiento sobre esta base. De inmediato, míster Stimson les amenazó de palabra y por comunicación escrita con el uso de las fuerzas navales de los

Estados Unidos, para desarmar a las tropas constitucionalistas.

El Departamento de Estado fue obligado a mostrar su mano de esta manera, porque el gobierno de Díaz era incapaz de sostenerse por más tiempo sobre sus pies y los ejércitos constitucionalistas estaban ya amenazando las cercanías de la capital. Por una astuta combinación de halagos y amenazas, utilizadas habitualmente, una semblanza de paz ha sido moldeada sobre el asunto nicaragüense por la misión Stimson, a fin de mantener la cuestión lejos de la vista pública, mientras la pequeña nación centroamericana permanece atada de pies y manos a la disposición del mercado de Nueva York, pendiente de la elección popular de 1928, alrededor de la cual se hizo mucha publicidad.

La ironía de las promesas resulta acerba para aquellos que eligieron a Solórzano y Sacasa en 1924, solo para verlos colocados fuera de la ley por el Departamento de Estado, al mismo tiempo que un poderoso manto de protección era echado por Wall Street sobre el régimen de Díaz. Una elección de Nicaragua, supervisado por la potencia que sostiene el régimen de Díaz, al costo de miles de muertos nicaragüenses, contra los derechos de aquellos que fueron elegidos por el pueblo, es evidentemente un contrasentido y puede tener un solo resultado. Los informes de extrema crueldad en la lucha nicaragüense provenientes de Washington pueden o no ser fidedignos. Pero sobre un punto no puede haber disputa. Son calculados con el único propósito de ensalzar la política de imponer la paz, como si no se supiera que en los últimos meses o más, la política de imponer la guerra habría sido abiertamente seguida.

La lucha se hizo posible solo por la intriga y cooperación de los intereses de Nueva York y hubiera terminado hace mucho tiempo si el tambaleante régimen de Díaz no hubiera sido sostenido por el Departamento de Estado y se le hubiese administrado en abundancia armas y municiones para proseguir su guerra inhumana, que es ahora denunciada por míster Stimson y considerada como la mejor excusa para imponer la paz por la fuerza.

¿Daremos la bienvenida a míster Jekyll mientras pensamos en míster Hyde?

El tercer documento del sello registrado Moncada-Latimer, que me fue remitido por Gadea, era una proclamación escrita traducida al español y firmada con letra de un alumno de escuela primaria por un cabo del Cuerpo de la Marina de los Estados Unidos en Matagalpa, en la cual este estimado señor, representando al gobierno de los Estados Unidos y al de Nicaragua, ordenaba al pueblo de Matiguas y la comarca circunvecina a entregar sus armas, a menos que quisiera ser encarcelados y tratados como forajidos.

No hay que extrañarse que el general Sandino, refiriéndose a una similar intimidación insolente, publicada en forma de circular, en la cual Sandino y sus seguidores eran declarados atracadores, respondiera con otra carta circular que estremeció al pueblo de Nicaragua hasta los huesos. Decía lo siguiente:

¿Quién es usted y de dónde salió? ¿Cómo se atreve a amenazar con la muerte, y por todos los medios, a los hijos legítimos de mi país? ¿Piensa que está en el corazón de África? ¡No crea que me asusta! Si se siente hombre, salga y luche frente a frente, en un terreno neutral, en cualquier momento que elija. ¡Estoy listo! ¡Le espero! ¡No se atreverá usted a repetir esos insultos de hombre a hombre!

Sandino siguió con hechos. Viendo que el cabo no se manifestaba para responder a su reto, Sandino fue a buscarlo a

Ocotal. Pero como aún se negaba a salir en una pelea hombre contra hombre, Sandino siguió provocándolo, esperando encontrarlo cara a cara durante la batalla. Y se hubiese quedado allá, hasta darle frente, si hubiera tenido consigo las municiones y ametralladoras necesarias para echar abajo los aviones de bombardeo.

Durante mi estada de dos días en Matiguas, como durante mi viaje a Matagalpa por vía de Tierra Azul y Muy-Muy, tuve amplia oportunidad de convencerme a mí mismo no solo de los errores tácticos y estratégicos cometidos por Moncada, más particularmente de su avance sin éxito a Boaco desde Palo Alto, que lo llevó hasta Las Mercedes. También del hecho innegable cuando intencionalmente escogió la carretera Tierra Azul-León, por temor a entrar en contacto con Sandino, a quien injustamente y con mala intención agravió en Laguna de Perlas. Sabía que Sandino nunca podría perdonárselo. Además, si Sandino y Beltrán Sandoval hubieran cooperado, como indudablemente lo hubieran hecho, porque ambos eran soldados valientes de espíritu independiente, el control ficticio que Moncada había estado ejerciendo todo el tiempo en el Ejército Constitucionalista —ya que nadie podía controlarlo en vista de que Sacasa lo había nombrado secretario de Guerra— hubiera llegado muy pronto a su fin. Beltrán Sandoval dice en su informe oficial, publicado en *La Noticia* de Managua, que cuando él y Moncada llegaron con su ejército a Matiguas encontraron que el comandante Baquerano se había fortificado fuertemente con trincheras en Muy-Muy, que es la primera de varias posiciones fuertes que protegen la carretera Matiguas-Matagalpa. El hecho de que el Comandante en Jefe conservador nunca había pensado tomar posesión de Tierra Azul y Palo Alto, fortificándose en Muy-Muy, demuestra que los conservadores mismos consideraban la aldea y el distrito de Matagalpa como su punto más vulnerable.

Si Moncada, en vez de ocupar a Palo Alto con el propósito de avanzar por medio de la carretera Tierra Azul-Tipitapa, hubiese utilizado el resto del ejército constitucionalista para sostener a Beltrán Sandoval, después de sus éxitos en Muy-Muy y el Chompipo, ellos hubiesen podido fácilmente tomar a Matagalpa antes de que fuese declarada zona neutral. Entonces, uniéndose a los dos mil hombres de Sandino, Parajón y Castro-Wasmer, quienes estaban en posesión de prácticamente la totalidad de las provincias norteñas de Matagalpa, Jinotega, Segovia, Chinandega y León, el Ejército Constitucionalista pudiera haber literalmente entrado en León y avanzado desde allá a Managua, antes de que las fuerzas de desembarco americanas hubiesen tenido el tiempo necesario para organizarse de manera apropiada y ocupar el ferrocarril para beneficio solamente de las fuerzas de Díaz.

Para ilustrar el espíritu que prevaleció en este tiempo entre las fuerzas constitucionalistas operando a lo largo de la Costa del Pacífico, reproduciré el extracto de una carta que el coronel Vicente Lovos, uno de los tenientes de Parajón, envió el 25 de febrero de 1927 al capitán G. Kattengell, del Cuerpo de Marina de los Estados Unidos.

En respuesta a su carta del 22 de febrero último, informándome que ha desembarcado con el propósito de proteger con sus fuerzas al ferrocarril Corinto-Managua, etc., deseo declarar que su intención de proteger a dicho ferrocarril de sus dueños legítimos me sorprende muchísimo. Parece usted ignorar el hecho de que el ferrocarril pertenece exclusivamente a nuestro gobierno, el cual ha comprado todas las acciones que los banqueros solían poseer en esta compañía ferroviaria. En consecuencia, no hay razón para que el ferrocarril sea clasificado entre los «intereses extranjeros», ni bajo las órdenes que usted recibió de protegerlo. Además, usted debería saber muy bien que nosotros los nicaragüenses nunca hemos intervenido, de ninguna manera, en las vidas o las propiedades de extranjeros residentes en nuestro país. Refiriéndose a su resolución de no permitir que ningún combate estalle en ciertas zonas, deseamos informarle que nosotros no reconocemos, dentro de las fronteras de la república soberana e independiente de Nicaragua, a otra autoridad que aquella de nuestro legítimo gobierno representado por el doctor Juan Bautista Sacasa. Según lo que las circunstancias requieran, estamos con toda seguridad decididos a hacer lo que nos plazca, cuando y donde sea posible.

Si Moncada se hubiese aparecido en Matagalpa y, uniéndose a Sandino, Castro-Wasmer y Parajón, hubiese seguido la marcha en dirección a la Costa del Pacífico, el representante especial del presidente Coolidge, míster Henry L. Stimson, se hubiera ahorrado la molestia de ir a Nicaragua para entrometerse en asuntos que no eran de su competencia ni del gobierno americano. En una carta del soldado constitucionalista coronel Lovos, el escritor declaró que la pretendida necesidad de proteger las vidas e intereses de americanos y extranjeros, residentes en Nicaragua, estaba siendo utilizada por el gobierno de los Estados Unidos solo como pretexto para desembarcar tropas, etc., una medida que los Estados Unidos no estaban acostumbrados a tomar sino en países pequeños y débiles como Nicaragua.

Después de la batalla de Palo Alto, que fue sin duda un gran triunfo para el ejército constitucionalista, Moncada pudiera haber exclamado como Pirro: «Con otra victoria como esta estoy perdido!» Porque su cuidadosa capacidad para maniobrar, que le atribuía la prensa centroamericana, a fin de atraerse el grueso del Ejército Conservador hacia

Palo Alto, no tenía tal propósito, muy por el contrario, tenía por objetivo detener la marcha triunfal de Beltrán Sandoval sobre Matagalpa, luego de sus victorias en Muy-Muy, San Pedro, El Chompipo, San Gerónimo, Santo Domingo y San Ramón.

Moncada analizó que si Beltrán Sandoval y sus tenientes Plata, Mena, Miller y Escamilla (el último nombrado cruzó Matagalpa a pleno galope a la cabeza de su caballería) lograban ocupar a Matagalpa, Sandino se uniría a ellos enseguida. Así, su plan cuidadosamente premeditado de encabezar el Ejército Constitucionalista por vía Tierra Azul-Boaco hasta Tipitapa, hubiese sido eliminado —una moneda de cambio con Stimson para lograr el apoyo oficial en las próximas elecciones—. Después de la batalla de Palo Alto, Moncada estaba ansioso de sacar sus hombres fuera de la dirección de Matagalpa, tan precipitadamente ansioso que casi sacrificó su convoy de municiones a causa de su prisa.

Este es un hecho que el secretario de Moncada, Heberto Correa, omitió mencionar en un resumen, ciertamente muy sucinto y superficial, sobre aquella campaña que Moncada le ordenó escribir para mí. Pero, cuando pregunté a Correa acerca del incidente, admitió que así había sido el asunto, porque él había estado durante todo el tiempo a cargo del convoy de municiones, cajas, etc., que debía ser llevado en animales de carga, cerca de las once a. m. Luego recibió una contraorden de Moncada de no moverse de allí hasta las cuatro pág. m., cuando le enviaría un explorador para conducirlo al sitio. Tal determinación, que bajo circunstancias ordinarias hubiera sido un error imperdonable, era la locura misma en este caso. Porque Moncada sabía muy bien que en el momento que abandonara sus posiciones en Palo alto para trasladarse a otro lugar, el ejército conservador pisaría sus talones como una manada de lobos, haciendo imposible que su convoy lo alcanzara. Lo que en realidad sucedió.

Tan pronto como la retaguardia de las tropas de Moncada desapareció en la distancia, el convoy de Correa fue cortado casi inmediatamente por los conservadores. Por suerte, Escamilla llegaba en ese momento de su expedición a Río Negro con su caballería e imaginándose que todo se perdería si el convoy caía en manos del enemigo se desvió del camino. Después de luchar por diecisiete días contra las fuerzas conservadoras que le estaban presionando y constantemente trataban de bloquearlo, logró finalmente unirse a Moncada en Las Mercedes, cuando el ejército constitucionalista había gastado su último cartucho.

Este incidente, entre los muchos que podría citar, pero que Moncada recelosamente no mencionó en el informe de Correa, prueba que Moncada no era un genio militar. Si Escamilla no se hubiese unido a él en tiempo justo con el convoy de municiones para ser seguido pocos días más tarde por Sandino, Parajón, Castro-Wasmer y López Irias con cerca de dos mil hombres, Moncada y el valiente ejército constitucionalista, que por aquel tiempo estaba ya rodeado por los generales conservadores Viquez, Noguera Gómez y Rivers Delgadillo, hubiera probablemente sucumbido al hambre, muerte y captura en menos de un mes.

Poco tiempo después de que el ejército constitucionalista dejó Las Mercedes, llegó el mayor N. B. Humphry acompañado de los tenientes E. J. Moran, I. N. Tresbil y cincuenta marines. Sus esfuerzos por lograr que los constitucionalistas llegasen a un acuerdo con el régimen artificial de Díaz no tuvieron éxito. Decidieron regresar a Managua y míster Henry L. Stimson, Enviado especial del presidente Coolidge, empezó a actuar. Instigó al doctor Sacasa a enviarle tres delegados a Managua a conferenciar con él. Consecuentemente, los doctores Leonardo Argüello y Rodolfo Espinoza salieron de Puerto cabezas a bordo del destructor Preston de los Estados Unidos, el 27 de abril, llegando a Corinto el 29.

Según circular impresa, publicada por dichos delegados en Managua el 6 de mayo, parecían sobresaltados cuando míster Stimson les expuso claramente que no había oportunidad de llegar a ningún arreglo, a menos que se basara en la continuidad de Adolfo Díaz en el poder. La respuesta a Stimson fue digna: preferían que sus manos fueran cortadas antes que firmar tal documento, tan bajo y traicionero. Como atendiendo a la invitación de Stimson, Moncada había tomado parte en la conferencia final, que no tuvo éxito; los doctores Argüello y Espinoza lo obligaron a firmar con ellos una carta a Stimson, fechada en Managua el 5 de mayo de 1927. En dicha carta expresaban francamente su desagrado a Stimson al haber sido invitados a Managua para que se les impusiera condiciones, antes que consultarlos, por lo que declinaron toda responsabilidad en el resultado.

El doctor C. R. me dijo después, en Guatemala, que Stimson —que se suponía ser un diplomático— le había dicho que los Estados Unidos habían hecho del lío Tacna-Arica un desastre porque Chile había tenido el control, mientras que en Nicaragua, donde el gobierno americano llevaba el látigo en la mano, ellos les mostraría cómo se hacían las cosas. Según esta extraordinaria declaración, hecha por el representante especial del presidente Coolidge, míster Henry L. Stimson demostró también ser muy imprudente, conforme a los requisitos de las naciones civilizadas.

Aunque Moncada había aparentemente protestado (al firmar conjuntamente la carta de los delegados a Stimson, objetando cualquier arreglo en base a la continuidad de Díaz en el poder) no era renuente del todo, haciéndose el bobo para complacer a Stimson y Latimer, al exclamar dramáticamente en su presencia en Tipitapa y muchas veces en Managua: «Yo no podría ser tan cruel como para aconsejar a cualquiera de oponerse por la fuerza a las tropas americanas». Naturalmente, Latimer y Stimson, quienes estaban acostumbrados a tratar con hombres de la escuela Moncada en el gobierno títere de Díaz, se mantuvieron apartados hasta que los honorables delegados salieron para Puerto Cabezas. Entonces fue cuando el acuerdo secreto se concluyó con Stimson para el desarme y la disolución del victorioso ejército constitucionalista, el cual tenía las fuerzas de Díaz completamente cercadas en Teustepe, a punto de la rendición incondicional.

Más tarde, Moncada regresó al cuartel general de los constitucionalistas en Teustepe. Aseguró que míster Stimson le había prometido, en nombre del gobierno americano, que si los constitucionalistas entregaban sus armas él les garantizaría, entre otras consideraciones importantes, el control absoluto político y económico de seis provincias (de las doce o trece que comprende Nicaragua), que el Gobierno Constitucionalista estaba controlando en este tiempo. Ninguna de estas promesas verbales ha sido mantenida.

Moncada convocó y trató de convencer al Consejo de Guerra de la necesidad de aceptar las condiciones de Stimson para salvar lo que podía ser salvado todavía del desastre que había traído sobre sí mismo. Varios de los líderes menores dieron vuelta sin decir palabra alguna y regresaron a casa con sus hombres, llevándose sus ametralladoras, municiones y rifles, que se negaron a vender a diez dólares por pieza a los comisarios americanos, representando al régimen de Díaz. Moncada se los había ordenado. Pero la mayoría de aquellos que vendieron sus rifles entregaron solo las armas viejas, usadas y deficientes, que habían capturado de los conservadores. Las buenas y modernas se las llevaron consigo para esconderlas. Allí estarían listas en cualquier momento para la próxima revolución en masa, si el gobierno americano continuaba sosteniendo la diplomacia del dólar, haciendo sangrar a Nicaragua y negándose rotundamente a retirar sus marines.

Entre los oficiales superiores del Ejército Constitucionalista sobresalía el general Augusto César Sandino quien, al oír a Moncada expresar la necesidad de entregar sus armas, pidió a sus hombres —frente a Moncada y al resto de los oficiales reunidos— si ellos querían entregarse, a lo que gritaron con indignación: ¡Nunca! Sandino usó la diplomacia en aquel momento, prefiriendo regresar con sus tropas a sus montañas nativas del distrito Jinotega.

Después de pasar un par de días en matiguas, como huésped del señor Abel Flores, partí hacia Matagalpa, escoltado por una guardia montada que el coronel Gadea había sido lo bastante bondadoso para suministrarme. En la carretera Tierra Azul-Muy-Muy, tuve la oportunidad de estudiar la comarca alrededor de Palo Alto, donde la batalla de este nombre se había realizado. En Muy-Muy, que encontré prácticamente vacía, la plaza del mercado estaba todavía cubierta de huesos y cráneos humanos, entremezclados con restos putrefactos de numerosos cerdos. Al regreso, los constitucionalistas los habían matado a tiros porque los habían encontrado devorando los cadáveres de sus soldados muertos y los de las fuerzas de Díaz, a quienes no se tuvo tiempo de enterrar e incinerar antes de la retirada de Baquerano.

Cada día nuevos asesinatos eran señalados. Viejas rencillas renacían. Mientras desayunaba en la casa del señor José María Medrano —que los conservadores habían arruinado al quemar y destruir sus extensas plantaciones de café, porque se había pasado a la causa constitucionalista— un miembro de mi escolta entró deprisa para decirme que alguien había robado mi silla de montar, la cual había dejado a la entrada.

En los campos de batalla de San Pedro y El Chompipo, por los cuales pasé al día siguiente, el terreno en ambas partes del sendero estaba cubierto de cadáveres. Tomé mi cámara y los retraté, a pesar de la lluvia fina que caía. Solo dos fotografías resultaron buenas. Los zamuros volaban por aquí y por allá, haciendo un ruido extraño con sus alas. En cada dirección, pilas de cartuchos vacíos marcaban los lugares donde las ametralladoras habían estado pegando y tirando con furia a los aviones de bombardeos. Estos continuaban subiendo y bajando con zumbidos mientras volaban en círculos mortíferos sobre el gigantesco bosque, envueltos a veces en una densa cortina de humo o en un fulgor fantástico, por los proyectiles que explotaban.

En Matagalpa pasé unos días como huésped del cónsul Wm Hueper y de la colonia alemana compuesta por los señores Borneman, Carl Eger, Rudolf Haase y otros. Ellos también habían sufrido considerablemente, por los abusos de las fuerzas de Adolfo Díaz y de las autoridades civiles conservadoras durante el tiempo de la revolución. Pero como gente ecuánime todo lo tomaban con filosofía. Aunque estaban bastante molestos por los corrientes rumores sobre Frantz Bunge, el cónsul alemán en Managua (antiguo capataz de una de las plantaciones Bahlke y un producto típico de la revolución social negra-roja-amarilla que siguió a la Guerra Mundial), quien había solicitado, conjuntamente con los cónsules de Gran Bretaña e Italia, la intervención armada americana en Nicaragua.

A pesar de que todo esto me lo aseguró el diputado Ramón Romero, lo puse en duda. No podía comprender cómo Bunge se había atrevido a tal bajeza, quebrantando aún más la fe de América Latina, ya de por sí sacudida en el viejo honor, anterior a la guerra, del Grosshandel alemán (grandes firmas importadoras y exportadoras) que sufrieron entre nosotros un golpe mortal a través de la estafa criminal del papel moneda del marco, que algunas casas comerciales alemanas perpetraban con sangre fría entre la cándida masa de nuestras repúblicas que confiaban en ellas.

Una de las pruebas que me dio el diputado Romero fue un resumen tomado y copiado del protocolo del Congreso nicaragüense, que yo intentaba presentar al despacho alemán de Asuntos Exteriores el invierno siguiente. En carta para mí del doctor Romero, de fecha 16 de agosto de 1927, corrobora su aserción de la siguiente manera: «Le dije a usted y le afirmo que los cónsules de Italia y Alemania pidieron la intervención». Pienso que si Mussolini dio una severa reprimenda al Cónsul italiano en Managua por mezclarse en asuntos que no concernían sino al Ministerio italiano de Asuntos Extranjeros, y si nuestro Santo Padre en Roma prohibió al Nuncio Papal y Arzobispo católico de Nicaragua, monseñor José Antonio Liscano, de manera bastante agria, meterse en política por haber predicado a sus fieles que rogaran por el triunfo de la pandilla Díaz-Chamorro, había llegado el momento de que míster Stresemann inspeccionara a sus pastores y ovejas sobre lo que estaban haciendo en Centroamérica, especialmente en Nicaragua. A menos que prefiera que la prensa lo investigara.

Como observador imparcial e historiador, sería injusto que yo hiciese solo acusaciones contra la diplomacia del dólar sin tratar de descubrir también a todos aquellos que hicieron posible su mafia.

Durante mi permanencia en Matagalpa, tuve la oportunidad de encontrarme con todos los oficiales del Tercer Batallón del Quinto Regimiento del Cuerpo de Marina de los Estados Unidos, allí estacionados y del todo listos para iniciar su ataque contra el general Sandino, porque había amenazado de muerte a Moncada si se atrevía a mostrarse en cualquier lugar cerca de sus terrenos de caza, en las montañas de Jinotega. Moncada había llegado a Matagalpa, orgulloso como un pavo real, con su escolta armada de marines americanos, con el propósito de persuadir a Sandino de deponer sus armas.

Por aquel tiempo, fui también informado de la manera como los diplomáticos del dólar habían logrado declarar a Matagalpa zona neutral. Se temía que Beltrán Sandoval la ocupara después de la batalla de El Chompipo. Eran días inestables. El vicecónsul americano, míster De Savigny, había sido encontrado una mañana frente a su casa, golpeado a muerte. De inmediato su hijo, De Savigny Jr., explotando en ira, se había apresurado a ir hasta las instalaciones militares locales a pedirle cuenta al oficial que había hecho la ronda aquella noche. Pero el oficial se evaporó. Todo el mundo en Matagalpa entendió enseguida el viejo proverbio de «ensáyelo en el perro» cuya víctima había sido el doctor Savigny, por sistemas de *raisons d'état*, pero no había pruebas suficientes. Míster De Savigny aparentemente «no se acordaba» y se echó tierra al asunto.

Pero tan pronto como las noticias llegaron a Managua, y por lo tanto a Washington, de que el vicecónsul americano en Matagalpa había sido atacado, el Departamento de Estado la declaró zona neutral y la hizo ocupar inmediatamente por sus marines. Los diplomáticos del dólar ciertamente no son buena gente, pero en algo se les debe dar crédito: ¡Usted nunca puede sorprenderlos dormidos!

Otro sistema favorito de los agentes de prensa de los diplomáticos del dólar era tratar de indignar al pueblo americano, que tiene buenos sentimientos en general, con noticias falsas, mostrando como presuntas víctimas a la mujer.

Dos damas americanas en Matagalpa habían sido señaladas en los periódicos americanos por haber sido torturadas, ¡o Dios sabe qué otra cosa! Las primeras en divertirse con estas falsedades fueron ellas. La gente en los Estados Unidos no se da cuenta de hasta qué punto son blancos fáciles de alcanzar. Siempre caen con cualquier historia sensacionalista que los presuntos agentes del dólar se atreven a propagar, a fin de que los nicaragüenses aparezcan como una horda de salvajes, enemigos de los Estados Unidos.

La verdad es que hay pocos países en el mundo donde los americanos, que saben comportarse y respetan sus leyes, sean tan estimados como en Nicaragua.

Capítulo XV

El 4 de junio, habiendo recibido mi pasaporte de las autoridades americanas,[7] salí de Matagalpa a Managua en el automóvil del cónsul Hueper. Era ya hora, porque las nubes amenazaban mal tiempo, lo que significaba que un par de días lluviosos hubiesen sido más que suficientes para empantanar la ruta de Managua y hacerla intransitable para vehículos. La razón por la cual ya las lluvias estaban comenzando en el interior podía ser perfectamente comprendida al observar la diferencia entre la vegetación Este y Oeste de Monte Musun. Tan pronto dejamos la montaña detrás de nosotros, en las cercanías de Bijagual, a pocas millas de Matiguas, los vírgenes bosques de la Costa Atlántica se convierten en una seca y sucia selva, plena de espinosa maleza, o sea la típica empinada zona maderera que conforma la sección interna de Nicaragua, al Oeste de las playas orientales de Managua y de los lagos nicaragüenses.

La franja de una rica y exuberante agricultura se extiende entre esos lagos y el Océano Pacífico, desde la Península Coseguina sobre Bahía Fonseca hacia el departamento de Rivas, en la frontera costarricense, semejante a las boscosas secciones de la Costa Atlántica, con la vegetación típica de las secas tierras tropicales de la selva. Es justamente alrededor de este cinturón, al Oeste de los lagos, que el ferrocarril nicaragüense, midiendo ciento veinticinco millas de largo,

---

7   Cuarteles del Tercer Batallón. Primer Regimiento, Segunda Brigada del Cuerpo de Marina de los Estados Unidos, Matagalpa, Nicaragua. 1.º de junio de 1927. A quien pueda interesar:
Se certifica que el portador Rafael de Nogales, ciudadano venezolano viaja de Matagalpa a Managua. Se agradece no sea interferido en su rutina ni molestado en ningún sentido.
(F) Mayor M. E. Sheare. U. S. M. C.
50 Regimiento

conecta el puerto de Corinto con Chinandega, León, Managua y Granada, que son los únicos pueblos grandes de Nicaragua, fuera de Matagalpa, que controlan la más grande zona cafetera del interior.

Desde Matagalpa, que está situada en la misma montaña, teniendo por el Norte las ricas zonas de agricultura y minería de los departamentos de Segovia y Jinotega, el camino desciende gradualmente por cerca de ocho a nueve millas hasta que llega a Tipitapa, situada entre los lagos de Managua y Nicaragua y, por lo tanto, surgiendo en el centro de un gran valle agrícola que los circunda. Las sesenta o setenta millas entre el pie de la zona de Matagalpa y Tipitapa no son frescas tierras ubérrimas, como cree el vulgo, sino terrenos abruptos cruzados en parte por desnudas colinas, como la montaña de San Jacinto.

De un punto al otro se encuentra uno con un bosque chamuscado en las inmediaciones de La Madera, el cual se torna en la época lluviosa en un intransitable y pantanoso desierto. Al Sur de Matagalpa-Matiguas, el camino lleva al departamento de Chontales, que el Ejército Constitucionalista cruzó durante su victoriosa marcha desde Matiguas por Tierra Azul y Tipitapa.

A mitad del camino, en una pequeña aldea llamada Darío, un destacamento de marines nos detuvo para examinar nuestros pasaportes. Un par de horas más tarde mi atención fue absorbida por un Sur brumoso, de aspecto inhospitalario, simbolizado en una escarpada colina que se levantaba solitaria contra el cielo. Íbamos a cerca de treinta y cinco millas por hora sobre un camino pantanoso, fustigado por rocas, grietas y hendiduras, causadas por el constante tránsito de las pesadas carretas de bueyes.

Sin descartar que estábamos a un paso de la muerte, nuestro conductor se detuvo un instante para mostrarnos la lejana colina, mientras sus ojos brillando como negros diamantes y sus labios retorcidos como un tirabuzón asumían un aire satánico cuando repetía una y otra vez: «Señor, fue en la colina de San Jacinto donde nuestros indios apresaron, setenta años atrás aquel maldito gringo bucanero Walker y su banda de forajidos, a quienes arrastraron con una soga hasta Managua».

Sus palabras fueron para mí una revelación, porque si los nietos de aquellos que habían combatido a Walker continuaban odiando su memoria, la futura generación de los nicaragüenses no podrá olvidar nunca los increíbles e imperdonables crímenes que han sido cometidos desde 1909 hasta el presente por los marines norteamericanos. La intervención armada americana en Nicaragua, desde entonces, no puede ser calibrada sino como asesinato. He aquí las pruebas ya impresas, copiadas de un Informe de Procedimientos del IV Congreso de la Federación Panamericana del Trabajo.

Esta intervención (refiriéndose a la de 1912) tiene un aspecto muy diferente a la de 1910, porque en 1910 el gobierno americano auspició el movimiento revolucionario contra el gobierno constitucional del presidente Madriz, bajo el pretexto de que era un gobierno impopular. Pero en 1912, la protección americana fue impartida al gobierno de Díaz, mucho más impopular y repudiado en todo el país, contradiciendo así la voluntad manifiesta del pueblo por doquiera. Además, en 1912, la bota opresora de la intervención americana se hizo sentir más fuerte que nunca. Las tropas americanas emprendieron una guerra sin cuartel contra el pueblo de Nicaragua, estaban poderosamente armadas con toda clase de instrumentos bélicos, mientras que los nicaragüenses estaban prácticamente desarmados y no habían ofendido en ningún sentido al gobierno de los Estados Unidos y sus pobladores.

Más pruebas siguen, el 26 de septiembre de 1912, el señor Diego Manuel Chamorro, ministro de Relaciones Exteriores, dirigió una carta circular al gobierno centroamericano en los términos siguientes:

> Tengo el honor de informar a su Excelencia que el 24 último el general Mena fue cercado con setecientos hombres de las fuerzas del contralmirante W. H. Sutherland, comandante de la Flota Pacífica de los Estados Unidos, quien le prometió salvar su vida si accedía a que su ejército fuera desarmado y a no retornar a Nicaragua.

El ministro de Relaciones Exteriores también dirigió una nota al Departamento de Estado del gobierno americano informando la parte activa tomada por los marines americanos. Decía por ejemplo: «Masaya fue tomada por asalto hoy... Las tropas americanas tomaron en la madrugada la ciudad de Coyotepe. Cuatro soldados de la infantería naval sucumbieron durante la batalla. Seis fueron heridos».

Por su parte, el contralmirante Sutherland emitió su informe oficial al Departamento de Marina, con fecha 8 de enero de 1913, en el cual hace especial mención a la conducta observada por los comandantes G. W. Steele y M. Major y los primeros alféreces F. H. Conyer y R. W. Simman, con el siguiente parte:

> El comandante Steele, jefe de las tropas de California, estuvo a la cabeza de cada uno de los encuentros que se realizaron durante el breve incidente nicaragüense. Estuvo en el paso de Masaya, Granada, Chichigalpa, León y en el asalto a la colina de Coyotepe —donde fue el primero en levantar la bandera americana en la cima de dicha colina...

Lo que sigue son recortes de prensa de la época:

Nueva York, septiembre 30. El informe diario de Washington, que se considera inobjetable, ha causado sensación en lo que se refiere a la política que el Departamento de Estado está determinado a seguir en Centroamérica. El periódico informa que se rumora que el gobierno de los Estados Unidos francamente interviene en Nicaragua para prevenir el triunfo de la revolución liberal y se pregunta si intervendrá en el futuro en otros países centroamericanos. Esto no solamente debe ser entendido como oposición de la política americana hacia los países europeos que tienen dominios territoriales en América, sino que en Latinoamérica se impedirá cualquier influencia política europea u otra hegemonía.
San Francisco, California, septiembre 30. La prensa diaria de esta ciudad, como la de Oakland y Los Ángeles, han expresado su opinión sobre la política seguida por el presidente Taft en Centroamérica, que se caracteriza de carácter filibustero altamente perjudicial para el honor de los Estados Unidos, cuya historia debe ser respetada.

Mientras en el Senado americano, por el mes de agosto, el senador Bacon introdujo una resolución indicando el nombramiento de un subcomité en la Comisión de Relaciones Exteriores del Congreso, para investigar la invasión a Nicaragua por los marines norteamericanos y determinar bajo cuál autoridad lo hicieron durante la revolución. Al censurar la política del Departamento de Estado Americano, dijo a este respecto el senador Bacon: «A mi entender, los departamentos ejecutivos de nuestro gobierno han violado la ley al emplear el ejército y la marina de los Estados Unidos para invadir a Nicaragua».

Esto trae a mi memoria una información publicada en el *Times* de Nueva York el 23 de agosto de 1927, sobre la intervención armada practicada en Haití y Santo Domingo. Fue escrita por el cuerpo de redacción del Times en Williamstown, Mass., y dice entre otras cosas:

Un amargo debate surgió en la mesa redonda latinoamericana del Instituto de Políticos esta mañana, cuando el señor Horace G. Knowles, ex-ministro americano en Nicaragua, República Dominicana y Bolivia, declaró que la intervención armada norteamericana en Latinoamérica no había servido sino para la «matanza de miles de sus ciudadanos». En cada caso de intervención —señaló míster Knowles— somos culpables por haber violado los derechos soberanos de nuestros vecinos, y hemos procedido contrariamente a los reconocidos principios universales de la ley internacional. Hemos impuesto nuestra fuerza en los débiles, desvalidos e indefensos países de América Latina, y hemos asesinado miles de sus ciudadanos. Los hemos atacado cuando esperaban nuestra ayuda. Hemos aplicado la Doctrina Monroe solo para prevenir que los países europeos fueran a su rescate cuando abusáramos de ellos.

Cuando el comandante Shafroth explotó en furor ante los hechos expuestos por míster Knowles, el profesor Wm. R. Shepherd, líder de la mesa redonda, corrobora los hechos expuestos al afirmar que miles de nicaragüenses habían sido asesinados. El comandante Shafroth de nuevo solicitó de míster Knowles que fuera más explícito en sus acusaciones, cuando dijo que él no conocía mayores actos inhumanos, de error y ultraje, que los cometidos por los Estados Unidos con el pueblo de la República Dominicana. Míster Knowles replicó que cinco mil soldados habían sido exterminados, etc. En la ocupación americana en Haití, en 1915 —dijo míster Knowles— tan pronto la orden fue realizada, las tropas americanas no han debido dejarse allí... Además, aseguró que un año posterior fueron enviados «representantes de misiones para informar a los dominicanos que los Estados Unidos deseaban instalar un protectorado en dicho país».

El comandante Shafroth explotó en indignación al nuevo argumento del profesor Knowles al declarar «que los Estados Unidos enviaban constantemente a América Latina a cazadores de concesiones, inconscientes banqueros, usureros, bribones, embaucadores comerciantes, asesinos, soldados matones, etc., en vez de enviar profesores, instructores y asesores».

«Esta información del carácter de mi país es en mi opinión monstruosa —replicó el comandante—. Los soldados son enviados allí solo para hacer cumplir la ley y el orden. No para matar. Lo hacen solamente cuando los principios legales son viciados.»

En relación con la solicitud del comandante Shafroth por la estipulación de los hechos, me tomo la libertad de traducir y condensar algunos incidentes fidedignos incluidos en cierto libro publicado recientemente en México. Es posible que el comandante Shafroth conozca al publicista del libro en cuestión, no porque viviera en Santo Domingo durante la ocupación de los marines americanos en 1916, sino por haber sido encarcelado y juzgado en noviembre de 1920 por las autoridades militares norteamericanas, a causa de haber publicado en una revista llamada *Letras* el retrato de un campesino dominicano, llamado Cayo Báez, bajo un candente machete al rojo vivo, sufriendo torturas sobre su cuello desnudo, en presencia de un oficial del ejército americano.

Tan pronto como salió a la luz este número de *Letras*, con la dramática fotografía de Cayo Báez, el publicista fue llevado a prisión por las autoridades militares americanas, juzgado y multado con trescientos dólares. La policía americana cerró para siempre la editorial *Letras* y confiscó los números de la revista en la que apareció la fotografía de Báez. Esta era auténtica, pues había sido obtenida del archivo del Arzobispado dominicano.

El libro del cual extracté este incidente dice, además, que se le preguntó a un anciano general de Brigada si era cierto lo de Cayo Báez, lo que contestó afirmativamente porque «era su deber conocer las quejas que ponían contra los funcionarios americanos». Agregó que Báez había sido quemado por un dominicano, pero cuando ambos declararon que un oficial americano estaba presente, el oficial aclaró que había llegado una vez consumada la tortura. El general señaló que el oficial en cuestión no estaba actuando como americano sino como jefe de la Guardia Nacional dominicana y que, por lo tanto, había sido un dominicano y no un americano quien había cometido el crimen.

Cuando el juez le preguntó si habían habido más quejas de los oficiales americanos bajo su mandato, contestó que también hubo una contra un capitán recién muerto. Este capitán, que pertenecía a las Fuerzas de Infantería en Santo Domingo, aparentemente abandonó la ciudad La Romana una madrugada, a la cabeza de cincuenta soldados americanos, a fin de seguirle el rastro a un líder rebelde llamado Vicente Evangelista, a quien las tropas americanas de San Pedro de Macorís y El Seybo no habían podido capturar.

Tan pronto como el oficial y sus hombres entraron en la zona peligrosa se bajó de su caballo y entregándolo a su ordenanza manifestó que quería andar a pie para hacer un poco de ejercicio. Evangelista una y otra vez había burlado a sus perseguidores durante los tres años que había combatido a las fuerzas americanas de ocupación. Los hacendados de los alrededores, a despecho de todas las amenazas inimaginables, habían guardado silencio. Persistían en decir que no conocían a Vicente ni sabían nada de él. Muchos actos de terrorismo fueron cometidos para hacerlos hablar. Todo fue inútil.

Las autoridades americanas entraron en sospechas de que ese silencio era para ocultar a Vicente Evangelista y decretaron de la noche a la mañana que todos los hacendados se reconcentrasen en la ciudad y se presentasen con sus pertenencias. Esta orden fue firmada por el coronel C. L. Hope, jefe de policía. Esta fue la famosa reconcentración, realizada de nuevo, que el general Weyler decretó durante la revolución cubana y que el gobierno americano tildó como un crimen contra la humanidad, lo que llevó a la administración Mckinley a declararle la guerra a España. Sin embargo, las fuerzas americanas no estaban muy dispuestas a aplicar el mismo sistema en Santo Domingo, con la esperanza de que nadie se enterara de los hechos, ya que Santo Domingo permanecía aislado del resto del mundo, no solo por el océano sino por la estricta censura que imperaba en la prensa, el correo, el telégrafo y el cable.

Todo pasajero que abandonaba la ciudad era severamente investigado. Todo barco era examinado de arriba abajo. De acuerdo a la orden de reconcentración de hombres, mujeres y niños, quien se encontrase fuera de los límites de la ciudad La Romana era, por tal decreto, asesinado. Igualmente toda granja, ranchos o cosa parecida, debían ser quemados, así como todos los productos del campo, en venta o recolectados, serían destruidos de inmediato. Los animales domésticos, que no pudiesen ser usados para el mantenimiento de las fuerzas expedicionarias americanas, serían matados e incinerados sin pérdida de tiempo.

Consecuentemente, la infeliz población rural, sin medios de apoyo, ni techo donde alojarse en las húmedas noches tropicales, cayó en la indigencia y poco a poco los campesinos fueron muriendo uno a uno en las calles, muertos de hambre, confinados por las autoridades militares americanas.

Tomo del libro mexicano en cuestión los siguientes incidentes: después que las fuerzas americanas desembarcaron y ocuparon la ciudad de Santo Domingo, un muchacho de nombre Gregorio Urbano Gilbert dijo, en una barbería de San Pedro de Macorís, que si los americanos trataban de desembarcar una vez más allí y nadie se oponía él los atacaría solo y sin ayuda. Nadie puso cuidado a su amenaza porque creyeron que se trataba de una broma. Finalmente, dos barcos de guerra aparecieron un día sobre las aguas dominicanas y empezaron a desembarcar soldados armados de ametralladoras. Cautelosamente se esparcieron sobre el desierto muelle. El último en desembarcar fue un oficial superior. El muchacho, que había permanecido escondido entre los bultos del muelle, caminó sin titubear en dirección hacia el grupo de marines que avanzaban y lo miraban asombrados hasta encontrarse frente a frente al oficial. Gregorio Urbano le disparó a quemarropa su pistola, cayendo el militar al segundo tiro. Inmediatamente se abrió el fuego de los marines desde los numerosos bultos y sacos de azúcar apilonados en el muelle, en la casa de la aduana, sobre los desiertos techos de las casas y hasta desde el campamento de la iglesia. Los barcos de guerra empezaron a dejar oír sus sirenas y a bombardear con sus cañones, mientras el joven, aprovechándose de la confusión, pudo salir de su escondite y llegar a Montecristo, al extremo opuesto de la isla, donde pidió trabajo en una empresa azucarera, bajo nombre supuesto.

Lamentablemente, fue localizado y llevado en presencia del Jefe americano del cuartel en Montecristo quien, al preguntarle por qué había disparado contra el comandante en Macorís, respondió tranquilamente: «Porque como dominicano lo consideré como un deber, eso es todo». No obstante, fue llevado a un calabozo. Su juicio, sin testigos, obtuvo por sentencia noventa y nueve años de cárcel.

He aquí otro ejemplo que demuestra la intromisión de las fuerzas americanas entre los dominicanos que reclaman sus derechos. Se trata de Casildo Santana, ex teniente de Vicente Evangelista, quien cayó en las manos de las autoridades militares americanas. El caso ocurrió de la siguiente manera. Viendo que era inútil capturar a Evangelista por la fuerza, un oficial le ofreció nombrarlo Gobernador de la provincia de El Seybo, siempre que depusiera sus armas. Evangelista no creyó en dicha proposición, pero como el Jefe americano insistía una y otra vez, y como su provisión de municiones disminuía, consintió por fin en cruzar ideas con un emisario, quien lo convenció de la buena fe de los americanos. Como resultado, Evangelista se encaminó hacia El Seybo con una escolta de cincuenta hombres, entre los cuales se encontraba Casildo Santana. Allí fue espléndidamente recibido por los oficiales americanos, quienes materializaron su nombramiento de Gobernador en un pomposo documento, con muchos sellos y muchas firmas.

Aquella noche, Evangelista y sus hombres durmieron en los cuarteles locales, dividiéndose en diferentes grupos y en cuartos separados. Inesperadamente, en la madrugada, cientos de soldados se encaminaron a los cuarteles y los desarmaron. También capturaron a Santana a quien pusieron contra la pared, posiblemente para que no viera lo que iba a suceder. A juzgar por el ruido, algo verdaderamente grave acontecía. No pasó mucho tiempo sin que se oyera la voz de protesta de Evangelista, sobresaliendo entre el matraqueo de las ametralladoras y los agudos gritos del comando que finalmente desembarcaron en una descarga. Poco después, Casildo Santana era llevado al sitio donde colgaba el cuerpo exánime de Evangelista.

A una despótica orden del Jefe del comando americano, los soldados apuntaron sus armas contra Santana, quien tranquilamente esperaba la muerte. Pero por una u otra causa los fusiles no funcionaron. Luego se adelantó un intérprete para decirle que salvaría su vida solo si revelaba el lugar de la montaña donde se encontraba el resto de los hombres de Evangelista dónde ocultaban sus armas y municiones. Como Santana persistía en decir que no sabía nada al respecto, la maniobra de ejecución fue repetida varias veces con el mismo resultado: Santana no pronunciaba palabra. No lo mataron, pero su pena fue conmutada por noventa y nueve años de cárcel.

En este mismo libro, que está circulando en toda la América Latina, leo lo siguiente: La intervención americana en Santo Domingo, como se dice a menudo, ha traído paz a este infeliz e indefenso pueblo, pero no una paz moral y legal, sino una forzosa calma impuesta al pueblo a través de ametralladoras. Quiero atestiguar la veracidad de mis acusaciones por medio de documentos, los que no deben ser puestos en duda, como tampoco los que he recibido directamente de testigos absolutamente de confianza.

He aquí el caso, por ejemplo, de Cayo Báez, quien temiendo ser torturado de nuevo si ponía al descubierto las torturas a las que había sido sometido, guardó silencio y se escondió en su pequeña granja, cubriéndose cuidadosamente la marca de sus heridas, de las cuales hubiese ciertamente muerto si no hubiese sido por una mujer que acertó a pasar en ese momento y lo llevó a su casa para curarlo.

Los bandidos dominicanos finalmente fueron apresados y arrastrados ante un tribunal, acusados de chantajes, asaltos y robos. Cayo Báez entre ellos. Observando Cayo que estaba bajo la protección de la corte de justicia dominicana, y sintiéndose apoyado por cierta parte del pueblo que no temía acusar como cómplices a los soldados norteamericanos, contó su historia y levantó su camisa... Ante el indignado asombro de los jueces y el público presente, aparecieron indelebles las marcas dejadas en su cuerpo de las numerosas quemaduras realizadas con la candente hoja, al rojo vivo, de los machetes.

Los signos inequívocos de aquellas palpables pruebas de torturas hicieron exclamar violentamente al juez de la causa de que era una injusticia condenar a esos tres bandidos, mientras que los otros, culpables de semejante crimen, andaban libres burlando la ley dominicana. A pesar del escándalo, los tres bandidos fueron sentenciados y castigados, pero sus victimarios permanecieron en libertad.

En los documentos de la Corte de Justicia de Santiago de Los Caballeros, en las páginas 208, 224 y 225 del libro de sentencias, pueden encontrarse los datos que suministro, fechados el 3 de marzo de 1920. Están firmados por el presidente, Juan D. Pérez, por los jueces Francisco Rodríguez Volta, Augusto Francisco Bido y Antonio Edmundo Martín y por Silvio Silva, Secretario. Por lo que no hablo por hablar. Guardo copia de esta sentencia. Contiene pruebas fidedignas de que quince prisioneros fueron conducidos en dos grupos. Nueve individuos que mostraban la huella de torturas formaban el grupo que iba adelante con un sargento dominicano de la Guardia Nacional, con expresas instrucciones de dispararles en el camino, cerca de un lugar llamado Palmarito. Pero al pasar Palmarito, el sargento no ejecutó la orden. El oficial superior a cargo de la misión, que iba detrás con otros seis presos, al ver que el sargento no acataba las órdenes, lo amenazó a muerte si no obedecía. Lo instó a adelantarse un buen trecho como para resguardar oculto el crimen. El sargento, por una u otra causa, no se alejó lo suficiente y pudo ver con horror cuando fueron asesinados los nueve presos en presencia de los seis restantes, entre los que se encontraba la madre de una de las víctimas.

Poco tiempo después, se le ordenó a otro sargento dominicano torturar en San Pedro de Macorís a un rebelde —por medio de la misma hoja candente del machete— y como se negara a hacerlo alegando que él no era verdugo ni asesino, fue arrestado y fusilado. Su cuerpo fue colgado de un árbol, con esta inscripción para escarmiento de la vecindad: «Esto le sucederá a todo aquél que desobedezca órdenes».

Otros crímenes fueron también cometidos, como el horrendo asesinato de la mujer de Pedro Cedeño. El comandante americano, cuya misión era investigar crímenes, envió al oficial acusado a San Pedro de Macorís, presumiblemente como reprimenda. Además le permitió realizar operaciones militares, con la admonición de que sería severamente castigado si cometía abusos injustificables. A despecho de esta amenaza, tan pronto llegó a la plantación azucarera de Las Pajas, donde había como treinta peones ganando su salario con el sudor de su frente, los apuntó uno a uno, no quedando nadie vivo. Luego envió un informe al comandante donde declaraba que había tenido una pelea con los rebeldes y había tenido que matar a algunos. Lamentablemente para él, el gerente de dicha plantación, que era también americano, elevó una queja contra semejante criminal. Fue encarcelado y pocos días después se suicidó.

Si fuera a contar todos los horrores que las fuerzas de ocupación cometieron en la República de Santo Domingo, tendría que llenar varios volúmenes. Debo señalar que este libro solo contiene hechos escandalosos nunca revelados. Uno de los más atroces incidentes que todavía no he mencionado fue el de Hato Mayor, que fue uno de los distritos que más sufriera la tiránica bota de las fuerzas armadas de ocupación. Allí, todos los farmacéuticos tenían que reportarse a los oficiales americanos —menos que quisieran ser fusilados— Cada uno tenía que informar todo lo que vendía, anotar cada receta y a quién se la entregaba.

El 7 de junio de 1917, un señor de ochenta años se presentó a la farmacia de José María Fernández con una prescripción médica del doctor Guillermo Sánchez. La medicina parecía destinada a curar heridas. Al saber esto se fueron directamente a El Salto, donde el paciente esperaba. El enfermo era su propio hijo. Pero las autoridades americanas inmediatamente sospecharon que aquellas medicinas no podían ser sino para Vicente Evangelista. El honorable señor fue sentenciado a muerte.

Por supuesto que no todos los americanos que han vivido en Santo Domingo se han comportado como bandidos. Pero sí existen muchos que han malogrado la reputación de la armada americana. Además, hay algo que es difícil de explicar en sus conductas, observadas desde un punto de vista moral. Doquiera un oficial americano ha cometido un crimen, sus superiores tratan de ocultarlo, o ensayan a probar su inocencia, por temor tal vez de que la cruda verdad empañe el honor del ejército americano. Cada vez que se inicia una investigación, el pueblo dominicano sabe de antemano que el oficial acusado saldrá absuelto.

Fotografías de Cayo Báez, demostrando la huella de las torturas en su cuerpo, circulan por doquiera. Difícilmente se encuentra un dominicano o un extranjero —llámese turista o agente viajero— que no tenga algunas como souvenir. Naturalmente que circulan a espaldas de las autoridades militares americanas, pues sería peligroso mostrárselas.

Entre los testimonios escritos, me quiero referir al siguiente extracto tomado de una carta que monseñor Nouel, arzobispo católico romano de Santo Domingo, dirigió al ministro americano:

> No se puede negar que el pueblo de Santo Domingo ha padecido en más de una ocasión, durante revoluciones políticas, injustas persecuciones, pero nunca habían conocido el acto criminal de la tortura, ya sea por agua o por fuego, el garrote y la estrangulación, además de la persecución de miles de hombres en la sabana abierta, como si fueran animales salvajes, sin contar el horroroso atentado que se cometió con un señor de ochenta años a quien se ató a la cola de un caballo arrastrándolo por toda la plaza de Hato Mayor.

Al referirse el escritor venezolano Horacio Blanco Fombona al modo como las fuerzas americanas de ocupación ejercen su control en el Departamento de Trabajos Públicos declara, entre otras cosas, que dicho departamento es famoso no solo por los numerosos abusos sino por la manifiesta incapacidad de su personal. En cierta ocasión, un americano fue nombrado director del Departamento y esperó hasta el último momento resolviendo no aceptar el trabajo. Pero como dicho nombramiento ya había sido firmado y él tenía un sobrino con el mismo nombre, lo suplantó con dicho sobrino que no conocía una palabra de ingeniería. Otro incidente: el funcionario americano encargado del Departamento Nacional de Comisaría, en 1918 y 1919, permitió a seis grandes importantes firmas fijar el precio del azúcar y el arroz a su conveniencia, sin ningún permiso ni razón valedera. Esta irregularidad fue notificada al Gobernador militar, Tomas Snowden, pero este no hizo caso. El pasado año, con el pretexto de dificultades económicas, todas las escuelas públicas fueron cerradas.

De acuerdo con este autor «La Casa Blanca está estrangulando a todos los gobiernos de Latinoamérica que se oponen al imperialismo americano». He aquí un ejemplo. La convención dominicana-americana de 1907 ordena que el administrador de aduana transfiera el primero de cada mes al Agente Fiscal de Empréstitos la cantidad de cien mil dólares, mientras que el resto de los recibos de aduana recaudados durante el mes anterior son entregados al gobierno dominicano para ser invertidos en la amortización del empréstito, o en la compra y venta de bonos, etc. Según este tratado, los Estados Unidos tienen el derecho de recibir solamente la cantidad estipulada de cien mil dólares, derivada de los Derechos de Aduana que es la única fuente de ingresos, estipulado por el tratado. Sin embargo, el administrador general no solo ha retenido el remanente de los Derechos de Aduana que pertenecen al gobierno dominicano, sino que ha dispuesto de todos los ingresos internos del país por la fuerza. Para probar la veracidad de este informe, reproduciré de seguidas la carta que fue dirigida por el administrador general, C. H. Baxter, al secretario de Finanzas y Comercio de la República de Santo Domingo:

Me permito informar al Departamento de Finanzas y Comercio que el administrador general de la Aduana Dominicana recibió hoy, viernes 16 de junio de 1916, por cable las siguientes instrucciones del Negociado de Asuntos Insulares. A solicitud del Departamento de Estado, la receptoría o administración asumirá desde hoy todo el control de las finanzas del gobierno dominicano, inclusive la recaudación de sus ingresos internos, así como todos los desembolsos que haga el gobierno dominicano. Siguiendo dichas instrucciones, la Receptoría asumirá dicho control, etc.

Y como el señor J. M. Jiménez, secretario de Finanzas y Comercio, objetó este flagrante abuso sobre el propio suelo, como contrario al tratado de 1907 entre Santo Domingo y los Estados Unidos, las autoridades militares americanas de la isla tomaron todo el control de las finanzas dominicanas a toda máquina, lo que quiere decir, valiéndose de bayonetas.

La República de Santo Domingo —añade el libro— ha pagado religiosamente sus deudas, o mejor, el gobierno americano que controla los derechos de aduana ha sido muy cuidadoso en recaudar hasta el último centavo. Refiriéndonos a la convención arriba mencionada de 1907, el gobierno dominicano está obligado a amortizar sus bonos pendientes de cualquier cantidad superávit en el presupuesto. Todas estas obligaciones eran religiosamente cumplidas por los dominicanos cuando ellos se gobernaban. Pero el gobierno militar americano, impuesto por la fuerza en Santo Domingo, no se comporta de la misma manera. Gasta el superávit como le parece, excepto para amortizar la deuda de Santo Domingo.

Cierto periódico nacionalista dominicano, que se atrevió a preguntar a las autoridades militares americanas por qué y a través de quién tomaban por la fuerza el control de las finanzas dominicanas, sin tomar en cuenta las obligaciones estipuladas en el tratado, fue severamente amenazado por haber osado hacer esa pregunta. El empréstito dominicano se pagará automáticamente en 1923. Esta presunta solvencia de las finanzas dominicanas parece ser vista con disgusto por la administración de Washington. ¿Por qué? ¿Será posible que Santo Domingo no le deba un céntimo a los Estados Unidos? ¡Eso no puede ser! Esto significaría que terminará todo pretexto legal para ocupar la isla. Sería muy desagradable que el acreedor tenga que quitarse la máscara. Es preferible absorber la república por «mala paga».

Consecuentemente, el gobierno militar americano, a despecho de todos los esfuerzos imaginables del pueblo de Santo Domingo para impedirlo, ha contratado un nuevo empréstito —a nombre de Santo Domingo— por diez millones de dólares. En la Gaceta Oficial de Santo Domingo ha aparecido una nueva orden ejecutiva estipulando que la cantidad total de los intereses sean pagados de antemano por el dichoso empréstito. Un cierto señor Mayo, funcionario americano que actúa como Secretario de Finanzas de Santo Domingo, ha concebido ya los términos del nuevo contrato. ¿De qué les vale a los dominicanos tratar de pagar hasta el último centavo a los Estados Unidos? ¡Si los Estados Unidos demuestran una generosidad sin límites al prestar, por la fuerza, diez millones de dólares a este país pordiosero!

Ya ha sido comprobado, una y mil veces, que el último recurso de la diplomacia del dólar para guardar el control de las finanzas del país, cuando lo consideren necesario, consiste en forzar dicho país en el último instante y sin condición, *sine qua non*, contratando con ellos un empréstito a largo plazo, generalmente a través de ellos, pero en todo caso garantizado por la administración de Washington.

Este procedimiento, prácticamente equivalente al sistema del peonaje, esta vez aplicado a los países en vez de individuos, ha sido muy bien estudiado por la diplomacia del dólar, doquiera han hundido sus garfios en cualesquiera finanzas de las repúblicas latinoamericanas, pero especialmente en Centroamérica y las Antillas —Cuba, Haití, Santo Domingo, Panamá, El Salvador, etc.—. Finalmente, también en Nicaragua donde, tomándose ventaja de la intervención armada americana, los diplomáticos del dólar tenían de intermediario a Adolfo Díaz para hacer un empréstito de otros millones de dólares y darle la prioridad de los derechos sobre cualquier otro empréstito contratado en el término de los cinco años.

Este sistema inmoral de usar un anzuelo financiero permanente en esos desgraciados países ha sido prácticamente sancionado y legalizado por el anterior presidente William Howard Taft quien, de acuerdo a los Reclamos sobre empréstitos extranjeros en el senado, dijo lo siguiente:

> Mientras nuestra política no se desvíe un ápice del estricto sendero de la justicia, puede muy bien incluirse la intervención para apoyar a nuestros capitalistas y comerciantes en oportunidades de provechosas inversiones que tengan efecto sobre el beneficio de ambos países.

Espero que las precedentes informaciones, y muy particularmente las suministradas por un famoso autor venezolano, puedan interesar al Congreso de los Estados Unidos suficientemente para iniciar, tan pronto como sea posible, una profunda investigación no solo sobre la ocupación militar armada en Santo Domingo, sino en Haití. De acuerdo a lo que he oído, lo que el gobierno militar americano ha hecho en Santo Domingo puede ser comparado a un juego de niños con lo que las fuerzas de infantería han realizado en Haití.

Espero también que el señor Horace G. Knowles, ex ministro americano en Nicaragua, se encuentre de nuevo con el comandante Shafroth en el Instituto de Políticos en Williamstown, Mass., para suministrarle todo lo relativo a la intervención armada americana en América Latina, y particularmente le informe cómo las fuerzas de infantería han estado protegiendo las vidas y los intereses de los americanos residentes en Santo Domingo.

Capítulo XVI

A pesar de la atención del cónsul Hueper, de míster Borneman y de la señorita Merceditas Somarriba, que estaban encargados del hospital local donde pasé unos días de descanso en Matagalpa, llegué a Managua sufriendo la típica fiebre tropical de la jungla. Así que en vez de irme a un hotel tuve que aceptar la hospitalidad de la señora María de Uebersetzig, amable anfitriona. Era realmente una dama encantadora. Descendiente de alemanes, había vivido muchos años en Managua, donde todo el mundo la apreciaba por sus virtudes. Viuda del cónsul Uebersetzig, oficial del ejército alemán, que organizó la Academia Militar en los días del presidente José Santos Zelaya, su casa siempre estaba visitada por personajes.

Allí tuve el gusto de conocer, entre otros notables, a la señora Panchita Leal, una de las matronas de la ciudad, así como al diputado doctor Ramón Romero. Líder del Movimiento Nacionalista en Nicaragua. Romero estaba catalogado entre los honestos políticos y sinceros patriotas, tanto en los partidos Conservador y Liberal, como en el grueso público. Muy contrariamente a los profesionales y venales politiqueros Estrada-Adolfo-Díaz-Chamorro-Moncada-Sacasa, quienes directa o indirectamente sembraban el mal en ambos partidos a través de la diplomacia del dólar, a expensas del honor y la independencia de Nicaragua.

También me encontré con el doctor Nicolás Osorno, con W. Leissner, capitán de Corbeta de la Marina alemana; con los señores Edgar E. Bahlke, William Asche, representante de Blohm y Cía. en Maracaibo, y con mi viejo amigo, general Samuel Santos, quien había llegado por aquellos días de Guatemala.

Decidí ir a Granada a visitar a Alejandro Marenco, considerado uno de los grandes patriotas de Nicaragua. Y combinando deber con placer, acepté la amable invitación del profesor J. W. Schoenberg, eminente científico alemán, a quien había conocido en Turquía como oficial del ejército germano. Con él fui a escalar el famoso volcán Masaya, un punto culminante para los conquistadores, por haber confundido su lava con oro derretido.

También disfruté de la agradable compañía de mi compatriota venezolano, coronel Spinetti, propietario de casi todos los teatros en Nicaragua. La prensa local, tanto conservadora como liberal, me saludó calurosamente, especialmente *El Comercio*, dirigido por José María Castrillo y *La Noticia*, cuyo editor era Ramón Avilés.

En Managua también conocí a míster Crampton, representante de la United Press. El recaudador de los Derechos de Aduana, míster Ham y su auxiliar, míster Lindberg, representaban la Associated Press. Me sorprendió mucho que esta famosa agencia de noticias estuviese representada por hombres que se consideraban funcionarios subalternos del Departamento de Estado y consecuentemente del secretario Kellogg.

Entre los tópicos sensacionalistas que se discutían en Managua por aquellos días estaba la idea del general Sandino sobre cómo debía ser arreglada la controversia nicaragüense. Su opinión sobre el Canal de Nicaragua fue publicada en la prensa y radiodifundida. Sandino opinaba que el Canal debía ser construido con el 50 % de capital latinoamericano, mientras que en el remanente 50 % deberían incluirse los tres millones de dólares ya pagados por el gobierno americano a Díaz y Chamorro, contribuyendo otras naciones que desearan participar en su construcción. De este modo, el pueblo de Nicaragua no tenía por qué temerle a su independencia y podría incidentalmente utilizar sus beneficios monetarios del canal en carreteras y ferrocarriles. Esta era la gran proposición de un bandido, de un forajido, como acostumbraba marcarlo el secretario Kellogg. Es lastimoso que ningún periódico latinoamericano de importancia en Nueva York tomase la idea del general Sandino como bandera.

Otro de los problemas que enturbiaba los asuntos de Nicaragua por aquel tiempo se refería al empréstito del millón de dólares que había sido contratado por el doctor Zavala, agente financiero de la administración de Díaz y de los representantes de Guarantee Trust Company y J. W. Seligman de Nueva York. *La Nación*, de Nueva York, explica este monstruoso empréstito en el volumen 125, n.º 3. 239, de la manera que sigue:

> Están ahora comprometidos en probar que los trescientos nicaragüenses, a quienes los marines americanos y aviones de bombardeo asesinaron el 17 de julio, eran de veras «bandidos». En esto consiste el hábito inmemorial de los imperialistas usurpadores. Los británicos llaman a los Boers, bandidos. Los franceses llaman pistoleros a los heroicos rifeños. Similarmente y sin mucha duda los antiguos egipcios calificaban de bandoleros a los ejércitos que derrotaban. Pero esto no altera el hecho de que los marines americanos no tienen por qué asumir deberes de policía en Nicaragua y todo corazón de latinoamericano late con simpatía desde Cabo de Hornos hasta Río Grande cuando se trata de combatir la invasión yanqui en los países de América Latina.
> Si por algún motivo las autoridades en Washington estuviesen interesadas en hacer reinar la opresión en gran escala, le sugerimos que tornen su atención al documento firmado —bajo su presión— el último 31 de marzo, entre el doctor Zavala, agente financiero del régimen de Díaz en Nicaragua, los representan-

tes de la Guarantee Trust Company y J. W. Seligman de Nueva York. Se puede comparar favorablemente con los empréstitos usureros recientemente hechos en Los Ángeles por directivos de la Better American Federation y los mejores círculos bancarios, pero en cuanto a empréstitos gubernamentales no hemos visto nada parecido. Este extraordinario contrato se inicia con un 6 % de crédito sobre un millón de dólares por el término de un año, que por extraordinarias condiciones pudiera ser extendido a seis meses. Naturalmente nadie solicitaría del banco que prestase dicha cantidad, que pertenece al depositante, sin ser afianzado por un buen colateral. En este caso se puede estar seguro de que ningún depositante exhalará una queja. Los banqueros son dueños de todo lo que posee Nicaragua: sarape, sombreros, sandalias y camisas.

Dos meses antes de la negociación de semejante empréstito, el Congreso votó por ciertos impuestos de emergencia. Impuesto de exportación de sesenta y cinco centavos por cien libras de café; un 50 % de aumento en derechos de aduana sobre el tabaco, vinos y licores; un 12 % de aumento en otros derechos de importación. Esto fue hipotecado a los banqueros como colateral para el crédito.

Pero esto no fue todo. Como colateral adicional, los banqueros hicieron una hipoteca sobre el 50 % del superávit de las entradas del tesoro nacional —el 50 % fue igualmente hipotecado por los banqueros de Nueva York en 1917—. Y mientras Díaz, no obstante los marines americanos que trabajaban para él, se encontraba inhábil para presentar un excedente, los banqueros fueron más allá, según su convivencia. Hipotecaron todo el capital activo del Banco Nacional de Nicaragua, corporación americana con todo su capital pagado de trescientos mil dólares, digno de ser duplicado con todos sus dividendos. Pero todavía no estaban satisfechos. Añadieron una hipoteca sobre todas las acciones y valores del Ferrocarril del pacífico en Nicaragua el cual, eficientemente manejado por J. C. White Corporation y Seligmans, representaba el doble del crédito extendido por los banqueros.

De acuerdo a informaciones del ex-Cónsul General nicaragüense en Nueva York, los banqueros no parecían todavía contentos. Los depósitos del banco y del ferrocarril en el Banco Canadiense y otros bancos montaban a un total de más de cuatrocientos mil dólares, y fueron transferidos a la ciudad de Nueva York para beneficio de los donadores del crédito (uno se pregunta si el dinero que los banqueros prestaron a Nicaragua era la misma moneda nicaragüense que habían transferido de otras arcas para la propia). Y luego rebosaron el clímax. Incluyeron en el contrato un convenio que substancialmente dice que no solamente hipotecan la mitad de Nicaragua por el empréstito de su millón de dólares, pero que podrían además gastar el dinero para Nicaragua. Exponen con toda franqueza y cinismo que el dinero se gastaría primeramente para equipar, armar y mantener los soldados de Díaz (esto más o menos ha pasado, eventualmente, haciendo innecesario para los marines americanos sostener y apoyar este ruinoso régimen). El dinero excedente solo será puesto en circulación mediante la aprobación de un Comité especial de tres personas, dos de ellas americanas. Uno de estos consocios es el gerente americano del Banco de Nicaragua, el otro es el alto comisario americano.

La oficina del alto comisario fue creada —según entendemos— en conexión con el plan financiero de 1920, sacado a relucir por el gobierno nicaragüense con otro consorcio de los banqueros de Nueva York. Y luego, el secretario de Estado de los Estados Unidos designa al alto comisario quien, de cualquier manera (probablemente para obviar dificultades con la ley), no es considerado un funcionario del Departamento de Estado. El Departamento de Estado insiste en esta distinción urdida en filigrana entre designado y funcionario, pero en todo caso el resultado neto es que los banqueros utilizan al designado por el gobierno como su agente representativo en Nicaragua. Entre otras cosas se estipula que los dos Bancos de Nueva York tienen una opción de cinco años sobre todas las finanzas de Nicaragua.

He aquí, pues, un interesante caso para estudiarlo todo gobierno seriamente interesado en el problema de opresión sobre Nicaragua. Hubiese sido muy interesante si el Departamento de Estado le dedica su atención para informar al público de sus resultados.

Porque esta clase de opresión abarca al pueblo americano como un todo, mucho más profundamente que el esfuerzo de un ejército descalzo que se sostiene como puede en un distrito rural de la jungla, donde cualquier plantador americano pudiese tener una propiedad. Fue precisamente a este empréstito que se refirió Hoover durante la última primavera, cuando hizo una mal acogida crítica sobre esos empréstitos con propósitos improductivos, que tanto amargó a míster Kellogg. Tales empréstitos, con la aprobación del Departamento de Estado, comprometen la reputación de los banqueros designados por el Departamento de Estado, y nos envuelve a todos en un constante peligro de intervención sangrienta. Supongamos que Nicaragua busque financiarse ella misma con otros bancos, violando su convenio con los banqueros de Nueva York; supongamos que busque un amplio crédito de seguridad que el alto comisario, nombrado por el Departamento de Estado, no esté dispuesto a apoyar... ¿Qué pasaría? ¡Más trabajo para los marines!

Los banqueros se quejan a menudo de que son injustamente acusados por querer moldear la política del Departamento de Estado. Muchas veces —declaran ellos— el Departamento de Estado les pide que hagan empréstitos para ayudar a determinar políticas. Por una increíble serie de desatinos, el Departamento de Estado está ahora comprometido en mantener a

Adolfo Díaz en su cargo, como el presidente títere de Nicaragua. Con seguridad, ningún hombre de empresas cuerdo aventuraría un céntimo en un hombres tan débil de carácter como don Adolfo ¿Se hace responsable el Departamento de Estado por esta impuesta usura?

Refiriéndonos al precedente artículo de *La Nación*, tan suficientemente explicativo, observamos que la diplomacia del dólar ha hecho todo lo posible en Nicaragua para hacer resurgir la fórmula del ex-presidente William Howard Taft sobre la Doctrina de Monroe de que «muy bien puede apoyarse una intervención, a fin de que nuestros comerciantes y capitalistas hagan provechosas inversiones».

A juzgar por el modo como Coolidge y Kellogg manejan los asuntos de Nicaragua, parecen compartir la turbia opinión del presidente Taft de pisotear los derechos de pequeñas e indefensas naciones, por medio de tratados internacionales, exclusivamente elaborados para su propio beneficio. Haití, Santo Domingo y Nicaragua pueden atestiguarlo. El pueblo americano no supone lo taimados que son los agentes de prensa de la diplomacia del dólar, pues mientras el general Pershing partió para Europa en 1917, a la cabeza de dos millones de soldados americanos a combatir contra Alemania, porque los unos habían violado los derechos de una nación débil, Bélgica, y se habían burlado de un tratado internacional de protección a dicho país, otra parte del ejército americano, estacionado en Haití estaba comprometido en delictuosos hechos que no los realzaban en la escala del honor y amor a la humanidad.

Los diplomáticos del dólar y sus compinches en el gobierno americano, sin duda alguna tienen talento para hacer dinero, pero parecen ignorar que de la misma manera en que apilonan millones, a expensas de indefensas y débiles naciones, acumulan pirámides de odio y un futuro sombrío para los Estados Unidos. Hay ciertas naturales leyes de equilibrio y estabilidad que no permiten a ningún país constituirse en árbitro financista del mundo. Algún día explotará el estallido, así como en la Guerra Mundial fue establecido que la capital de los países enemigos que estuviese sitiada sería la responsable por los daños financieros y morales causados por sus respectivos gobiernos. Es difícil predecir quién será el perdedor en esta gran marcha, si Inglaterra u otro país cualquiera estarían dispuestos a formar otra coalición, pero esta vez contra los Estados Unidos. Tal coalición encontraría bien abonado el terreno. ¡La diplomacia del dólar lo ha preparado magistralmente, sin duda!

Poco días después salí para Guatemala y Estados Unidos, y me divertí mucho con una fotografía publicada en un periódico de Managua, que representaba a José María Moncada colocando la cruz de paz sobre el pecho del almirante Latimer. Dicha cruz —según me contó después doña María Uebersetzig— era un pequeño crucifijo de oro que Moncada había comprado en una joyería alemana y a quien hizo quitar la figura de Jesucristo. Fue un acto irreverente de Moncada, pero los que miran a Cristo en una forma sagrada pueden contentarse de que su imagen divina fue excluida de este repulsivo espectáculo.

Me enteré por entonces de que se habían dado órdenes para despachar varios pelotones de la nueva Guardia Nacional, policías que todavía no habían sido reclutados y que irían a hacerle compañía a los marines americanos dispersos en las montañas de Segovia y Jinotega, para combatir al general Sandino. En un cable especial de Balboa C. R. publicado por el *New York Times* leí, entre otras interesantes informaciones «que el general Feland había dispuesto que el único deber de los marines en Nicaragua era mantener el orden público y entrenar a los policías nativos en este asunto, etc.».

Me pregunto por qué la diplomacia del dólar, que ha mantenido un absoluto control en las talegas de oro de Nicaragua en los últimos diecisiete años, no ordenó lo mismo anteriormente, en vez de permitir a sus gobiernos títeres, desde 1909, reclutar su armamento con tal crueldad que hasta las mujeres casadas fueron sacadas de sus casas. Supongo que la reunión del Congreso y la patriótica actitud de Sandino y Salgado han tenido que ver con este tropel de cosas, tan de repente. Esperemos de cualquier manera que los nuevos alguaciles nicaragüenses no lleguen a ser reclutados, como en Santo Domingo y Haití, y que el Departamento de Estado deje en paz al pueblo de Nicaragua. Porque no habrá nunca tranquilidad en Nicaragua, Centroamérica y Las Antillas mientras no se deje al pueblo resolver sus propios asuntos.

Concluiré con los siguientes extractos tomados de algunos artículos publicados en *Current History*, de tres observadores americanos, todos dignos de confianza. Son Carleton beals, Samuel Guy Imman y el senador Henry Shipstead:

Recientemente, el clamor contra Tío Sam —dijo Beals— se ha vuelto cada vez más amargo y pesado. La Unión Centro y Sudamérica y las Antillas (Ucsaya) con sede en México, activamente esparcen propaganda para que América Latina proceda a un boicoteo contra las mercancías americanas, propaganda que ha encontrado considerable eco. En el último Congreso Panamericano del Trabajo, los delegados suramericanos atacaron fuertemente nuestra tarifa de aranceles y nos amenazaron con volver los ojos hacia Europa. Ugarte, desde su retiro en Niza, fulminó a la juventud latinoamericana con su viejo slogan de 1912: «Latinoamérica para los latinoamericanos». Isidro Favela, ex-secretario de Asuntos Exteriores bajo Carranza, declaró que los Estados Unidos están aliados con los nicaragüenses traidores y que todo el pueblo de América Latina tenía derecho a quejarse por perpetrarse semejante ultraje de carácter imperialista. Horacio Blanco Fombona, de Venezuela, levantó su grito acusador. El doctor Alfredo Palacios organiza el Congreso Iberoamericano de la Juventud en Montevideo, declarando que «no queremos nada con los Estados Unidos excepto defendernos de las garras de los grandes capitalistas». Editores de periódicos en El Salvador denunciaron a los Estados Unidos, solicitando retirar el reconocimiento de Díaz en Nicaragua. En recientes meses *El Cosmos* de Colombia, El *Journal* de Brasil, *La Nación* de Argentina, *Excelsior* de México, *El Imparcial* de Guatemala, *El Diario* de Costa Rica, *El Mundo* de Cuba, en fin, casi toda la prensa de primera línea en Latinoamérica, ha escrito artículos amargamente críticos, duros y severos. Desde el Sur de Río Grande, altas maldiciones y odios han sido lanzados contra el Coloso del Norte para que el público los escuche. Naturalmente que estos ocho millones del Sur nunca saldrán de su status semicolonial hasta volverse una nación adulta, solo dirigiéndonos anatemas y miradas de odio. Es obvio que no llegaremos a controlarlos política o económicamente, menos ideológicamente, en una apreciable extensión del territorio de Latinoamérica. Emergerá así su nacionalismo, su participación en la cultura racial dentro de la más grande contigua área de grupos homogéneos, lo que traerá al fin el equilibrio.

Finalmente, Sudamérica realizará totalmente su independencia. En el Tercer Congreso Panamericano, míster Hoover (hoy presidente de los Estados Unidos) al referirse a los empréstitos por puros propósitos industriales, declaró en el *New York Journal of Commerce*, el 3 de mayo de 1927:

La necesidades de América Latina resultarán solo temporales pues dentro de poco tiempo ella también podrá ser exportadora de capitales. Podemos dar por seguro que con la reconstrucción de nuestra estructura económica, cada país de América empezará a producir el superávit necesario que, convertido en poderoso capital, los relevará de la necesidad de pedir empréstitos externos.

Samuel Guy Imman añadió a esto que sigue:

Los recelos de América Latina respecto a la declaración Monroe empezaron con la guerra mexicana, cuando los Estados Unidos le quitaron medio territorio. Continuó con la imprudente fanfarronería de muchos de nuestros hombres de Estado refiriéndose a nuestro «destino manifiesto»; culminó con la guerra hispanoamericana cuando Filipinas y Puerto Rico fueron sojuzgados bajo la bandera de las estrellas y rayas, y Cuba tenía limitada su soberanía bajo la Enmienda Platt. Pero también se fortaleció por los movimientos militares norteamericanos en Panamá, Haití, Santo Domingo, Nicaragua y México. La más reciente maniobra de los marines en Nicaragua ha levantado como nunca una tempestad de protestas.

La Doctrina Monroe es, por lo tanto, para los latinoamericanos uno de los principales peligros que amenazan su soberanía. En vez de «América para los americanos» nuestros vecinos del Sur piensan a menudo que dicha doctrina está mixtificada, porque es «América para los norteamericanos» y no conlleva protección de Europa, sino un protectorado de los Estados Unidos. Aunque muchos de nuestros estadistas señalan la gran generosidad de los Estados Unidos llamándole «hermano mayor» como respaldo a su actitud de proteger a América Latina de Europa, los latinoamericanos están decididos a recurrir a Europa y a la Liga de las Naciones para protegerse contra los Estados

Unidos. Dicho asunto no puede estar mejor ilustrado que con la definición de Hughes sobre la crítica de los latinoamericanos sobre la aplicación Monroe. En un discurso en Minneapolis, el 30 de agosto de 1923, míster Hughes dijo: «Como la política contenida en la Doctrina Monroe es claramente la política de los Estados Unidos, el gobierno de los Estados Unidos se reserva para sí su definición, interpretación y aplicación».

El resultado de cómo fue recibido en América Latina este exabrupto puede observarse en el siguiente párrafo de un artículo de Jesús Semprún, publicado en una de las más importantes revistas latinoamericanas:

Si en la América tropical existen poderosas naciones conscientes de sus deberes, situación y peligros, el discurso de míster Hughes inevitablemente plantará un *casus belli*... porque lo que quiere sugerir es que los Estados Unidos intervendrán... cada vez que quieran, ocupando por la fuerza los territorios latinoamericanos que deseen. Esto obligará por lo tanto a otros pueblos a prepararse para llevar adelante sus propios destinos, a fomentar sus propios intereses y a imponer incuestionablemente la soberanía económica y política en el *Nuevo Mundo*. Europa no soporta más una Santa Alianza exclusivamente organizada con monarcas, excluyéndose los débiles países de América. Hay aproximadamente tantas repúblicas en otras partes del mundo como las hay en América, y gobiernos como el de Gran Bretaña ofrecen tanta oportunidad de registrar una opinión popular como lo hacen las repúblicas. No solo tiene Europa a la Liga de las Naciones, sino que posee los Tratados Locarno y conferencias, que si no resuelven siempre los problemas, al menos atraen suficiente publicidad para hacer imposible hoy en día los proyectos para una vieja Santa Alianza. Además, los países latinoamericanos, lejos de considerar unidad para el propósito de rechazar a España y Portugal, hoy vuelven sus miradas a Europa para exigir una ayuda espiritual y una inspiración política, mientras se considera una Liga de Defensa Latinoamericana contra los Estados Unidos. Muchos de ellos ya están al corriente de esta organización internacional.

La original Doctrina Monroe definitivamente estipula que no puede haber intervención alguna de un gobierno sobre los asuntos de otro. Durante el último cuarto de este siglo esta doctrina ha sido transformada por los Estados Unidos, ya que hemos intervenido muchas veces en los pequeños países del Caribe. Estos hechos de intervención nunca han sido presentados al Congreso, a pesar de que en muchos de ellos se ha ejercido control militar y supresión de los gobiernos civiles. ¡En Santo Domingo esta situación ha permanecido por ocho años! El modo moderno de intervenir, si hay que dar semejante paso, es por la acción conjunta de varios países. Es la más significante realidad, no siempre referida por los admiradores de míster Roosevelt, que no obstante la política de intervención en Santo Domingo, él estipuló muchas veces durante su viaje a Sudamérica que si una intervención se hiciese necesaria en el futuro de América, sería una acción conjunta entre los Estados Unidos y otras naciones americanas. Así como el resto del mundo promueve reuniones internacionales para organizar sus asuntos, así debemos hacerlo en América. Cierto es que la culta opinión de los Estados Unidos no desea usar sus grandes poderes para coaccionar nuestra voluntad sobre nuestros vecinos. Aun cuando lo deseáramos, no lo soportaríamos mucho tiempo sin entrar en un violento contacto con América Latina y el grupo de la Liga de las Naciones. La única salida es a través de una acción conjunta.

El Senador Shipstead se refiere mordazmente a este punto con sus argumentos:

La Doctrina Monroe está muerta y ha estado agonizando por varios años. Vivió solo el momento en que se cumplió su original espíritu idealista. En la presente hora, en vez de mantener protectorados de finanzas sobre nuestras hermanas repúblicas en América Latina, sería mucho más correcto decir que las estamos sosteniendo a través de una dictadura militar y financiera. Esta clase de dictadura ha sido impuesta en los países de América Latina bajo sucesivas administraciones y bajo la fuerza de armas americanas. Los ejemplos sobran. Cualquier bien informado ciudadano americano está en conocimiento de que nuestra actual política latinoamericana es francamente una agresión económica bajo la bota de una dictadura imperialista. Todavía se cubre con el velo de la Doctrina Monroe, pero no tiene nada en común con su doctrina original. En el caso de la violada doctrina podemos elegir dos caminos: primero, abandonar el idealismo para siempre de la Doctrina Monroe, sin descartar francamente lo que significan nuestros hechos en América Latina, aceptando sus consecuencias tanto adentro como afuera. O revivir el idealismo de la Doctrina Monroe, expresarlo en hechos como en palabras y que nuestra actitud está de acuerdo con nuestra profesión. Sería un beneficio moral de primera proporción. Pero los beneficios morales, réditos idealistas, egresos espirituales, no cuentan con resultados prácticos. El problema frente a nosotros es el siguiente: ¿Podemos darnos el lujo de capitalizar en dólares y céntimos nuestra política en América Latina, por un tiempo más largo? ¿Ha ganado realmente la diplomacia del dólar en términos de ganancia nacional? Indudablemente ha pagado bien en intereses y a individuos. Pero, a pesar de todo ello, ¿Beneficia en algo, comercialmente hablando, a la empresa como nación? Las siguientes estadísticas tomadas de los sumarios mensuales de

1925 y 1928 del Departamento de Comercio, nos demuestran que no. He aquí el total de las exportaciones a América Latina:

1925	$407,849,729
1926	$350,585,124
Diferencia	14 %

Así garantizando que las actividades del Departamento de Estado y la utilización de los marines de los Estados Unidos ha traído beneficios posiblemente a unos cuantos promotores industriales y algunos intereses financieros, pregunto, señores, ¿Cuál es la ganancia del Comercio general del país, la ganancia de los comerciantes, manufactureros y hacendados que tienen que trabajar sin que el Gobierno Federal se preocupe por ellos?

Este lote de ciudadanos parece soportar en impuestos una buena parte de los gastos que ocasiona una política solo beneficiosa para unos pocos privilegiados, con considerable pérdida para el Comercio de cincuenta y siete millones de dólares, o el 14 % de nuestras exportaciones totales a ocho de nuestras hermanas repúblicas latinoamericanas, según acusa el calendario anual último. Representan graves cálculos. ¿No estaremos matando la gallina de los huevos de oro en América Latina? El resultado moral no puede ser evadido. Un inconsciente boicot contra las mercancías americanas, basándose en una creciente enemistad, comienza a hacerse realidad en América Latina. Y cada día más, en que nuestra hipócrita política progresa, vamos perdiendo prestigio en el campo de las relaciones internacionales, cada día más se va fortaleciendo este odio y enemistad de todo el continente americano fuera de nuestras fronteras. Y vendrá el momento en que vamos a sentir la necesidad de hacernos amigos en el continente occidental, o en alguna otra parte del mundo.

Serían necesarios legítimos estadistas, gran dosis de paciencia y una buena voluntad, para erradicar las semillas de enemistad que han sido pródigamente sembradas en el suelo tropical, fácilmente germinativo de América Latina. El viejo dicho «buen amigo y mal enemigo» puede aplicarse ampliamente a los latinoamericanos. Ninguna generalización sobre cualquier raza es estrictamente verdadera ni puede aplicarse a todos los individuos, pero haciendo una gran excepción, podemos asegurar que a los latinoamericanos les importa menos el dinero que a nuestros vecinos del Norte. Existen razones de peso para esta diferencia general entre estos dos pueblos. Una de estas razones es el Sol. En Norteamérica, o sea en los Estados Unidos y Canadá, con excepción de unos pocos territorios, el hombre obtiene su alimento con mucha dificultad, y su mercancía o deficiente cosecha afecta en cierto grado el entourage de los centros industriales. Así su pan cotidiano y el dólar, más o menos gobernado por el pan, influencia sus pensamientos, placeres, emociones, rodeados de inestabilidad y dudas.

En cambio, en América Latina, el Sol y la tierra significan para el hombre magnificencia y abundancia. La generosa naturaleza, el clima de eterna primavera de las tierras altas y bajas, la gloria del Sol y de la Luna, la llameante belleza del paisaje, todo eso influye, como ha influido por cuatro siglos, sobre un pueblo cuyos descendientes son hijos del Sol. Los andaluces, por ejemplo, los sarracenos y más recientemente, los mayas y los incas, a ninguno de ellos les ha importado un bledo las cosechas y menos el dólar, como ha sucedido en Maine y Dakota. Por supuesto, es lógico, la pasión, el ideal o el odio son de más importancia para los latinoamericanos que un cargamento de mercancías baratas de los Estados Unidos.

Esto parecería traído por los cabellos y hasta jocoso, pero define una moral. No es bueno levantar odios en una raza que se puede dar el lujo de alimentarlos.

He aquí algunos de los posibles motivos para ese odio. Está la Liga de las Naciones que incluye a América Latina. Hasta ahora, no ha habido una acción concertada por los miembros latinoamericanos de dicha liga respecto a la opresión de los Estados Unidos. Pero, aliméntese al fuego del odio un poco más y se elevará hasta el cielo, para decirlo más claramente, como un cañón explosivo. Miremos más hacia el futuro y podremos ver la probable diversión del Comercio de América Latina con los Estados Unidos y hacia Europa y Asia. China se avizora como el más grande competidor. Ya el capital chino se encuentra detrás de los grandes sindicatos en India, Java, Sumatra, traficando en seda, café, metales. Esos sindicatos llevan nombres europeos.

La China que despierta, laborando en modernas industrias en gran escala —con sus millones de trabajadores baratos que colaboran— buscará su material primitivo y venderá sus refinados productos a América Latina, es casi seguro.

¿Cómo podrían los Estados Unidos competir con ella? Con altos salarios en los Estados Unidos y bajos salarios en China, podrán los comerciantes chinos vender su mercancía en América Latina en cualquier mercado.

Y hablemos del sentimiento, realmente el más poderoso elemento de la psicología latinoamericana, que nunca será comprometido del lado de los negocios americanos. Ya es un hecho —según puntualizó el senador Shipstead— que sin ningún poderoso competidor de los Estados Unidos en el mercado, Latinoamérica ha reducido su antes amistoso intercambio comercial con su hermano norteño en cincuenta y siete millones de dólares en 1926. ¡Cincuenta y siete millones en un año! Claro que esta reducción no daña a las poderosas compañías que otorgan concesiones bajo la administración de los presidentes títeres, instalados por la voluntad del Departamento de Estado. Solo perjudica al comercio nacional. Así que los diplomáticos del dólar progresan admirablemente con su programa de saqueos, asesinatos y terror. Tendrán que sacar afuera sus billones —eficientemente ayudados por el Departamento de Estado y las fuerzas militares americanas— antes de que explote la gran bancarrota. Poco les importa el futuro de América como poco les ha importado las mujeres reclutadas asesinadas ayer, o mutiladas, a la salud de su amigo, Adolfo Díaz, que les asegura las mejores partes del grueso ternero. ¡He aquí que el saqueador, el bandido, pasa como un gran patriota!

Pero no pasará mucho tiempo sin que el público americano, y especialmente las clases industriales y comerciales, soliciten en severo tono que el Departamento de Estado cese de alimentar a esos bandidos y se preocupen en serio por el bienestar de la nación, cuyo honor representa y cuyos intereses internacionales están particularmente bajo su cuidado. Dos reformas serían inmediatamente necesarias. Primero, que el Departamento de Estado elimine la conjunta colaboración de la armada y la marina en beneficio de esos individuos que mantienen negocios con concesionarios en América Latina. Segundo, proceder a una profunda limpieza de corresponsales de esas nuevas agencias de prensa y periódicos, que en América Latina mantienen conexiones comerciales de valor dudoso, para decir lo menos.

Para restaurar la fe de América Latina en la honestidad y justicia de los Estados Unidos, un paso debe ser dado sin demora. Las cláusulas a largo término en contratos de empréstitos —que obligan al país deudor a permanecer en deuda y a pagar largos intereses por años— desafiando su voluntad y habilidad para cumplir, deben ser anuladas. Es ciertamente un arbitrario e inmoral procedimiento obligar a un hombre o a una nación a tan degradante posición. Esta es una de las artimañas favoritas de la diplomacia del dólar en América Latina y Las Antillas. Además, tales empréstitos nunca deben ser garantizados, como son, por el gobierno de los Estados Unidos. Los negocios no pueden mezclarse en la política. Los empréstitos son transacciones comerciales.

Todas las concesiones a América Latina, comprendiendo especialmente a Centroamérica y Las Antillas, deben ser sujetas a revisión por los gobiernos de dichos países, para ajustarlas a la ley en caso de que fuesen otorgadas ilegalmente, como ha sido demasiado frecuente en las realizaciones de la diplomacia del dólar, a través de sus presidentes títeres. En caso de anulación, los concesionarios deben reembolsar los gastos y dar una compensación razonable. El arbitraje debería ser el recurso final en caso de una seria disputa.

Esas falsas Comisiones de Solicitudes, consistentes en dos ciudadanos de los Estados Unidos y un ciudadano del país participante, también deben ser eliminadas. Ninguna fuerza armada americana deberá desembarcar en el suelo de un país independiente y soberano de América Latina, en plan de intervención. Si dicha intervención fuese necesaria, nunca podría ser tomada solamente por los Estados Unidos, sino en conjunción con dos potencias latinoamericanas.

Tercero, como he dicho tantas veces en estas páginas, a través de toda América Latina, sin descartar a Nicaragua, hay ricas y magnificentes oportunidades para los americanos que deseen prosperar en legítimos negocios. Negocios que les ganarían el respeto y amistad, no solo para ellos sino para su país de origen.

He aquí el cuarto punto, tal vez el más moral de todos, que quiero elevar a la consideración del pueblo de los Estados Unidos. Doquiera que la diplomacia del dólar y sus marines han puesto el pie, tomando primeramente en esta historia a Nicaragua y a Santo Domingo, las escuelas públicas han desaparecido y los ingresos, destinados a sostenerlas, han sido dispendiados en beneficio de establecimientos clericales. Este es uno de los más desastrosos resultados de la influencia de los Estados Unidos en América Latina y Las Antillas. Una curiosa anomalía es presentada, seguramente, en el espectáculo de los Estados Unidos —cuya población es más protestante que católica, siendo la escuela pública uno de los pilares de su sistema social— pero que usa su dinero y su poder armado para fortalecer el *substratum* del oscurantismo que atrasa la estructura de la Iglesia Católica Romana.

Como la mayoría de los católicos modernos, tanto en América como en otras partes, creo en la educación secular. La escuela pública americana es tal vez el ejemplo más satisfactorio dado al mundo eficiente de la democracia para despertar sus facultades humanas y prepararlos a una vida inteligente. ¿Están realmente satisfechos los americanos por haber impedido que miles de niños nicaragüenses y dominicanos se eduquen? Esto es lo cierto, porque las pocas iglesias parroquiales no admiten niños de las clases bajas. Su destino es crecer ignorantes, ser peones, seres hambrientos y sudorosos, esclavizados bajo el látigo de los concesionarios. Esto, por supuesto, es el resultado del cierre de las escuelas públicas. Toda esta profunda oscuridad, ya sea fundándose en dinero o en superstición, lleva a explotar a un pueblo ignorante; de otra manera, su poder se desvanece como nubes dispersas por el Sol.

El sectario aspecto de la intervención es uno de los más graves de los Estados Unidos. Inevitablemente, si la presente política continúa, alimentará luchas religiosas internas. Como la masa de los no católicos en Norteamérica empieza a comprender que el viejo sistema colonial de la iglesia romana está apoyado y fortalecido por capital americano, el Departamento de Estado americano y las fuerzas armadas americanas, explotará en indignación. Surgirán amargas recriminaciones entre los protestantes y católicos en América, y actos delictuosos se cometerán que lleguen a la furia. ¿Acaso el conflicto surgido entre el Estado y la Iglesia en México no ha prolongado sus ecos hasta los Estados Unidos, en la prensa, en los Concejos, en el Congreso y desde miles de púlpitos? ¿Puede algún americano negar que el fanatismo ha alzado su cabeza en el país y que no se escucha el zumbido de sus matracas? Así, ningún peligro amenaza más la armonía interna de la República y crece cada día hasta envolver la política económica de Roma, que el desarrollo de la política norteamericana en Centroamérica y Las Antillas. La historia nos ha vuelto unos tristes sabios mirando la violencia, los odios y la dureza de la controversia religiosa.

Ni los católicos ni los protestantes en los Estados Unidos parecen entender, aparentemente, como observan los latinoamericanos estos asuntos de la iglesia. Nosotros somos creyentes como eran nuestros padres y, a despecho de lo que piensan los católicos de los Estados Unidos, no estamos a las puertas del ateísmo o del infierno. Pero también sostenemos que nuestra iglesia debe ser autónoma hasta una larga extensión y que nuestros consejeros espirituales deben ser nativos, inspirados en nuestros propios ideales, amantes de nuestros países, patriotas que se ocupen del bien del pueblo.

Para los latinoamericanos de las clases educadas, no habrá paz ni contento mientras la masa esté pisoteada por las botas de la diplomacia del dólar, marines y clérigos extranjeros, todos cobardemente unidos para causar la esclavitud y la ruina del país. Tenemos en mucha estima nuestros nexos con Roma y con la Iglesia Católica de todo el mundo.

Nuestro debate es con ese círculo jerárquico y extranjero, que habiendo ganado suficiente influencia en el reino de los políticos y de la educación principalmente, explota a nuestros países como colonias espirituales, de la misma manera que España los explotó a ellos una vez como colonias imperialistas, nunca para nuestro beneficio sino para el ajeno. Este asunto se debate hoy en todos los frentes y los Estados Unidos no debieran mezclarse, ni siquiera indirectamente — como lo están haciendo ahora— si aspiran a mantener la paz y la fraternidad en sus fronteras.

Pero mi ruego a los norteamericanos va más lejos, más allá de los límites del interés propio. Me refiero a Asia, levantándose hoy probablemente como la potencia comercial más grande en un cercano futuro. Es un axioma histórico que los grandes comerciantes del mundo esparcen sus ideas culturales conjuntamente con su comercio. Los sistemas políticos y sociales han sido modificados y cambiados por vastas invasiones. Los americanos de ambos continentes deberían tener presente que nuestros caros ideales sostenidos por las democracias occidentales estarían amenazados, si ese día llegase. Tenemos que constituir un sólido frente, desde el Ártico hasta Cabo de Hornos, para protección de las futuras generaciones, así como la nuestra.

Quiero hacer un llamado una y otra vez al gran público americano. Mi objetivo, al escribir este libro, es despertar la atención, a través de ellos, al vasto pueblo de Gran Bretaña y sus dominios, así como a otros países del mundo. Pido en nombre de la justicia y la humanidad que la más fuerte claridad posible ilumine los oscuros manejos de los Estados Unidos en Nicaragua, operaciones que como he declarado enfáticamente, están inspiradas y estimuladas por esa siniestra y devastadora fuerza que he designado como la diplomacia del dólar.

Epílogo

Documentos

Manifiesto político. 1.º de julio de 1927

El hombre que de su patria no (ni siquiera) exige un palmo de tierra para su sepultura, merece ser oído, y no solo ser oído sino también creído. Soy nicaragüense y me siento orgulloso de que en mis venas circule, más que cualquier (otra), la sangre india americana, que por atavismo encierra el misterio de ser patriota leal y sincero; el vínculo de nacionalidad me da derecho a asumir la responsabilidad de mis actos en las cuestiones de Nicaragua y, por ende, de la América Central y de todo el Continente de nuestra habla, sin importarme que los pesimistas y los cobardes me den el título que a su calidad de eunucos más les acomoda. Soy trabajador de la ciudad, artesano como se dice en este país, pero mi ideal campea en un amplio horizonte de internacionalismo, en el derecho de ser libre y de exigir justicia, aunque para alcanzar ese estado de perfección sea necesario derramar la propia y la ajena sangre. Que soy plebeyo, dirán los oligarcas o sea las ocas del cenagal. No importa: mi mayor honra es surgir del seno de los oprimidos, que son el alma y el nervio de la raza, los que hemos vivido postergados y a merced de los desvergonzados sicarios que ayudaron a incubar el delito de alta traición: los conservadores de Nicaragua que hirieron el corazón libre de la Patria y que nos perseguían encarnizadamente, como si no fuéramos hijos de una misma nación.

Hace diecisiete años Adolfo Díaz y Emiliano Chamorro dejaron de ser nicaragüenses, porque la ambición mató el derecho de su nacionalidad, pues ellos arrancaron del asta la bandera que nos cubría a todos los nicaragüenses. Hoy esa bandera ondea perezosa y humillada por la ingratitud e indiferencia de sus hijos que no hacen un esfuerzo sobrehumano para libertarla de las garras de la monstruosa águila de pico encorvado que se alimenta con la sangre de este pueblo, mientras en el Campo de Marte de Managua flota la bandera que representa el asesinato de pueblos débiles y la enemistad de nuestra raza.

¿Quiénes son los que ataron a mi patria al poste de la ignominia? Díaz y Chamorro y sus secuaces, que aún quieren tener derecho a gobernar esta desventurada patria, apoyados por las bayonetas y las Springfield del invasor. ¡No! ¡Mil veces no! La revolución liberal está en pie. Hay quienes no han traicionado, quienes no claudicaron ni vendieron sus rifles para satisfacer la ambición de Moncada. Está en pie y hoy más que nunca fortalecida, porque solo quedan en ella elementos de valor y de abnegación.

Moncada el traidor faltó naturalmente a sus deberes de militar y de patriota. No eran analfabetos quienes le seguían y tampoco era él un emperador, para que nos impusiera su desenfrenada ambición. Yo emplazo ante los contemporáneos y ante la historia a ese Moncada desertor, que se pasó al enemigo extranjero con todo y cartuchera. ¡Crimen imperdonable que reclama vindicta!

Los grandes dirán que soy muy pequeño para la obra que tengo emprendida; pero mi insignificancia está sobrepujada por la altivez de mi corazón de patriota, y así juro ante la Patria y ante la historia que mi espada defenderá el decoro nacional y que será redención para los oprimidos. Acepto la invitación a la lucha y yo mismo la provoco, y al reto del invasor cobarde y de los traidores a mi Patria, contesto con mi grito de combate; y mi pecho y el de mis soldados formarán murallas donde se lleguen a estrellar las legiones de los enemigos de Nicaragua. Podrá morir el último de mis soldados, que son los soldados de la libertad de Nicaragua, pero antes, más de un batallón de los vuestros, invasor rubio, habrá mordido el polvo de mis agrestes montañas.

No seré Magdalena que de rodillas implore el perdón de mis enemigos, que son los enemigos de Nicaragua, porque creo que nadie tiene derecho en la tierra a ser semidiós. Quiero convencer a los nicaragüenses fríos, a los centroamericanos indiferentes y a la raza indohispana, que en una estribación de la cordillera andina, hay un grupo de patriotas que sabrán luchar y morir como hombres.

Venid, gleba de morfinómanos; venid a asesinarnos en nuestra propia tierra, que yo os espero a pie firme al frente de mis patriotas soldados, sin importarme el número de vosotros; pero tened presente que cuando esto suceda, la destrucción de vuestra grandeza trepidará en el Capitolio de Washington, enrojeciendo con vuestra sangre la esfera blanca que corona vuestra famosa White House, antro donde maquináis vuestros crímenes.

Yo quiero justificar (advertir) a los gobiernos de Centroamérica, mayormente al de Honduras, que mi actitud no debe preocuparles, creyendo que porque tengo elementos más que suficientes, invadiría su territorio en actitud bélica para derrocarlo. No. No soy un mercenario sino un patriota que no permite un ultraje a nuestra soberanía.

Deseo que, ya que la naturaleza ha dotado a nuestra patria de riquezas envidiables y nos ha puesto como el punto de reunión del mundo y que ese privilegio natural es el que ha dado lugar a que seamos codiciados hasta el extremo de querernos esclavizar, por lo mismo anhelo romper la ligadura con que nos ha atado el nefasto chamorrismo.

Nuestra joven patria, esa morena tropical, debe ser la que ostente en su cabeza el gorro frigio con el bellísimo lema que simboliza nuestra divisa «Rojo y Negro» y no la violada por aventureros morfinómanos yanquis traídos por cuatro esperpentos que dicen haber nacido aquí en mi Patria.

El mundo sería un desequilibrio permitiendo que solo los Estados Unidos de Norteamérica sean dueños de nuestro canal, pues sería tanto como quedar a merced de las decisiones del Coloso del Norte —de quien tendría que ser tributario— los absorbentes de mala fe, que quieren aparecer como dueños sin que justifiquen tal pretensión.

La civilización exige que se abra el Canal de Nicaragua, pero que se haga con capital de todo el mundo y no sea exclusivamente de Norteamérica, pues por lo menos la mitad del valor de las construcciones deberán ser con capital de la América Latina y la otra mitad de los demás países del mundo que desean tener acciones en dicha empresa, y que los Estados Unidos de Norteamérica solo pueden tener los tres millones que les dieron a los traidores Chamorro, Díaz y Cuadra Pasos; y Nicaragua, mi Patria, recibirá los impuestos que en derecho y justicia le corresponden, con lo cual tendríamos suficientes ingresos para cruzar de ferrocarriles todo nuestro territorio y educar a nuestro pueblo en el verdadero ambiente de democracia efectiva, y asimismo seamos respetados y no nos miren con el sangriento desprecio que hoy sufrimos.

Pueblo hermano: al dejar expuestos mis ardientes deseos por la defensa de nuestra Patria, os acojo en mis filas sin distinción de color político, siempre que vuestros componentes vengan bien intencionados, pues tened presente que a todos se puede engañar con el tiempo, pero con el tiempo no se puede engañar a todos.

Mineral de San Albino, Nueva Segovia, Nicaragua. Patria y Libertad.

A. C. Sandino.

Henri Barbusse al general Sandino
Nota aparecida en el periódico *El Libertador*, órgano del Comité Manos Fuera de Nicaragua, dirigido por Diego Rivera y administrado por Gustavo Machado. Ejemplar correspondiente a julio de 1928.

Para ningún revolucionario consciente es extraña la personalidad de este gran escritor y luchador francés. De todos es conocida su actitud rebelde y de protesta contra las maquinaciones de una nueva guerra imperialista; su decidido apoyo a los trabajadores de los países oprimidos por el imperialismo, su campaña contra la mayoría de los intelectuales franceses reaccionarios, la voz de Barbusse se ha levantado siempre denunciando el crimen. Personifica en Francia y en los países que siguen de cerca la nueva cultura revolucionaria francesa, la lucha abierta contra el Imperialismo.

El Libertador, inserta hoy, como en números pasados el discurso que pronunciara en el Congreso de Bruselas, y el Manifiesto al Comité Manos Fuera de Nicaragua, no solo por el valor revolucionario que encierran, sino también como manifestación de simpatía al gran luchador.

Al Comité ¡Manos Fuera de Nicaragua!
Me dirijo al Comité ¡Manos Fuera de Nicaragua! Para expresarle mi adhesión personal entusiasta y también la de los

trabajadores manuales e intelectuales con quienes me encuentro en contacto y colaboración constante en los diversos centros del viejo continente.

Para nosotros, para todos los hombres y para todas las juventudes que se han asignado como finalidad impulsar a la humanidad hacia destinos más justos y más claros, para todas las gentes de progreso y de conciencia social, para todos los hombres honrados, para todos los revolucionarios, vuestro comité representa todas las palabras de orden que deben levantar en estos momentos las fuerzas vivas de Nicaragua y también de la América Latina contra la opresión invasora.

Esta opresión se resume brutalmente en el embargo gradual del imperialismo anglosajón sobre los pueblos de la América Latina.

El Congreso Panamericano de La Habana ha mostrado las dimensiones, la expansión desbordante, el mecanismo poderoso de intrigas de esta invasión multiforme del extranjero. Ha mostrado también los compromisos diversos que bajo apariencias de orden, de palabras grandilocuentes y de pretextos mentirosos constituyen alianzas de la plutocracia y de ciertos poderes oficiales latinos con el enemigo de los pueblos latinos, con el capitalismo que pretende colonizar toda la América de norte a sur.

Y es por esto que la causa a la vez nacional y social de las masas latinoamericanas se concentra actualmente en la resistencia patética que oponen a las ricas hordas del norte el general Sandino y sus soldados.

Todo lo que la América cuenta de espíritus perspicaces al mismo tiempo que de voluntades firmes y valerosas, debe unirse en un mismo ímpetu a la bandera que levanta Sandino; la bandera de las emancipaciones nacionales y sociales, de la liberación de las razas y de las masas explotadas por el capitalismo y por el imperialismo universal.

¡Honor a los que se esfuerzan por reunir en un solo haz, en las horas graves en que las libertades y el porvenir están en peligro, todas las fuerzas generosas y sanas que contiene la América Latina, fuerzas que hasta hoy han sido malgastadas en querellas mezquinas! ¡Frente Único contra las oligarquías del capital y de la política que sirven a la plutocracia mundial en detrimento de los pueblos! Nos adherimos todos íntegramente a las palabras con que Manuel Ugarte y los estudiantes de Europa terminan su manifiesto en favor de Nicaragua. Por eso estamos con Sandino, que el defender la libertad de su pueblo presagia la redención continental.

París, 1 de agosto 1922
(Firmado) Henri Barbusse

Carta abierta al presidente Edgard Hoover de Estados Unidos

3 de marzo de 1929

Señor:
Tengo a bien manifestarle que hemos logrado, mediante el esfuerzo de nuestros soldados, poner fuera de combate al ex mandatario norteamericano Calvin Coolidge y al secretario de Estado, Frank Kellogg.

Es el par de insolentes que mandaron descaradamente a asesinar a mi Patria desolando nuestros campos con el incendio, violando a nuestras mujeres y pretendiendo arrebatarnos nuestros sagrados derechos a la libertad.

Nuestro Ejército Libertador está como siempre, firme y vencedor, y a la expectativa de la orientación que usted dé a la macabra y subterránea política que Coolidge y Kellogg dejaron pendiente en Nicaragua, haciendo del conocimiento de usted que estamos dispuestos a castigar implacablemente todo abuso de los Estados Unidos de Norteamérica en los asuntos de nuestra Nación.

Nicaragua no le debe ni un solo centavo a los Estados Unidos de Norteamérica; pero ellos nos deben a nosotros la paz perdida en nuestro país desde 1909, en que los banqueros de Wall Street introdujeron la cizaña del dólar en Nicaragua.

Por cada millar de dólares que han introducido en mi Patria los banqueros yanquis ha muerto un hombre nicaragüense y han vertido lágrimas de dolor nuestras madres, nuestras hermanas, nuestras esposas y nuestros hijos.

En 1909 era el espurio Adolfo Díaz un simple empleadillo de cuarta clase con un sueldo de 2,65 pesos —dos pesos sesenta y cinco centavos diarios— en el mineral de explotación norteamericana La Luz y Los Ángeles, situado en Pis-Pis, departamento de Bluefields, costa Atlántica de Nicaragua.

De aquel mineral fue tomado Adolfo Díaz para ser el instrumento de los banqueros de Wall Street en Nicaragua. Ellos lo lanzaron a la rebelión que dio principio con la traición de Juan J. Estrada al Gobierno Constitucional. En aquel entonces Juan J. Estrada tenía el cargo de Jefe de Policía de Bluefields.

Los banqueros de Wall Street habilitaron de $800.000 — ochocientos mil— pesos a Adolfo Díaz para el sostenimiento de aquella funesta rebelión. Desde aquel infeliz momento se extendió sobre mi Patria el luto y el dolor.

Si toda la sangre derramada y todos los cadáveres de nicaragüenses que han hecho los dólares de Wall Street desde aquella época hasta el presente se pudieran recoger, para que un 4 de julio los estadounidenses imperialistas de Washington y Nueva York comieran esos cadáveres y bebieran la sangre de mis compatriotas, no alcanzarían a comérselos y bebérsela entre todos en el festival de la Independencia de los Estados Unidos de Norteamérica, celebrada en aquella fecha.

Todos los nicaragüenses son conocedores de la realidad de las palabras que dejo expuestas arriba.

Los banqueros de Wall Street, endiosados con su dólar, se valieron de Adolfo

Díaz y de algunos corrompidos nicaragüenses, instrumentos creados por los propios banqueros, para hacer que Nicaragua aceptara empréstitos que nosotros no necesitábamos. Esos banqueros escogieron a tales desnaturalizados con el fin de celebrar tratados y pactos que les dieran la apariencia de legalidad y así apoderarse de Nicaragua.

Los piratas yanquis comprendieron que la gran mayoría del pueblo nicaragüense rechazaba con indignación los tratados y pactos celebrados entre los banqueros y unos cuantos vende Patria nicaragüenses. Esa comprensión ha hecho que los gobiernos de los Estados Unidos de Norteamérica se valgan de todas las artimañas con el objeto de asegurar en el poder de nuestra Nación a los nicaragüenses que se presten para esbirros de sus mismos hermanos. Fue por eso que en 1923, a iniciativa del mismo gobierno yanqui, celebraron tratados los gobiernos de Centroamérica a bordo del acorazado Tacoma, en el Golfo de Fonseca, sugiriendo el mismo gobierno yanqui los puntos que deberían ser establecidos entre los mismos gobiernos.

Entre los puntos de dichos tratados quedó establecido que ninguno de los gobiernos de Centroamérica que surgiera por un golpe de Estado sería reconocido por los otros gobiernos centroamericanos, ni por el mismo gobierno de los Estados Unidos de Norteamérica.

El cálculo de la política yanqui en esos tratados fue el de asegurar en el poder a los que le habían vendido la Soberanía Nacional de Nicaragua, supuesto que los contratos con los vende Patria son por noventa y nueve años, prorrogables a voluntad de los Estados Unidos de Norteamérica.

En aquella época, los banqueros de Wall Street se consideraron dueños y señores de Nicaragua.

Se pusieron de rodillas, con las manos y los ojos elevados al cielo, frente a sus cajas fuertes, llenas de metal, rindiendo las gracias al Dios oro por el gran milagro que les había concedido.

¡Oh, dólar maldito. Eres la carcoma que mina los cimientos del imperialismo yanqui, y tú mismo serás la causa de su derrumbamiento...!

No fue menor el regocijo de los hipócritas vendidos nicaragüenses que se sostenían en el poder en aquel tiempo, como hoy, apoyados en las bayonetas yanquis.

La Justicia Divina marcó el «alto allí» a la vida de don Diego Manuel Chamorro, presidente de Nicaragua en la época en que celebraron los Tratados del Tacoma.

El pueblo nicaragüense, que creía perdidos para siempre sus derechos a la libertad, vio despejado el horizonte de la Soberanía Nacional de Nicaragua con la muerte del mencionado Diego Manuel Chamorro.

Asumió la Presidencia de Nicaragua el ciudadano Bartolomé Martínez y apoyó una elección justa y honrada por la cual resultaron electos presidente y vicepresidente, respectivamente, los señores Carlos Solórzano y doctor Juan Bautista Sacasa, quienes tomaron posesión de los cargos que les confiaba el pueblo nicaragüense.

La soberbia hizo sus estragos en los corazones del ex presidente de los Estados Unidos de Norteamérica Calvin Coolidge, y del secretario de Estado Frank Kellogg, cuando se dieron cuenta de que la Justicia se había puesto de parte de nuestro pueblo.

La mala intención agitó la conciencia de Adolfo Díaz, Emiliano Chamorro y sus secuaces y en la noche del 24 de octubre de 1925, dieron el famoso «Lomazo», ya bien conocido por el mundo civilizado.

Exigieron a don Carlos que renunciara la Presidencia de la República, y lo declararon loco. Al doctor Sacasa le desconocieron la legalidad de su Vicepresidencia, lo persiguieron y emigró.

Chamorro se hizo presidente de Nicaragua. Los Estados Unidos de Norteamérica, aparentando moralidad política ante el mundo civilizado, no reconocieron a Chamorro, pero en cambio, reconocieron a su cómplice Adolfo Díaz. Todo esto, no dudamos, fue obra de Coolidge y Kellogg, por mandato de Wall Street.

Míster Hoover:

Si usted tiene ojos para mirar, mire. Si tiene oídos para oír, oiga. Le tiene cuenta, si no a usted, al pueblo que representa.

Coolidge y Kellogg son un par de fracasados políticos norteamericanos. La actuación de ellos en Nicaragua ha hundido en el más grande de los desprestigios a la tierra de Washington.

Han hecho verter la sangre y las lágrimas a torrentes en mi Patria. También han hecho llorar a muchos hogares norteamericanos.

Con un poco de inteligencia de tales individuos, no hubiera sucedido nada de eso. Los Estados Unidos de Norteamérica continuarían llevando enmascarados el desarrollo de su política.

Hoy se encuentra la Democracia de los Estados Unidos de Norteamérica al borde de un abismo y usted puede contenerla o empujarla.

La actuación de su gobierno en estos momentos es de vida o muerte para su país. Hasta hace seis años habían logrado ustedes tener las apariencias de legalidad en sus tratados e intromisiones en Nicaragua, pero después de la muerte de don Diego Manuel Chamorro, la Providencia, aliada nuestra, desenmascaró la política yanqui en mi Patria y, con la actuación que mantuvieron Coolidge y Kellogg en nuestro país, han hecho desarrollarse una enorme ola de odio y de desconfianza, casi mundial, para ustedes.

En Nicaragua no tienen ustedes más amigos que un pequeñísimo grupo de hombres inmorales que no representan el propio sentimiento del pueblo nicaragüense.

Yo estoy representando con mi ejército el propio sentir de nuestros conciudadanos. La gran mayoría de nicaragüenses, aunque no estén empuñando el rifle en mi ejército, en espíritu están conmigo.

No desconozco los recursos materiales de que dispone su Nación. Todo lo tienen, pero les falta Dios.

De los intimidados en Tipitapa el 4 de mayo de 1927, solamente los maliciosos, los pusilánimes y los irresolutos, se humillaron ante el ruido de las grandezas yanquis.

El doctor Sacasa fue el llamado para rechazar con las armas el abuso de Coolidge contra la Soberanía de Nicaragua; pero no lo hizo, tuvo miedo, y allí le tiene, humillado, postrado de rodillas ante usted.

Tal vez no se equivoque usted, creyendo que como Sacasa se le humillarán todos. Continuando ustedes la política de Coolidge y Kellogg, continuarán encontrando Sandinos.

Hay que convenir en que existe un Soplo Divino de Justicia que está con nosotros y que es tempestad para los mal intencionados.

En la razón, la justicia y el derecho, tengo afianzada mi actitud contra la política que usted desarrolle en mi Patria.

Cuartel General El Chipotón, Nicaragua, C. A., marzo 6 de 1929 y Año
Décimo Séptimo de lucha antiimperialista en Nicaragua.
Patria y Libertad. A. C. Sandino.

Carta al presidente Hipólito Yrigoyen, de la Argentina

20 de marzo de 1929

Me cabe la honra de poner en su conocimiento, en nombre del Ejército Defensor de la Soberanía Nacional y en el mío propio, que nuestro ejército tendrá a honor el honor de proponer a los gobiernos latinos de América y a los Estados Unidos la celebración de una conferencia en Buenos Aires entre los representantes de toda América y yo como representantes del Ejército Autonomista. Con este propósito, me dirijo con esta misma fecha a los gobiernos de México, Guatemala, El Salvador, Honduras, Costa Rica, Panamá, Colombia, Venezuela, Ecuador, Perú, Brasil, Bolivia, Paraguay, Chile, Cuba, República Dominicana, Puerto Rico y los Estados Unidos. Nicaragua irá representada, como dije, por mí y por separado irán los representantes del que reconocen como gobierno de nuestra república los gobiernos de América, en el caso de que acepte la invitación.

Esa conferencia tendrá por objeto la exposición del proyecto original de nuestro ejército, que si se ve realizado afianzará la soberanía y la independencia indohispana y la amistad de nuestra América racial con los Estados Unidos sobre bases de equidad. Planeamos un proyecto sobre el derecho que tienen a externar su opinión los pueblos indohispanos, sobre la libertad y la independencia de nuestras mentes y otras desde el punto de vista económico, por los Estados Unidos de Norteamérica, y así como sobre los bellos privilegios naturales que Dios ha dado a estos países que vienen siendo la causa para el dominio que se ejerce o se pretende ejercer.

Dicho proyecto expondrá también lo relativo a la construcción del canal interoceánico de Nicaragua. En el destino de nuestros pueblos está dicho que la humilde y ultrajada Nicaragua será la autorizada para llamarnos a la unificación con un abrazo fraternal. Ella ha sido la sacrificada y gustosa dejará romper sus entrañas si con ello se consigue la libertad y la independencia absolutas de nuestros pueblos latinos de la América continental y antillana. El proyecto está concebido en una forma tal que Nicaragua no venderá su derecho sobre el canal que se trata de abrir en su territorio. El canal de Nicaragua debe ser abierto por reclamarlo así la civilización actual; pero esa apertura no puede resolverla solo Nicaragua con los Estados Unidos, porque una obra de tal naturaleza es de alta trascendencia para los habitantes de todo el globo terrestre. Para efectuarse tal obra necesita ser consultada toda nuestra América Latina continental y antillana, ya que nuestra América racial progresa cada día en las industrias y en el Comercio. No podemos negar a noventa millones de latinoamericanos el derecho de opinión que les asiste en lo relativo a las condiciones en que debe ser construido el Canal de Nicaragua. Ya se cometió un primer error con nuestra América indohispana al no haberla consultado para la apertura del Canal de Panamá; pero todavía podemos evitar un error más con el Canal de Nicaragua.

En la conferencia a que invitamos a todos los gobiernos de América se tratará si conviene o no que solamente con capital norteamericano sea abierto el canal de Nicaragua. En el caso de que en la conferencia se apruebe conceder ese privilegio a los Estados Unidos, estos deberán a cambio de ese privilegio firmar el compromiso solemne ante los representantes de las veintiuna repúblicas americanas de que cesará toda intervención norteamericana en nuestras repúblicas, comprometiéndose igualmente los Estados Unidos a no fomentar revoluciones contra los gobiernos de la América Latina, que no quieran convertirse en sirvientes en manos de los Estados Unidos de Norteamérica.

Con compromisos de tal naturaleza, evitaremos el contagio del servilismo en nuestros gobiernos y quedaremos independientes. Si nosotros permitiéramos que los Estados Unidos de Norteamérica abrieran nuestro Canal de Nicaragua, sin ningún compromiso de parte de ellos de respetar la soberanía y la independencia de nuestros pueblos, haríamos un mal aun a los mismos Estados Unidos. Con el Canal de Nicaragua ellos se sentirán más fuertes que el mismo Dios y desafiarán a todo el mundo, lo que traería como consecuencia la destrucción de la gran nación de la América del Norte.

Señor presidente: me será honroso que su gobierno se sirva aceptar la invitación que hoy le hace nuestro ejército, de nombrar sus representantes a la conferencia que proponemos y a la vez honre con su contestación en cuanto a lo que resuelva sobre la verificación de la reunión en esa ciudad capital, comunicándolo por cable a su representante en Honduras, para que él lo comunique al correo especial de nuestro ejército, que irá oportunamente a informarse de lo que su gobierno haya resuelto. Si tuviéramos el honor de que su gobierno asistiera a dicha conferencia, así como que sea celebrada en esa república hermana, nuestro ejército le ruega aceptar al mismo tiempo su delegación para que se digne fijar a los gobiernos de América la fecha en que se verificará la reunión, participándolo también a sus representantes en Honduras, de manera que en la fecha fijada por usted yo llegaré a esa ciudad capital.

A mi llegada a Tegucigalpa tendré el honor de ponerme bajo la bandera argentina y bajo su garantía continuaré hasta que se verifique la conferencia. Una vez presentado el proyecto de nuestro ejército, saldré de esa república hermana acompañado solamente de mis ayudantes, para dirigirme, si fuera todavía necesario, al mismo campo de lucha en que hoy me encuentro. Me es honroso suscribirme de usted y del pueblo argentino, su afectísimo y seguro servidor. Patria y Libertad. Augusto C. Sandino.

Yrigoyen no le contestó esta carta al general Sandino.

Carta de Gustavo Machado

13 de abril de 1928. Montañas de Nicaragua. «Mafuenic.» México, D. F.

Compañeros:
Anoche llegué a los primeros campamentos del general Sandino; mañana sale un correo, la luz no alumbra en estas montañas, sino hasta la puesta del Sol, así es que seré breve en mi primera comunicación.

El viaje fue penosísimo, nueve días de caminar día y noche, por montañas y serranías intransitables. Llegados a la frontera nos encontramos con el peligro de los aviones, aviones de guerra blindados que vigilan los caminos y las montañas, lanzando continuamente bombas y descargando las ametralladoras. Cuando aperciben a algún ser viviente, sin averiguar identidad, permanecen sobre el lugar todo el día disparando. Tuvimos que viajar de noche, y en el día por veredas dificilísimas. El encuentro con los «machos» significa el fuego de la ametralladora.

Todos los habitantes del departamento de Nueva Segovia están condenados a muerte sin tener en cuenta edad o sexo. Las mujeres, los niños y los viejos, son asesinados fríamente. Entran a las chozas y torturan a las mujeres y a los niños para que denuncien a sus padres y hermanos. Las casas son incendiadas. En la frontera de Honduras hay infinidad de familias nicaragüenses muriéndose de hambre y enfermedades. El miércoles santo amaneció ardiendo el caserío de Santa Cruz; El Limón y Los Encinos serán incendiados esta semana, según declaración del comandante de las tropas, hecha a las poquísimas mujeres que allí permanecen. La guerra de exterminio tiene caracteres de una ferocidad implacable. Asesinan por espíritu deportivo, se esfuerzan por ganar un nuevo «récord» mundial. Todos los días, por lo menos dos veces, reciben los habitantes de estas montañas, que viven como fieras perseguidas en cuevas, el saludo trágico de la «civilización».

En esta semana ha habido dos combates. Las bajas de los gringos son tremendas. En el combate del «Bramadero», del cual «Ariel» publica un comunicado, perecieron casi todos.

Se me ha hecho muy tarde. Ya apenas veo lo que escribo.

Pero quiero adelantarles lo siguiente: Si los gringos declaran «fuera de la ley» a un país y matan e incendian todo, si la guerra que nos declaran es a muerte, si estos asesinos por sport y para defensa de los intereses imperialistas, roban e incendian a sangre fría, si a ellos mismos les parecen repugnantes los servicios de los traidores nacionales «machos ser ustedes, nosotros no entregamos al enemigo a nuestros compañeros; ustedes ser "machos" que nos dicen donde se encuentran las "monas" de Sandino...» —les decía un constabulary; si hacen esto, sin literatura, así se lo declaró al inglés Jorge Williams, propietario de las minas de oro «Los Encinos», cuando le aconsejaba que abandonara el lugar por ser muy peligroso. Este le contestó que por parte de Sandino nada temía, que en cambio los aviadores le impedían conseguir trabajadores; bueno, si ellos hacen eso. ¿Por qué nosotros no podemos poner en nuestra defensa una intensidad semejante? ¿Por qué no podemos ejercer represalias proporcionadas a la magnitud de los crímenes? ¿Por qué estos miserables encuentran garantías en sus bienes y personas en nuestros países?

Si ustedes vieran el terror con que nos reciben los pocos habitantes que encontramos en los caminos, si ustedes vieran con qué espanto huían las mujeres que nos veían de lejos, confundiéndonos con los gringos por nuestros vestidos y sombreros, si ustedes vieran y oyeran sobre las montañas el ruido del motor, de las ametralladoras y las bombas, los aviones de la muerte que llenan de miedo a toda esta montaña habitada; si vieran entre estas gentes, perseguidas, cazadas como animales salvajes, perseguidas con ensañamiento feroz, todo hombre es fusilado con ametralladora, todo herido recibe el tiro de gracia y en cambio el general Sandino pone en libertad a los prisioneros, después de haberlos tratado bien para que los yanquis los fusilen por defender a Sandino, llegados a las filas, y negar todas las calumnias con que mantienen los jefes el odio de los infantes de marina.

Del campamento del general Sandino les escribiré con más calma

Un fuerte abrazo antiimperialista para todos. La colecta debe intensificarse.

Licenciado Gustavo Machado
Del Comité «Manos Fuera de Nicaragua»
Delegado ante el general Sandino

Cómo era Augusto César Sandino

Según Carleton Beals, el periodista norteamericano que lo entrevistó: Es bajo, de unos cinco pies de estatura. Cuando lo vi estaba vestido con un uniforme café oscuro. En su cuello anudado llevaba un pañuelo de seda negro y rojo y en la cabeza un sombrero tejano de anchas alas, echado sobre la frente. Ocasionalmente, mientras conversábamos, se echaba el sombrero hacia atrás y arrastraba la silla hacia mí. Su cabello es negro, su frente amplia. Su cara forma una línea recta desde las sienes hasta la mandíbula. Su mandíbula forma ángulo agudo con el resto de su cara. Sus cejas arqueadas por encima de los ojos negros, sus pupilas visibles. Sus ojos tienen una extraña movilidad. Carece de vicios, tiene un sentido inequívoco de la justicia y compadece a los soldados humildes. Uno de sus dichos mas comunes es: «Tantas batallas nos han hecho duro el corazón, pero irán fortalecido nuestro espíritu».

Su expresión es fluida, precisa, modulada. Su voz es clara. Durante las cuatro horas y media que estuvimos conversando no le vi una sola vez titubear en busca de una palabra. Sus ideas están epigramáticamente ordenadas. No había lado del problema nicaragüense que eludiera tratar.

Es excesivamente astuto, conoce bien el país y considero difícil sacarlo de allí. Con guardar a su espalda la parte montañosa del norte y del este no puede ser cortado por dos mil quinientos marinos, ni por cinco mil. En cambio, se halla capacitado para moverse libremente hacia adelante y hacia atrás a lo largo del área en que se unen estas montañas, desde Muy-Muy hasta la frontera de Honduras, es decir, más de la mitad del camino a través de Nicaragua, con suficientes elementos de vida, por ser un lugar muy cultivado. Mientras las tropas americanas, para cubrir la misma región y mantener intacta su línea de comunicación con Managua y León, necesitan moverse sobre un arco media vez más grande. Los soldados de Sandino, acostumbrados a toda clase de fatigas y a comer lo que encuentran, tendrán muchas ventajas durante la futura estación de las aguas. Las tropas americanas, teniendo que operar bajo un clima desfavorable a su temperamento quedarán completamente aisladas de Managua, León y las ciudades de la costa, pues los caminos se cubren entonces con dos pies de lodo y se vuelven intransitables, no pueden pasar ni las carretas de bueyes. La ruta de movilización de los marinos, o sea el largo arco que parte de Matagalpa y rodea Estelí y Ocotal, se volverá cada vez más difícil que ahora, en tanto que Sandino gozará de la estación seca de las montañas, conocidas por él y sus hombres pulgada a pulgada. Como él me dijo: «Esperé en Chipote. Los marinos se concentraron, pidieron elementos, formaron grandes planes para derrotarme y rodearon mi posición. Ahí están todavía. Ahora yo estoy cerca de Jinotega, a medio camino del centro del país. Iré más lejos. Cuando ellos se hayan movido para acá y traído más tropas, yo ya estaré en el norte, o quién sabe dónde».

Según Ramón de Belausteguiguoitia, escritor español:
Unas veces el caudillo me llamaba y otras iba yo a verle a su casa, que custodiaba su guardia personal, con ametralladoras de mano. El General se solía pasear en una habitación oscura, contigua a la de la guardia y entraba sonriente, abrazándome según su costumbre.

Era una sencilla habitación, decorada por algún calendario y un cromo en el que se veía unos cazadores de focas en un mar proceloso de hielo, disparando contra estos anfibios que se acercaban alarmantemente a la embarcación. Había un banco y unas sillas. En el banco se sentaban de ordinario algunos jefes que asistían silenciosos a la entrevista, o los soldados del retén. En un rincón se veía un montón de rifles.

El general se sentaba en una silla mecedora, que la tenía balanceándose sin cesar. Resaltan en su cara ovalada, pero angulosa, cierta especie de asimetría en ambos lados del rostro, que contribuyen, juntamente con las comisuras de sus labios, a dar unas extrañas variaciones a su rostro. En sus ojos oscuros brilla con frecuencia una afectuosa simpatía, pero de ordinario se muestra en ellos una profunda gravedad, una intensa reflexión. El reposo de sus facciones, la fortaleza de sus mandíbulas, en ángulo bien abierto, confirman la impresión que da su conversación de una voluntad serena y afirmativa.

Su voz es suave, convincente, no duda en sus conceptos y las palabras van precisas, bien guiadas por un intelecto que ha pensado por cuenta propia en los temas que expresa. Su gesto habitual es frotarse las manos teniendo en ellas un pañuelo. Rara vez acciona ni cambia la tonalidad serena de su voz. La impresión que da el general Sandino, lo mismo en su aspecto que en su conversación es de una gran elevación espiritual. Es, sin duda, un cultivador de yoga. Un discípulo de oriente.

Según Max Grillo, poeta y escritor colombiano:
Sobre el muro de roca un retrato, el de Bolívar. Yo soy hijo de Bolívar, dijo Sandino a su visitante, y agregó: «Si yo comandara dos mil hombres así como estos muchachos que me rodean, arrojaría de Nicaragua a un ejército de diez mil marinos. Estos no saben combatir. Se embriagan, carecen de iniciativa. En mi campamento nadie bebe alcohol, solo agua pura beben mis hombres, pero de ciertos pozos y fuentes, porque me he visto obligado a convertir en impotables la mayor parte de esas aguas, como justa represalia contra los gases asfixiantes que emplean los norteamericanos.

Yo acepto la guerra tal como la quieren los invasores de mi patria. Ellos son demasiado fuertes y poderosos... Yo, un débil soldado. ¡Dios dirá la última palabra! Sé que me llaman en Washington bandido, pero Sandino y sus hombres nunca violarán mujeres, ni mutilarán los cadáveres de sus enemigos. Vea usted estas fotografías. Regrese a su país y cuente lo que ha visto. Vaya a Europa y diga en París que el bandido de Sandino no deshonra sus pequeñas victorias. Tengo prisioneros, entre ellos un oficial de alta graduación, por cuyo rescate me han ofrecido cinco mil dólares. También me han ofrecido cincuenta mil porque haga la paz, como si el que severamente acepta la muerte pudiera pensar en el oro de los enemigos de su patria. Me cotizan como a cualquier Díaz.

—¿Y cuáles son los límites de su República de Nueva Segovia? —inquirió su amigo.

—Mi patria, aquello por lo que lucho, tiene por fronteras la América española. Al empezar mi campaña pensé solo en Nicaragua, luego, en medio del peligro y cuando ya me di cuenta de que la sangre de los invasores había mojado el suelo de mi país, acrecentóse mi ambición. Pensé en la República centroamericana cuyo escudo ha dibujado uno de mis compañeros. Vea usted: un brazo extendido que levanta cinco montañas y sobre el más alto pico, un quetzal. Sabe usted que el quetzal es el ave de la libertad porque muere veinticuatro horas después de haberla perdido.

—He organizado —continúa diciendo Sandino— un gobierno en la comarca que dominan mis fuerzas. Con los materiales telefónicos que he tomado a los marinos yanquis he establecido una red de comunicaciones entre diversos puntos. Con el oro de las minas de la región he acuñado monedas. Diga usted a Hispanoamérica que mientras Sandino aliente, la independencia de Centroamérica tendrá un defensor. Jamás traicionaré mi causa. Por esto me llamo hijo de Bolívar...

Cómo si fuera hoy

El 2 de enero de 1928, Sandino manda un mensaje a los organizadores de la VI Conferencia Panamericana a reunirse en Cuba. Dicho mensaje lo publicó el 2 de enero del mismo año *The World*, Nueva York:

Que nuestras voces se oigan en La Habana. A los hombres no les faltaré el coraje moral de decir la verdad sobre nuestra desgracia. Que digan cómo el pueblo de Nicaragua, que lucha y sufre valientemente, está resuelto a hacer cualquier sacrificio, hasta llegar incluso a su propia exterminación para defender su libertad. Serán nulos los resultados de La Habana si el ideal de los pueblos de habla española no se cristaliza; y si dejan que seamos asesinados hasta el último hombre, tendremos el consuelo de saber que cumplimos con nuestro deber.

Patria y Libertad. Augusto César Sandino.

Declaraciones del general David M. Shoup, ex comandante de los Marine Corp, en mayo de 1966 (citado por El Nacional de Caracas, del 13 de septiembre de 1975)

«Creo que si nosotros hubiéramos mantenido, y mantuviéramos nuestros dedos sucios, sangrientos y pervertidos por el dólar fuera de los asuntos de esas naciones plenas de gente oprimida y explotada, habrían alcanzado una solución propia, que ellos habrían diseñado y querido. Que ellos pelearon y construyeron. Y si desafortunadamente su revolución debe ser del tipo violento porque los que "tienen" se negaron a compartirlo con los que "no tienen" por un método pacífico, por lo menos lo que ellos logren será algo propio y no el estilo norteamericano que no quieren y sobre todo, no quieren que los norteamericanos se lo hagan tragar a la fuerza.»

Fuentes de información para el libro Saqueo de Nicaragua

Federación Americana del Trabajo. Associated Press. *New York World*, octubre 13, 1927.

Informe de las Actas del Cuarto Congreso del Trabajo.

Argüello, H. O. Carta de Puerto Cabezas, febrero 10, 1927.

Carta de Puerto Cabezas, febrero 19, 1927.

Carta de Puerto Cabezas, marzo 20, 1927.

Avilés, Rivas. Batalla de Laguna de Perlas. *Diario Moderno*, junio 6, 1927.

Beals, Carlton. Finis Coronet Opus. *La Nación*, Vol. 125, 1927.

Fracaso de las Naciones Latinoamericanas para lograr unidad. Historia de Actualidad (*Current History*), septiembre 1927.

Bejarano, José Miguel, secretario de la Cámara Mexicana de Comercio de los Estados Unidos. Inc. *Diplomacia del dólar en Nicaragua*. The Tager, julio 1927. Bolaños, G. Alemán. Antecedentes sobre la carrera política del doctor Sacasa. *The Excelsior*. Guatemala, 15 de julio 1927.

Relación detallada escrita de la Historia política, de J. M. Moncada.

Información detallada escrita sobre la Expedición Irias a la Costa del Pacífico. Senador Borah Wm. E. Discurso en el Congreso Judío. Washington, D. C., febrero 1927.

Brooks, William S. *New York Times*, marzo 5, 1927; marzo 29, 1927 y abril 19, 1927.

Carter, C. B. El Feudo Kentucky en Nicaragua. *World's Work*, julio 1927.

Cuyamed Fruit Company. Carta de El Gallo, diciembre 28, 1926.

Enciclopedia Británica. Ver artículos sobre Nicaragua y otros tópicos pertinentes.

Escamilla, Juan. De Puerto Cabezas a Managua. *La Noticia*, junio 9, 1927.

Feland, Gen. *New York Times*, agosto 28, 1927.

Fombona, Horacio Blanco. *Crímenes del Imperialismo Americano*.

Hardy, J. H. Carta de la Bara, marzo 3, 1927.

Inman, Samuel Guy. La Doctrina Monroe como principio anticuado. *Historia de actualidad*, septiembre 1927.

Knowles, Horace G. Knowles despierta. Instituto político. *New York Times*, agosto 23, 1927.

Latimer, Admiral. *Proclama en Managua*, mayo 10, 1927.

Lindsay, Corporal Wm. Anuncio escrito en Matiguas, mayo 19, 1927.

MacPherson, L. G. *Carta de La Barra*, marzo 9, 1927.

Moffat, Thos P. *New York World*, julio 25, 1927.

Moncada, J. M. *Proclama en Managua*, mayo 5, 1927.

Declaraciones dadas durante el banquete efectuado en la residencia del Gen. Feland, en Managua. *Prensa de Guatemala*, julio 1927.

Comité de Ciudadanos Nacionales en relación con Latinoamérica. Circular de mayo 1927.

Rafael de Nogales. *Cuatro años bajo la Media Luna*. Linkgua, 2015.

Rafael de Nogales. *Diario y observaciones personales captadas durante mi reciente viaje a Nicaragua, México y Centroamérica*.

Palmer, R. K. Carta de La Barra, Río Grande, marzo 3, 1927.

Parajón, Francisco. La campaña liberal de Occidente. *La Noticia*, junio 7, 1927.

Plata, Alejandro. Las Victorias del Ejército Liberal. *La Noticia*, junio 16, 1927.

Putney, doctor Albert H. Consejero de la Facultad. Escuela de Derecho de La Universidad Nacional. Concesiones Americanas en Nicaragua, diciembre 11, 1926.

Romero, doctor Ramón. Extracto del Protocolo del Congreso Nicaragüense. Feb. 25, 1927. Carta de Managua, agosto 16, 1927.

Carta Circular de Delegados del doctor Sacasa. Managua, mayo 6, 1927.

Sandino, Augusto. *Diario de Guatemala*, julio 30, 1927.

Carta Circular en respuesta al capitán G. D. Hatfield, en su discurso. Proclama en Managua. *El Comercio*, junio 8, 1927.

Sandoval, Luis Beltrán. Cómo fue hecha la revolución. *La Noticia*. Managua, junio 11, 1927.

Senador de los Estados Unidos, Henrik Shipstead. Diplomacia del Dólar en

América Latina. *Historia de Actualidad*, septiembre 1927.

Tijerino, Toribio. Finanza nicaragüense. *New York Herald Tribune*, julio 29, 1927.

Vaca, Doctor T. S. *El final del drama nicaragüense*. Filadelfia, mayo 24, 1927.

Viallate, Achille. *Imperialismo Económico y Relaciones Internacionales durante los últimos cinco años*. MacMillan, 1923.

Viallate, Achille. Discusiones en el Senado sobre préstamos extranjeros, pág. 86.

Wells, Linton. Pájaros de guerra aventureros (Gipsy war birds). *New York Herald Tribune*, julio 31, 1927.

Senador Burton K. Wheeler. Discurso pronunciado en Ford Hall, Boston, Mass. William Whiting. *New York Times*, agosto 21, 1927.

Zapata, Crisanto. Historia sobre la Revolución en el distrito de Rivas, enero 1927. *El Comercio*. Managua, junio 25, 1927.

Editoriales y artículos sobre la situación de Nicaragua

Bluefields Weekly. La Revolución del Machete, mayo 8, 1926.

The Literary Digest, julio 30, 1927. La matanza en Nicaragua.

The Nation, enero 26, 1927. Dólares y Balas, julio 27, 1927.

The New Leader. Cesarismo americano, reproducido por *New York World*.

The New Republic, agosto 3, 1927. Nuestra política en Nicaragua.

Post-Dispatch. St. Louis. Editorial, marzo 15, 1927.

World. Nueva York, agosto 24, 1927. Tratado de Panamá.

Libros a la carta

A la carta es un servicio especializado para
empresas,
librerías,
bibliotecas,
editoriales
y centros de enseñanza;
y permite confeccionar libros que, por su formato y concepción, sirven a los propósitos más específicos de estas instituciones.

Las empresas nos encargan ediciones personalizadas para marketing editorial o para regalos institucionales. Y los interesados solicitan, a título personal, ediciones antiguas, o no disponibles en el mercado; y las acompañan con notas y comentarios críticos.

Las ediciones tienen como apoyo un libro de estilo con todo tipo de referencias sobre los criterios de tratamiento tipográfico aplicados a nuestros libros que puede ser consultado en Linkgua-ediciones.com.

Linkgua edita por encargo diferentes versiones de una misma obra con distintos tratamientos ortotipográficos (actualizaciones de carácter divulgativo de un clásico, o versiones estrictamente fieles a la edición original de referencia).

Este servicio de ediciones a la carta le permitirá, si usted se dedica a la enseñanza, tener una forma de hacer pública su interpretación de un texto y, sobre una versión digitalizada «base», usted podrá introducir interpretaciones del texto fuente. Es un tópico que los profesores denuncien en clase los desmanes de una edición, o vayan comentando errores de interpretación de un texto y esta es una solución útil a esa necesidad del mundo académico.

Asimismo publicamos de manera sistemática, en un mismo catálogo, tesis doctorales y actas de congresos académicos, que son distribuidas a través de nuestra Web.

El servicio de «libros a la carta» funciona de dos formas.

1. Tenemos un fondo de libros digitalizados que usted puede personalizar en tiradas de al menos cinco ejemplares. Estas personalizaciones pueden ser de todo tipo: añadir notas de clase para uso de un grupo de estudiantes, introducir logos corporativos para uso con fines de marketing empresarial, etc. etc.

2. Buscamos libros descatalogados de otras editoriales y los reeditamos en tiradas cortas a petición de un cliente.